La mémoire sépharade

Entre l'oubli et l'avenir

La mémoire sépharade

Entre l'oubli et l'avenir

Sous la direction de Hélène et Shmuel Trigano

PARDÈS 28

Publié avec le concours du Centre National du Livre

In press

IN PRESS ÉDITIONS
Serge et France Perrot, Éditeurs
12, rue du Texel, 75014 Paris
Tél. : 01 43 35 40 32
Fax : 01 43 21 05 00

Cet ouvrage a bénéficié de l'aide à la traduction
de l'Institut Alain de Rothschild.

Maquette : Atelier Christian Millet
Illustration de couverture : André Elbaz

PARDÈS N° 28
ISBN 2-912404-34-7
ISSN 0295-5652

Sommaire

Voies de mémoire

Le travail de mémoire

HÉLÈNE ET SHMUEL TRIGANO

La mémoire sépharade est en panne. Alors que les progrès de la paix au Moyen-Orient et l'inscription de la Shoa dans la conscience universelle augurent d'une nouvelle ère pour le monde juif, la mémoire sépharade reste à vif, en diaspora aussi bien qu'en Israël.

Des bribes ré-émergent à la surface, il est vrai, depuis quelques années. Romans des origines, retours aux terroirs mythiques, pèlerinages... ont fait suite aux années 1970, marquées par la prise de conscience du traumatisme du déracinement et la revendication politique née de la marginalisation du « Second Israël ». Puis est venue, dans les années 1980, une affirmation religieuse passant bizarrement par les figures les plus éloignées de la personnalité spirituelle sépharade (l'ultra-orthodoxie lituanienne et hassidique). Aujourd'hui la « question sépharade » [1] se pose toujours en Israël, comme la presse israélienne en témoigne chaque jour, trente ans après que l'opinion publique a pris conscience des « ratés » du retour messianique à Sion des sépharades : le clivage ethnique persiste toujours, bien qu'amoindri, dans la société et l'économie et surtout dans la psychologie collective. En diaspora, la génération charnière des cinquante ans entame le deuxième versant de sa vie et fait le bilan de son expérience et de sa tâche de transmission.

Les récents bouleversements de l'histoire rendent possible la réflexion à laquelle ce dossier convie. Nous sortons en effet des conséquences idéologiques de l'après-guerre qui l'hypothéquaient. La chute du mur de Berlin et l'effondrement inespéré du communisme nous libèrent du poids prescripteur du tiers-mondisme. Le processus de paix au Moyen-Orient nous sort des logiques de la Raison d'État, découlant de la guerre. La dé-bureaucratisation du sionisme et de la société israélienne nous permet de jeter un regard rétroactif plus distancié sur l'expérience des cinquante dernières années. Sur le plan des mœurs, la libéralisation des esprits, résultant d'un monde dans lequel les barrières frontalières se relativisent, a donné une légitimité courante à la reconnaissance des identités collectives que les idéologies totales (toutes celles dans lesquelles les Juifs se sont engagés, du communisme au sionisme) avaient condamnées au refoulement.

La mémoire des sépharades est gouvernée par un événement-clef qui sépare leur temps intérieur entre un avant et un après : la fin, dès la fin des années 1950, d'une civilisation millénaire (et plus), s'étendant de l'Inde au Maroc en passant par les marches sud de la Russie et la péninsule arabique, une fin qui a conduit à la dispersion de tout un peuple, d'Israël aux Amériques en passant par la France. Le traumatisme qui en est résulté a été comme occulté, enfoui, impossible à formuler, du fait de l'expérience historique du déracinement et des conditions dans lesquelles les sépharades l'ont vécue. Leur rapport aux différents environnements côtoyés avant, pendant et après le déracinement, les a poussés à un triple déni qui leur a fait méconnaître le choc qu'ils avaient vécu, la nature réelle de leur expérience dans la dispersion et, donc, de leur identité d'avant le déracinement. Le destin du blocage mémoriel qui en est résulté décidera de leur conscience identitaire présente et à venir. À ce stade, mémoire et identité sont étroitement imbriquées.

C'est à la clarification de ce processus qu'est consacré ce recueil de témoignages et de réflexions. Il ne s'inscrit pas dans l'esprit d'un grandiloquent et problématique « devoir de mémoire », dont résonne toute l'époque, mais, plus modestement et plus efficacement, dans la perspective d'un « travail de mémoire » nécessaire pour « dénouer » la conscience sépharade et plus largement la conscience juive.

Un tel projet n'est pas simple. L'acte de mémoire ne se résume pas à une simple évocation nostalgique de bribes de souvenir sauvées du naufrage du passé ni ne cesse avec la construction d'un mémorial ou d'un musée. Il nécessite une sorte d'alchimie temporelle qui met en jeu la personne. Il suppose que le souvenant soit capable de saisir toute son identité en même temps, pour y inscrire son passé dans la perspective de l'avenir.

La démarche est particulièrement difficile lorsqu'il s'agit d'une identité collective. Il faut alors se donner assez de science et de clairvoyance pour saisir la réalité de tout le groupe d'appartenance à travers l'histoire et les lieux géographiques. Cette dernière opération mentale est capitale, même pour la mémoire individuelle qui ne se constitue que par rapport à une histoire collective. L'individu ne fait en effet, à cette occasion, que ré-agencer à l'aune de sa personne des éléments de l'histoire collective. Les événements du passé n'ont eu de « sens » que parce qu'ils ont concerné une collectivité, une société dans lesquelles l'individu était inséré. Dans l'acte de mémoire, l'individu est ainsi porté à considérer l'ensemble de son groupe (son peuple ou sa communauté), ce qui implique nécessairement qu'il ait la capacité de le saisir dans sa globalité et d'articuler dans sa vision des éléments de l'histoire politique, psychologique, religieuse, culturelle que tout un chacun ne possède pas nécessairement.

L'entreprise est encore plus problématique quand il s'agit d'une identité « dispersée » comme l'identité juive, notamment au sortir d'une épreuve qui a radicalement bouleversé sa façon d'être et sa conscience de soi. La plus grande difficulté pour un travail de mémoire reste cependant qu'il doit tirer son énergie d'un rapport au présent et d'une projection vers l'avenir. Il s'agit en effet pour la mémoire de rendre *présent* ce qui n'est plus, de le re-présenter pour le communiquer et le transmettre. Il implique donc un jugement sur la continuité de l'existence. Sur les chances du présent et de l'avenir pour une collectivité dont le présent vivant a été désormais relégué au passé. S'il y a acte de mémoire, c'est parce qu'on décèle dans ce qui est devenu un héritage une puissance de futur.

La mémoire sépharade n'est pas monolithique. Sa multiplicité fait même douter certains de son unicité, voire de son existence même. C'est pour assumer cette donnée que nous avons rassemblé des voix faisant écho à l'expérience des communautés juives d'Israël, d'Irak, du Yémen, d'Égypte, de Grèce, d'Algérie, du Maroc, de Tunisie, de France, du Canada, des États-Unis. Bien d'autres (Syrie, Libye, Iran, etc.) auraient pu s'ajouter à ce florilège qui couvre tout de même l'essentiel de l'aire sépharade, d'Est en Ouest.

On aura compris que, par-delà les querelles de clocher, nous prenons la dénomination de « sépharades » dans son acception la plus globale. On oppose souvent « orientaux » (arabophones), nord-africains et « vrais » sépharades (qui seraient hispanophones). Il s'agit là d'un classement ethnique très problématique, qui est en tout cas très récent et fait fi de la complexité de l'histoire. On oublie ainsi qu'avant d'être hispanophone, le judaïsme espagnol (*sepharadi*) était arabophone (et le resta même après la Reconquista, pour se retrouver plus tard dans l'Empire ottoman), qu'une bonne partie des Juifs nord-africains, autrefois arabophones, étaient d'origine espagnole et, du côté de l'Orient, que c'est de Bagdad – siège des grandes académies talmudiques – que partaient les décisions de la jurisprudence rabbinique pour tout le monde sépharade, du Moyen-Orient jusqu'à l'Espagne, ou encore que Maïmonide de Cordoue s'installa au Caire et eut une influence décisive sur les Juifs du Yémen, pour ne citer qu'eux... On retrouve à ce propos le critère de la distinction originelle des sépharades et des ashkénazes qui n'avait rien d'ethnique : ces deux qualificatifs désignaient deux modalités de la Halakha et de l'intelligence du judaïsme. Aujourd'hui cette distinction a pris, il est vrai, une dimension ethnico-politico-culturelle qui porte en elle des potentialités d'exclusion, mais cela n'annule en rien la réalité de l'héritage du passé. Nous voyons quant à nous dans cette globalisation d'expériences identitaires très variées un encouragement et une aide à la compréhension globale du destin juif, par-delà l'émiettement des origines. Dans une fameuse conférence en 1882 : « Qu'est-ce qu'une nation ? », Ernest Renan avançait qu'une nation est avant tout un « principe spirituel » et que « la considération ethnographique n'a été pour rien dans la constitution des nations »...

Nous avons privilégié dans ce recueil les témoignages et les réflexions de la génération intermédiaire, la « deuxième génération », celle qui a vécu la rupture dans son adolescence, celle qui a suffisamment connu les territoires du passé pour ne pas s'en faire une vison mythifiée, qui s'est refait une vie après une dispersion qui fut, le plus souvent, pour la génération des parents, une sorte de naufrage intime, corps et biens.

Une méditation sur la mémoire ne fait pas nécessairement œuvre d'histoire ni de science, même si l'histoire s'y voit sans cesse invoquée et sollicitée, même si les témoignages et les récits auxquels elle donne lieu sont décisifs pour l'historien. Les articles ici réunis font ainsi référence à des événements historiques et des réalités géographiques qui ne peuvent évidement trouver leur clarification pleine et entière dans ce dossier.

Puisse cet examen de la mémoire sépharade ouvrir des voies à des développements créatifs pour le futur !

Hélène et Shmuel Trigano

---

1. Nous faisons référence ici au numéro spécial des *Temps Modernes* (34e année, 1979, n° 394 bis) qu'avait bien voulu accueillir Jean-Paul Sartre, « Le Second Israël, la question sépharade » (sous la direction de Shmuel Trigano). Vingt ans après, ce numéro-ci de *Pardès* vaut aussi comme une sorte de retour sur cette entreprise et de bilan. Certains des auteurs d'alors y contribuent à nouveau.

La mémoire du peuple disparu

SHMUEL TRIGANO

Les générations nées dans le judaïsme avant la guerre et dans les années qui l'ont suivie ont vécu deux grands cataclysmes – de gravité inégale quant à leur nature et leur ampleur mais aux conséquences aussi graves quand on les jauge à l'aune de l'expérience et de la continuité des groupes qu'ils ont frappés. Les deux ensembles qui composent le monde juif sont en effet ressortis pulvérisés des événements d'un siècle terrible. Dans la Shoa, le monde ashkénaze a été décimé dans ses foyers les plus effervescents, en une infinie catastrophe. Avec la décolonisation, et la « nationalisation » consécutive du monde arabe, le monde sépharade a perdu les cadres mêmes de son existence. Mettre en rapport ces deux catastrophes ne peut cependant qu'illustrer la distance qui sépare une tragédie (la Shoa), dans laquelle la fatalité déchire les hommes sans leur laisser d'issue, d'un drame (le déracinement) qui préserve la possibilité de l'action humaine face au destin. Du fait même de cette différence – il faut le préciser – si la mise en parallèle est possible, la comparaison, elle, ne l'est pas. Dans leur malheur, en effet, les sépharades – dans leur majorité, hormis les sépharades du nord de la Méditerranée – n'ont pas été livrés à la déréliction et exterminés en masse, comme les ashkénazes. Leur monde, seul, a sombré dans le néant. Les hommes, toujours vivants, se sont retrouvés, quant à eux, projetés dans des contrées et des milieux géographiques très différents de leurs habitudes. Un établissement territorial et culturel plus que millénaire a pris alors fin. Le maillage culturel et linguistique qui portait leur existence s'est dissous d'un coup. La continuité de la transmission d'une génération à l'autre s'est cassée. De la côte atlantique du Maroc jusqu'aux ex-républiques soviétiques, proches des marches du monde arabo-persan, des communautés ancestrales se sont vues rasées de la carte et dispersées, souvent aux quatre coins du monde.

Les deux scènes de ce bouleversement montrent le lien qui relie les deux épreuves des Juifs de ce temps : la Seconde Guerre mondiale en est le pivot. C'est en effet dans ses contrecoups que le processus de décolonisation s'est trouvé enclenché en Afrique du Nord et au Moyen-Orient. La saga de l'Europe, tout spécialement dans la modernité, est inscrite au cœur de cette histoire. Avec l'avènement de l'État-nation, de la superposition d'un cadre étatique et d'un peuple spécifique, qui devenait le critère d'organisation de l'Europe – le peuple juif, du fait de sa dispersion, perdait toute base pratique et légitime d'existence [1]. Hannah Arendt, à la recherche d'une explication de l'antisémitisme, estimait que les Juifs (en l'occurrence les ashkénazes) comme *peuple* avaient perdu leur place ambiguë de médiateurs dans l'Europe cloisonnée des États-nations lorsque ceux-ci étaient entrés en 1914 dans l'ère de la guerre totale, de sorte que leur élimination en masse attendait son heure inéluctable [2]. Quant aux Juifs du pourtour sud de la Méditerranée (en l'occurrence les sépharades), leur destin était depuis longtemps lié à l'Europe : dès l'origine, avec l'expulsion d'Espagne – à l'heure de la formation d'un des premiers États-nations d'Europe, l'Espagne des Rois catholiques – puis, par la suite, avec la protection contre l'arbitraire du pouvoir ottoman que leur procurait le régime des capitulations sous l'égide des puissances européennes [3]. Les *Échelles*, comptoirs commerciaux européens, jouissaient de droits d'exterritorialité qui rendaient possible aux Européens de passage (pour des raisons de négoce en général) d'échapper à la condition de la *dhimma*. Les consuls en vinrent à vendre leur protection aux Juifs, trop heureux d'échapper à leur condition et prêts à payer de lourdes taxes, sources d'intéressants revenus pour les consulats...) et, enfin, la libération que les pouvoirs coloniaux leur avaient apportée en les sortant de leur statut inférieur de « protégés », de *dhimmis* [4]. Avec la décolonisation, leur destin s'identifiait à celui des colonisateurs que les colonisés renvoyaient chez eux même s'ils n'avaient pas, pour la majorité d'entre eux, de « chez eux » métropolitain, à l'instar des populations coloniales. Ils habitaient en effet ces pays coloniaux, souvent bien avant que l'islam ne les domine.

La face de la condition juive est ressortie transfigurée de ce double traumatisme. L'Europe centrale et orientale, un des plus anciens foyers de la culture juive, a disparu à jamais de la scène de l'histoire juive. Les pays arabes n'abritent plus de communauté juive, à de rares exceptions près (pacifique comme au Maroc, dangereuse comme en Iran). Deux nouveaux centres juifs sont apparus et sont devenus prépondérants : les

États-Unis, sanctuaire de la diaspora ashkénaze – autant symboliquement que concrètement car le peuplement de la communauté américaine s'est nourri avant tout de l'immigration de l'Europe centrale et orientale entre les deux guerres mondiales – et Israël, État-nation des Juifs né au lendemain de la guerre, dont la caractéristique la plus forte au regard de l'histoire juive tient à ce que pour la première fois les deux ensembles humains du peuple juif s'y sont trouvés réunis, sous l'égide, qui plus est, d'un pouvoir juif indépendant. À ces deux centres marquants de la judaïcité contemporaine, il faut rajouter deux centres « marginaux » (sur le plan de l'importance numérique, de l'influence et de la créativité) : la France, d'un côté, et la CEI (notamment la Russie et l'Ukraine), de l'autre côté. C'est dans ce lieu-là, dans ces « marges », que nous réfléchissons, ici, à ce destin. Si l'on pousse la comparaison avec la configuration du monde ashkénaze, la France pourrait bien apparaître comme le sanctuaire diasporique des sépharades – la communauté canadienne étant très faible numériquement –, si ce n'était qu'à la différence des États-Unis, la composition de la population juive y est semblable à celle d'Israël – la France étant aussi le carrefour où ashkénazes et sépharades se sont rencontrés pour la première fois dans l'histoire de la diaspora moderne. Cela n'est pas sans signification, bien sûr. La fréquentation de la France et de sa culture avait en effet insufflé aux sépharades une seconde âme, dès le XIXe siècle, du fait de la colonisation française mais aussi de la diffusion de la culture française par les écoles de l'Alliance israélite universelle[5] sur tout le pourtour méditerranéen. Il est symbolique à cet égard que la plus forte communauté sépharade des Amériques s'est installée au Québec *francophone*…

I. UN EXIL INACHEVÉ

Depuis la perte de ses « terroirs » originels, comment définir la condition sépharade aujourd'hui ? Dirait-on qu'elle est caractérisée par l'exil ? Concrètement, il est certain qu'ils vivent une condition d'exil, de transplantation, de dispersion mais cet exil est paradoxal si on le pense à partir des catégories de la pensée juive (l'exil y est en attente du retour messianique à Sion). C'est en Israël qu'il est en effet le plus évident. L'expérience israélienne, surtout pour une mentalité sépharade si marquée par le messianisme, aurait dû représenter pour eux la sortie du grand exil commencé avec la destruction du Temple en 1970 mais ils y ont traversé au contraire l'épreuve d'un abrupt décalage, en retrait de leur attente enthousiaste face à la « montée » à Sion. Croyant rejoindre la terre promise par la prophétie, ils se virent propulsés en effet sur la scène historique du sionisme politique qui avait pour projet idéologique de rompre avec la « déréliction » de l'exil juif et de tirer un « homme nouveau » du vieux Juif diasporique, de quitter les habits du Juif « du ghetto » pour ceux du pionnier et du soldat... Bien que très proches du milieu climatique et géographique qu'ils avaient connu dans leurs terroirs méditerranéens, l'Israël symbolique dans lequel ils se retrouvaient ne pouvait ainsi pas donner chair à leur espérance. Le réseau de la judaïcité anglo-saxonne dans lequel ils s'inséraient alors et avec lequel ils n'avaient aucune accointance les vouait de surcroît à une grande solitude. Le Français, vraie *lingua franca* de leurs dispersions et leur langue internationale, se voyait voué à une désuétude qui les coupait des autres centres (France, Canada) de leur nouvelle dispersion. L'effervescence du « retour » se heurtait à la fin de non-recevoir de la réalité.

En France aussi, où pour beaucoup ils jouissaient déjà de la citoyenneté, du bénéfice de la langue et d'une familiarité culturelle mais où ils étaient plongés dans un milieu physique très différent, leur exil était paradoxal. La France cessait en effet d'incarner un modèle idéal lointain, pour s'identifier à la routine d'un quotidien. L'immersion dans un univers « métropolitain », marqué par la christianitude et une culture politique centraliste, mettait fin à l'économie existentielle dans laquelle ils vivaient et où cohabitait une mosaïque de communautés et de religions sous le poids majoritaire – mais inerte – de l'islam et sous l'égide d'un pouvoir politique certain mais lointain, métropolitain.

Pour ceux qui se retrouvaient dans les Amériques, la rupture était par contre totale. Si loin de la Méditerranée et de l'Orient, de leur milieu humain électif, ils se retrouvaient transplantés pour ainsi dire sur une autre planète, même si, contre mauvaise fortune bon cœur, les espaces américains et le multiculturalisme naturel de ces terres d'immigration leur rappelaient, comme l'écrivit un jour Naïm Kattan, les espaces infinis du désert et les paysages bariolés de l'Orient.

Cette situation, dont nous avons campé le paysage, peut-elle être véritablement définie comme un « exil » ? Cela supposerait que les séphardes eussent été au préalable « enracinés » dans leurs terroirs natifs. Or, malgré quelques mythes à la vie dure – qui voient en eux (surtout pour les Nord-Africains) des descendants de tribus berbères judaïsées (ce qui n'exclut pas qu'il ait pu y avoir des conversions) –, telle ne fut pas la réalité sur le plan des symboles identitaires. La conscience des sépharades, avant l'extinction des feux des années 1960, était en effet habitée de la mémoire encore claire de multiples exils et origines antérieurs. Leur acculturation à la France, du Maroc à la Syrie en passant par Alexandrie, équivalait déjà à une sorte de recul symbolique – très réel pour ceux qui avaient reçu la citoyenneté – par rapport au milieu local, à une position en porte à faux, en retrait des autochtones, tout en restant eux-mêmes des autochtones dans le regard des Européens... Ce décalage propre à l'ère coloniale – et inscrit dans les formes juridiques – ne faisait cependant que redoubler un hiatus préalable, découlant de la marginalité de ces populations juives qui vivaient en effet une sorte « d'exil institué », dans les mœurs et les institutions des régimes arabo-musulmans. Le sentiment d'altérité qui en résultait pour eux portait encore l'écho du traumatisme le plus grand que le monde sépharade d'Occident et du Moyen-Orient a connu jusqu'au XXe siècle : l'expulsion d'Espagne au XVe siècle, à l'origine de la dispersion-disparition de la puissante civilisation judéo-espagnole qui leur avait donné jusqu'à leur nom de « sépharades » [6], vouée, depuis, à l'éclatement, de la Méditerranée aux Amériques en passant par la Hollande. Le souvenir de l'Espagne, exaltée et maudite à la fois, ne les avait jamais quittés, alors même que, pour certains, ils en avaient oublié la langue ou n'en avait retenu que des bribes dans un judéo-arabe dont le lexique espagnol très réel témoigne de leurs origines enfouies. La venue de ces Juifs espagnols avait d'ailleurs produit un choc sur les populations juives déjà installées d'Afrique du Nord ou d'Orient. Leur arrivée drainait avec elle en effet des mœurs nouvelles et des normes judaïques différentes. Du temps où l'Espagne était dans l'Empire musulman peu de chose distinguait les Juifs d'Espagne du reste des Juifs installés dans ses autres provinces car les échanges permis par les communications qui unifiaient cet empire allant de Cordoue à Bagdad étaient très développées. C'est la Reconquista des terres espagnoles par les Royaumes chrétiens qui impulsa naturellement une histoire spécifique aux Juifs qui y vivaient depuis fort longtemps et qui avaient été d'abord de langue arabe. Réfugiés dans le monde musulman, ils se retrouvaient malgré eux en retrait des Juifs du cru si bien que les communautés avaient connu de grandes tensions entre *megorashim* (expulsés) et *tochavim* (habitants du lieu). On éprouve parfois encore aujourd'hui une telle tension dans la concurrence identitaire entre sépharades judéo-espagnols et sépharades judéo-arabes, comme si la ligne de partage de l'Espagne entre islam et chrétienté avait laissé en eux des traces indélébiles... Mais le monde arabe lui-même ne fut pas toujours pour les Juifs unique et monolithique :

l'Empire ottoman se surajouta dès le XVIe siècle aux couches sédimentées des époques qui avaient précédé et redonna une nouvelle unité aux vestiges de l'Empire arabe éclaté, ce qui conféra à nouveau une unité à tout le monde sépharade dans sa plus grande extension.

Comme on le voit à cette rapide évocation de la trajectoire historique, la conscience sépharade – avant même le tournant des années 1950 et 1960 – était déjà habitée de nombreux exils. La France coloniale par son pouvoir assimilateur n'avait fait en sorte que récapituler, pour la majorité d'entre eux – qui se retrouvèrent dans son aire d'influence – l'ensemble de leurs étrangetés. Ils étaient en réalité déjà « partis », plus d'un siècle avant d'avoir fait leurs valises et ce départ n'avait fait que se superposer à leur marginalité structurelle dans le monde arabe.

Ainsi, peut-on camper le paysage de base de la conscience sépharade, héritière de tous ses antécédents historiques. Quarante ans après la disparition de ses lieux de résidence, elle vit aujourd'hui un moment charnière. C'est maintenant que se pose pour elle la question de la mémoire et de la continuité, après qu'elle s'est investie – au point de s'oublier – dans l'effort de la réinstallation et de la survie, consécutif au grand ébranlement qui mit fin à son établissement multiséculaire. C'est maintenant, en effet, que la dernière génération à avoir connu les terres d'origine arrive à maturité et se pose la question de la transmission. Elle aborde le deuxième versant de sa vie et perçoit avec une acuité plus grande le rôle de maillon qu'elle est appelée à jouer, si tant est que le monde qui lui a donné naissance mérite de survivre, de continuer, en tout cas d'être souvenu. Ce qui l'a faite ce qu'elle est, dans l'expérience des sens et de l'âme, est-il destiné à disparaître à jamais dans le souvenir des jeunes générations nées en terre d'exil ? Qu'a-t-elle reçu en héritage de ce monde unique dont elle a connu, dernier rejeton du genre, quelques saveurs ? Qu'est-ce qui est « transmissible » dans cette expérience ? L'objet de la transmission relève-t-il de l'ordre du sensible, du culturel, du linguistique ou du religieux ? L'héritage du monde sépharade est-il voué à disparaître corps et biens ? C'est ce que l'on peut penser au spectacle de l'érosion de sa culture, de la fragilité de ses canaux de transmission, voire à l'absence de conscience de soi qui le caractérise. Un univers humain est-il en train de se dissoudre corps et biens ?

La mémoire sépharade est comme en suspens. Elle pourrait même être malade comme on peut le penser au spectacle du bizarre retour à la religion qui caractérise certains de ses milieux qui, pour revenir à leurs sources, ne trouvent rien de mieux qu'une déculturation traumatique.

Cette mémoire est en tout cas, aujourd'hui, bloquée. C'est comme si le travail de mémoire n'avait pas été fait, comme s'il butait encore sur des obstacles infranchissables. Il faut en effet que le deuil du passé ait été fait pour que le passé soit transmis et que la mémoire fasse son œuvre. Or, tout se passe comme si le point final d'une histoire millénaire n'avait pas été posé, comme si la rupture aussi bien symbolique que pratique entre ce passé encore très proche et le présent n'avait pas été faite alors que c'est chose accomplie pour les générations d'après le déracinement.

On pourrait penser qu'il y a une preuve de vitalité et de santé à ne pas contempler la fin d'un très long cycle de conscience et d'histoire. Or, c'est seulement sur la base de ce constat d'extinction (non de décès) que peut continuer la vie. C'est seulement en reconnaissant la réalité (crûment faite de la dispersion des communautés, de l'érosion des traditions, de l'acculturation galopante, de l'oubli) que la conscience sépharade pourra faire le point de ce qu'elle a été, de ce qu'elle est et pourrait être dans le futur, si avenir elle doit avoir. Cette situation est exceptionnelle et réexpérimente des conditions passées, caractéristiques des temps de l'expulsion d'Espagne et de la dispersion des exilés en Afrique du Nord, en Italie, aux Pays-Bas, dans les Amériques, dans l'Empire ottoman, lorsque les sépharades durent se réajuster à une nouvelle donne existentielle. À la lumière de la civilisation contemporaine et de l'état dans la vie sépharade, peut-on être aujourd'hui sûr de la réussite d'une semblable transformation ?

Des questions universelles se posent à cette occasion. Qu'est-ce que faire œuvre de mémoire ? Que s'agit-il de transmettre ? Un vécu sensible fait d'émotions génératrices d'une perception spécifique du monde ? Une identité structurée et consciente d'elle-même ? Une identité d'originaire ou un projet moral et existentiel ? Il faudrait acquérir une maîtrise parfaite de tous les éléments de la situation du monde juif et de la société actuels pour les conjuguer dans une même cohérence. Or, c'est justement ce qui fait problème aujourd'hui. C'est à la lumière de la réalité contemporaine que l'on peut comprendre l'impasse de la conscience sépharade. Au point de tenir en elle comme un levier permettant de soulever toute la conscience juive actuelle, y compris celle du monde ashkénaze. On ne peut en effet se confronter à la question de la mémoire sépharade sans se confronter aux problèmes de la mémoire ashkénaze.

II. LES OBSTACLES À LA MÉMOIRE

Qu'est-ce qui perturberait le travail de la mémoire sépharade, dans l'expérience des générations transitoires que nous sommes – vivant une transition entre deux états de réalité, l'une défunte, l'autre encore dans les limbes ? Nous avançons l'idée que toute l'expérience du siècle se récapitule dans les difficultés propres à la mémoire sépharade, au point qu'on ne peut les comprendre sans faire l'effort de penser toute l'histoire du judaïsme contemporain. Cinq propositions peuvent nous aider à la cerner. Leur méditation ferait œuvre de clarification fondatrice.

1. L'ombre de la Shoa

Dans la sombre perspective des catastrophes subies par les Juifs en ce dernier siècle, la Shoa pèse naturellement d'un poids absolu dans la conscience juive et elle a eu pour conséquence implicite de relativiser d'autres drames. Un tel constat ne s'inscrit pas dans la mal nommée « concurrence des victimes » ni dans la sournoise accusation lancée contre les Juifs d'accaparer toute la souffrance du monde avec la Shoa. Il s'agit, plus simplement, de reconnaître que la tragédie du monde ashkénaze fut infiniment plus grave et douloureuse que le drame sépharade, de sorte que son poids fut spontanément intimidant lorsque les sépharades la découvrirent dans sa totalité en rencontrant le monde ashkénaze dès la fin des années 1950. Quelle lamentation élever sur un sort exilique, dans lequel les personnes furent sauves – même si elles furent bouleversées – face à l'extermination de six millions de personnes ? Les sépharades sont ressortis d'autant plus abasourdis d'une telle contemplation qu'ils ont éprouvé la plus grande empathie pour la souffrance des ashkénazes. Elle n'est pas seulement due au fait que les sépharades des Balkans, d'Italie et de Grèce avaient également été victimes des nazis, ni au fait qu'en Afrique du Nord les Juifs avaient échappé *in extremis* aux camps de concentration. Dans cette empathie, c'est la conscience d'un *peuple* juif qui se manifestait plus que la conscience ethnique d'originaires. Ce qui était arrivé aux ashkénazes, leur était arrivé à eux-mêmes, les concernait et les portait à prendre en charge leur souffrance et leur peine. Cette empathie naturelle les poussait spontanément à refouler en eux la conscience claire de leur propre traumatisme, mémorisé en tant que tel, ou à le vivre, implicitement, dans les termes de la catastrophe qui avait détruit avant tout le monde ashkénaze (dans leur empathie pour ce dernier, se serait fait entendre alors la lamentation sur leur propre souffrance). On ne peut négliger à ce propos le rôle que joua la prise de conscience de la Shoa pour de nombreux sépharades – notamment pour la génération à cheval entre deux mondes – dans leur identification juive (non plus sépharade *stricto sensu*). Reçue comme un défi à l'identité et à l'humanité du Juif, ils se sentirent interpellés par la Shoa, appelés à lui faire face comme Juifs, comme *peuple* juif avant toute chose.

Cette empathie fut, la plupart du temps, impensable – voire inacceptable et sacrilège – pour de nombreux milieux du monde ashkénaze qui trouvaient dans la mémoire de la Shoa un emblème identitaire spécifique à leur groupe d'appartenance ethnique, un signe d'appartenance au « peuple juif » dont les sépharades ne pouvaient logiquement qu'être exclus et voir la légitimité de leur expérience et de leur mémoire s'émousser parce qu'ils n'avaient pas souffert [7]. Bien que cette réaction puisse souvent s'observer ici ou là, c'est surtout en Israël qu'elle eut des conséquences nocives au point de provoquer dans certains milieux sépharades un mépris en retour pour la mémoire de la Shoa, dans laquelle ils identifièrent le critère symbolique suprême de leur marginalisation dans la société et la politique de leur nouveau pays.

L'intériorisation de la Shoa, qui semble – au contraire – avoir été dominante parmi les sépharades, pourrait avoir répondu aussi au besoin propre à leur conscience de redéfinir leur rapport à l'Occident au sortir d'un cataclysme. La découverte de l'Europe dans l'ombre portée de la Shoa se produisait en effet simultanément au drame qu'ils venaient de vivre et dans lequel l'Europe se voyait totalement impliquée… Dans cette perspective, à peine formulable et restée totalement impensée, se serait cristallisé en effet un jugement en retour de la « trahison » ou de la défaillance de l'Europe qui, à travers les pouvoirs coloniaux, les avait attirés à elle afin de renforcer son système de pouvoir – en les aliénant pour toujours à leur entourage – pour finir par les « lâcher » au dernier moment ne leur laissant plus de choix que le départ. Une telle situation fut tout ce qu'il y a de plus réel pour les Juifs d'Algérie, déchus de leur citoyenneté sous Vichy par l'État dont ils étaient les citoyens. La Shoa, perpétrée en terre européenne, a ainsi aidé à exprimer le désarroi d'une consciente défaite qui aurait reconnu en elle le sort réservé par l'Europe aux Juifs qui avaient mis leur espoir en elle. Dans le pathétique de la Shoa, les sépharades auraient ainsi exprimé le doute qui les assaillait en tant que Français des colonies, qu'ils fussent citoyens, protégés ou tout simplement acculturés.

Si cette version, ici reconstituée, est purement théorique et force le trait à des fins d'explicitation, elle n'en constitue pas moins un modèle de la compréhension des dimensions du rapport complexe des sépharades à la mémoire de la Shoa, comme mémoire-écran pour leur propre mémoire, dans la double acception de ce terme, écran d'occultation autant que surface de projection pour leur propre mémoire.

2. Le recentrage de l'identité sur le judaïsme

Le statut ambigu des sépharades dans le siècle qui a précédé le grand déracinement doit jouer sans doute sur la difficulté de la mémoire à se faire. Ils furent la fois « indigènes », proches de la société musulmane colonisée et en retrait sur elle, « Européens », proches du colonisateur ou de l'étranger, interface de deux mondes (très éloignés, ceux du colonisé et du colonisateur), dans l'espace duquel ils s'étaient fait une nouvelle âme – et un pouvoir (de médiation) certain –, au point que la perception qu'ils pouvaient avoir d'eux-mêmes s'était émoussée (à moins qu'elle n'ait gagné une liberté qui s'ignorait elle-même). La gamme identitaire sur laquelle ils jouaient leur partition y était en effet très large, conjuguant de multiples allégeances en même temps, ce qui les dispensait d'une définition d'eux-mêmes, par principe limitative. Or, avec le départ, ils se retrouvaient Pieds-Noirs parmi les Pieds-Noirs, déplacés en métropole, immigrés parmi les Israéliens, étrangers parmi les Nord-Américains, sépharades parmi les ashkénazes. Les circonstances leur imposaient un alignement identitaire qui ne permettait plus les demi-tons, une évolution qui contribuait à accentuer la perte du sens de l'orientation et le désarroi identitaire.

Le phénomène le plus fort à cet égard semble bien avoir été la dénomination elle-même de « sépharade », jusqu'alors perdue dans l'oubli et qu'en règle générale ils ignoraient totalement avant qu'elle ne leur revienne massivement des suites de leur rencontre avec d'autres Juifs, les ashkénazes. Ils se pensaient juifs uniquement, et voici qu'ils se retrouvaient restrictivement, limitativement « sépharades » au sein d'un peuple juif plus grand qu'eux… C'est comme si leur identité leur revenait alors du dehors. Il fallut ainsi réintégrer cette dimension devenue désormais centrale car ce qui se jouait dans le peuple juif devenait pour eux déterminant du fait du nouvel exil qui les touchait et dans lequel ils se retrouvaient – dans un environnement nouveau – Juifs avant toute chose. Jusqu'alors, dans leur expérience, le judaïsme « parlait » en effet naturellement « sépharade » et voici qu'ils se découvraient minorité, et une faible minorité (environ deux millions sur quatorze millions de Juifs). Le judaïsme, si évident pour eux au point de faire « partie des meubles », devenait dès lors un problème pour la compréhension de leur propre personnalité dont la sépharadité[8] devenait une dimension secondaire alors qu'auparavant elle en était la dimension absolue. Dans beaucoup de cas, ils se retrouvaient fort dépourvus pour lui apporter une solution, car le déracinement les avait trouvés au bord de l'assimilation et de la disparition, au terme d'un processus d'acculturation commencé un siècle plus tôt. De ce point de vue, cette rupture avait constitué une « chance » pour le judaïsme car elle retardait le moment d'un déclin qu'impliquait leur ascension sociale en cours. On peut se demander à ce propos si l'exil n'a pas toujours constitué la « chance » du judaïsme ou, en d'autres termes, si le judaïsme ne se « nourrit » pas de l'exil, n'engendre pas l'exil, tout en le subissant... Quoi qu'il en soit, au seuil des années 1950, le judaïsme connaissait dans le monde sépharade un affaissement, tant du point de vue de sa créativité que du point de vue de sa prégnance parmi les Juifs eux-mêmes, même si ce judaïsme restait très vivant et vivace : même de façon immanente et irréfléchie, ses coutumes se perpétuaient. Cette vision des choses contredit les idées reçues et les stéréotypes les plus courants en la matière qui voient dans l'identité sépharade originelle un bloc massif d'authenticité juive, comparativement à l'identité juive des ashkénazes.

Cette situation ambivalente (déclin et vitalité) découlait en fait du caractère composite et multiculturel des sociétés coloniales d'Afrique du Nord et du Moyen-Orient qui, malgré la citoyenneté en certains lieux, renvoyaient les individus à leur appartenance communautaire pour définir leur identité culturelle et psychique. Ainsi les traditions et les rites structuraient fortement la socialité des Juifs pourtant en voie d'assimilation. De ce point de vue, il faut reconnaître que les « idées reçues » désignent une réalité concrète, encore plus évidente lorsqu'on la compare avec celle du statut du judaïsme comme tradition religieuse en Europe ou en Israël et dans le monde ashkénaze en général. Le judaïsme dans le monde sépharade en effet était resté inscrit dans les mœurs les plus courantes et l'évidence quotidienne. Sur le plan formel, la religion n'y était pas devenue une idéologie et n'avait pas éclaté en plusieurs « synagogues » rivales et ennemies les unes des autres.

Renvoyés au judaïsme par la force des choses, les sépharades devaient désormais choisir leur affiliation. Mais laquelle ? Le traditionalisme sépharade constitue le seul courant synagogal qui n'a pas de nom (et qui ne soit pas organisé comme tel), si ce n'est cette dénomination de « traditionaliste » qu'on lui accole d'office, faute de critères d'évaluation et de classement. La perplexité quant à la définition de cette forme de judaïsme fut et est toujours restée totale, jusqu'à la paralysie, jusqu'à pousser certains milieux sépharades à s'identifier aux écoles religieuses les plus éloignées de leur sensibilité et de leur histoire. L'adhésion à l'ultra-orthodoxie et au mouvement loubavitch, typiquement est-européens, en constitue sans conteste la figure la plus forte, mais l'on retrouverait aussi beaucoup de sépharades dans les courants du judaïsme libéral, typiquement anglo-saxon.

Ce sont cependant les figures extrêmes de l'adhésion religieuse qui sont les plus révélatrices du désarroi identitaire du monde sépharade quant aux critères du judaïsme. Israël en est le théâtre privilégié mais la diaspora n'est pas de reste. Le phénomène du parti « Shass » (« les Gardiens Sépharades de la Tora ») est significatif en Israël dont l'influence s'exerce sur toute la diaspora par le réseau rabbinique. Parangon du sépharadisme, il fait la synthèse de l'origine ethnique et de la religion, en les indexant d'une dimension politique nouvelle. Le phénomène est très significatif. Pour le comprendre, il faut savoir au préalable combien les sépharades se sont retrouvés exclus de la possibilité de se déterminer par rapport aux critères ethnico-politiques dominants qui étaient ceux d'une élite israélienne quasi totalement ashkénaze et travailliste jusqu'aux années 1980. Nouveaux venus, ils n'avaient de toute façon pas pris part à l'histoire idéologique et politique qui avait conduit à cet état de faits de sorte qu'ils n'avaient pu trouver, pour s'illustrer et se positionner dans l'échiquier sociopolitique israélien, que la religion, dont ils étaient beaucoup plus proches – on l'a vu – que les ashkénazes (qui dans le sionisme politique ajoutaient une dimension d'hostilité militante envers ses valeurs et même sa réalité), cette religion à laquelle, par ailleurs, ils se voyaient renvoyés problématiquement dans la débâcle qui les affectait et qui les faisait se découvrir « sépharades », en retrait de la condition juive globale.

C'est parce que leur judaïsme, affaibli par le déracinement et l'assimilation préalable et trop sollicité par de telles circonstances, ne répondait pas à la demande qu'ils s'adressèrent alors à son école la plus intransigeante, l'ultra-orthodoxie. Elle affirmait sans la moindre hésitation ni le moindre distinguo un système normatif dur comme fer (de surcroît en opposition aux valeurs du sionisme) qui commandait un mode de comportement très clairement défini. L'identification à l'ultra-orthodoxie obéissait à une logique très systématique : celle de la morphologie sociale.

Dans la société israélienne, marquée par l'ethos du sionisme, il n'y avait que le secteur ultra-orthodoxe – qui avait refusé le sionisme et les valeurs de la société israélienne – pour incarner une alternative ne serait-ce que sur un plan « mécanique ». Ainsi peut-on expliquer – entre autres causes – l'étrange phénomène du Shass qui exprime certes une prise en charge activiste de la communauté sépharade par elle-même mais au nom d'un ethos qui lui est profondément étranger et qui n'a rien du modèle de l'authenticité revendiquée. La mémoire, en l'occurrence, s'y affirme avec agressivité mais elle véhicule le souvenir frelaté d'un monde disparu parce qu'elle vit la mémoire sépharade par le biais d'une autre mémoire, celle de l'ultra-orthodoxie ashkénaze.

On pourrait réitérer une telle analyse à propos de la France ou du Canada où l'on voit toute une frange de la communauté sépharade s'engager dans la mouvance du mouvement loubavitch. Une sociologue, Laurence Podselver[9], a montré les tenants et aboutissants d'un tel phénomène. Cette évolution s'expliquerait par la transplantation et le conflit des générations. L'identification imaginaire à la lignée loubavitch (observable par exemple aux prénoms attribués aux enfants) serait le signe d'un déni de la filiation naturelle. Dans cette perspective, la culture et la religion judéo-arabes des parents prendraient aux yeux des sépharades un cachet d'inauthenticité en regard des critères du judaïsme et de la Halakha, la loi juive. Ce qu'ils rejetteraient dans leurs parents, ce serait aussi l'assimilation à la culture française génératrice du recul supposé de leur judéité. Ce double refus et de l'assimilation et de la tradition originale des parents a aussi, selon Laurence Podselver, une dimension sociale. Souvent la transplantation en France a correspondu pour les parents à un déclassement social qui a affaibli leur image et leur autorité aux yeux de leurs enfants d'autant plus que, se retrouvant en banlieue, dans des quartiers défavorisés – où étaient présentes de surcroît des populations immigrées –, il leur fallait se distinguer de tous liens culturels avec elles pour sauvegarder, au moins formellement, leur statut…

Ces développements nous montrent comment le judaïsme a pu redevenir l'axe le plus fort de l'identification des sépharades bien que cela se soit fait aux dépens de leur mémoire spécifique… Tout le paradoxe tient en effet à ce que leur néo-judaïsme est devenu un vecteur d'oubli. Il s'est produit, d'une certaine façon, une régression symbolique au stade précédant la constitution de leur nouvelle identité dans la société coloniale. C'était leur judaïsme qui leur avait valu en effet d'être distingués par les Européens des « indigènes » et d'être attirés vers l'Europe.

« Lâchés » par l'Europe à l'heure du déracinement (en diaspora comme en Israël), en perdant leur statut privilégié d'intermédiaires, ils retrouvaient leur judaïsme, ce judaïsme qui leur avait valu auparavant, avant l'ère coloniale, d'être marginalisés dans la société arabe. Au fond, ils n'avaient pas plus de raisons de se sentir plus « arabes » que français ou francophones tout comme les exilés d'Espagne d'avant l'époque coloniale n'avaient pas eu plus de raisons de se sentir plus espagnols qu'arabes, puisque l'Espagne les avait vomis. Toujours du fait de leur judaïsme...

On comprend que, dans le vacuum symbolique d'après les années 1950, le judaïsme leur soit apparu comme le critère le plus fort de leur autodétermination. Le « terroir » local ne pouvait soutenir la comparaison. De ce point de vue, il faut peut-être faire exception du judaïsme marocain, un cas, à bien des égards, intéressant pour l'historien juif parce qu'on y trouve aujourd'hui la seule véritable communauté juive en Islam, jouissant de liberté et vivant dans une société régie par le Coran et la monarchie, l'unique exemple de ce que fut la vie juive à l'époque prémoderne. Le terroir sépharade recelait en effet un kaléidoscope de couches d'exils sédimentés qui relativisait le dernier enracinement en date au sein d'une longue série. Si, derrière l'Afrique du Nord française, il y avait l'Afrique du Nord turco-arabe, et si derrière elle se dressait l'Espagne chrétienne et derrière elle l'Espagne arabe et derrière elle, enfin, la Judée mythique, alors la France ou tel autre pays pouvait bien se substituer au dernier exil... Quel Juif originaire d'Algérie, d'Égypte ou de Grèce et vivant actuellement en Europe de l'Ouest peut-il authentiquement et sans affabulation idéologique et romantique se définir en référence à son terroir originel ? Il ne restait plus que le judaïsme, vécu sur le mode minoritaire mais désormais en minorité en lui-même. C'est dire l'état d'apesanteur dans lequel le monde sépharade se retrouvait.

3. La culpabilisation post-coloniale

L'expérience coloniale devait avoir d'autres conséquences pour la condition des sépharades, cette fois-ci au-dehors d'eux-mêmes, dans la façon dont leur environnement humain les considérait et nouait des rapports avec eux. L'idéologie tiers-mondiste, dont l'influence sur l'opinion occidentale devait devenir dominante, conduisait à les assimiler d'office au colonialisme. Ils « revenaient » vers l'Europe (sans en être jamais partis !) dans les fourgons du colon. Eux-mêmes n'avaient-ils pas choisi leur camp ? Objectivement, l'accession à l'indépendance des pays coloniaux avait en effet sonné le glas de la présence des Juifs dans les pays ex-colonisés.

La mauvaise conscience attachée désormais au colonialisme rejaillissait sur eux. Leur drame ne méritait pas d'être considéré, encore moins plaint. Ils furent eux-mêmes souvent emportés par cet état d'esprit qui vouait inéluctablement à l'oubli et au refoulement, voire au mépris, la souffrance induite par l'effondrement de leur monde. En diaspora, l'installation en « métropole » (cela concerne essentiellement la France) – vécue comme un « rapatriement », un « retour » – ou l'accès à la France idéale rêvée dans les colonies rendait insensible cette occultation qui ne disait pas son nom. Dans les Amériques, leur installation pouvait se vivre comme une immigration : le choc de la découverte d'un univers géographique nouveau y repoussait encore plus loin la mémoire. Par contre, en Israël, les choses prenaient un tour différent. En effet, le milieu était, par la force des choses, problématique. Les sépharades s'y réinscrivaient dans l'Orient arabe, ce qui défiait le nouveau consensus tiers-mondiste pour lequel la plaie « coloniale » restait toujours ouverte en Israël (rappelons-nous la fièvre tiers-mondiste et antisioniste des années 1970). La persistance de l'existence sépharade au cœur du monde arabe, de surcroît sous une forme radicalement différente – dans le cadre non plus d'une minorité soumise mais d'un État souverain et, de plus, puissant –, portait les tenants du tiers-mondisme à voir dans l'immigration des sépharades la poursuite de l'expérience coloniale. Ainsi fut refoulée, en Occident et notamment en France, la souffrance sépharade étouffée sous la culpabilisation tiers-mondiste de l'Occident : souffrance méritée, mémoire dénigrée, interdite. Le paradoxe fut que ce refoulement se produisit aussi en Israël sous l'effet du discours de la gauche intellectuelle, depuis toujours davantage sensible au drame palestinien – générateur en elle d'un sentiment de culpabilité devant le « péché originel » [10] d'Israël – qu'au drame du monde sépharade, pourtant lui aussi éradiqué de ses terroirs avec la naissance des États nationaux arabes… Elle n'a vu le plus souvent en lui qu'un condensé de racisme et de haine anti-arabes. Cette anomalie intellectuelle et sensible – la « gauche » n'est-elle pas réputée sensible à la misère des hommes, de tous les hommes ? – découlait en fait du préjugé idéologique tiers-mondiste dominant qui impliquait la culpabilisation absolue de l'Occident. Les sépharades furent assimilés aux « petits blancs » du colonialisme, à l'instar de cette classe défavorisée du Sud raciste des États-Unis, « blanche » dans un système de domination des Noirs mais sans jouissance de la condition sociale et politique de l'aristocratie des grands propriétaires des plantations exploitant les esclaves noirs. En Israël, la réalité était cependant plus complexe qu'en Europe car le monde arabe lui-même – et pas seulement la conscience occidentale culpabilisée – s'y voyait aussi mis en jeu. Dans la mesure où les sépharades, récemment immigrés, se voyaient replongés dans un contexte arabe, l'enjeu de la mémoire sépharade retrouvait sa dimension arabe. Toute la dimension du rapport des sépharades avec le monde arabe s'est ainsi récapitulée en Israël, le seul lieu où elle a encore un sens réel. La mémoire sépharade en effet ne se constitue pas uniquement dans son rapport à l'Occident mais aussi au monde arabe. Or il y a un contentieux judéo-arabe qui préexiste à l'existence d'Israël.

La condition dominée qui avait été celle des Juifs en monde arabe a été en effet occultée par leur identification aux pouvoirs coloniaux qui les avaient libérés de leur infériorité civique et de la précarité dans laquelle ils vivaient. Il ne faut pas ignorer que la société arabe pré-coloniale a été pour les Juifs un régime d'oppression, dont ils avaient souffert de façon permanente, quoique sans la violence systématique qui caractérisa l'antisémitisme européen. Ils y étaient des *dhimmis*, « peuples du Livre » (Juifs et chrétiens) présents dans les pays conquis lors de l'invasion arabe auxquels les pouvoirs musulmans imposaient une condition politique et religieuse inférieure et ségréguée, mais qu'ils n'obligeaient pas systématiquement à renoncer à leur foi (quoique l'alternative de l'Islam ou de la mort se soit souvent présentée aux sépharades, que ce soit à des individus ou à des communautés entières). Cette condition collective et héréditaire (qui prend ses sources dans le Coran et dans le Pacte dit « d'Omar », du nom du conquérant de la Palestine et du Hedjaz au VIIe siècle) rapportait par ailleurs d'importants revenus aux pouvoirs musulmans, tirés de l'imposition de lourdes taxes et de corvées [11]. Outre l'impôt attaché aux terres *dhimmies* (le *kharadj*), qui traduisait en termes juridiques l'appropriation officielle des terres *dhimmies*, et la taxe de capitation (la *djizya*) à l'occasion de la remise de laquelle le Juif devait recevoir un coup sur la nuque ou sur la tête au cours d'une cérémonie humiliante (« Combattez-les jusqu'à ce qu'ils paient la *djizya*, de leur main et avec humiliation » Coran IX, 29). Le *dhimmi* était soumis à un ensemble de conditions vexatoires qui inscrivait son humiliation et la discrimination dans les mœurs. Les Juifs devaient ainsi porter un signe vestimentaire distinctif (invention arabe bien avant son usage en Europe) pour être identifiés dans la Cité, ils ne pouvaient monter à cheval, se rassembler dans la rue, apprendre le Coran, ils devaient céder la place aux musulmans dans la rue, descendre de leur seule monture autorisée, l'âne, s'ils rencontraient un musulman, etc.). Ce statut resta valide pour les *dhimmis* jusqu'au XIXe siècle, jusqu'à la réforme ottomane des « Tanzimat » (1839) qui prévoyait l'égalité de tous les sujets de l'Empire sans considération de religion ou de race. Mais cette réforme arrivait trop tard et resta sans effet pour les Juifs. L'Empire était trop affaibli, les puissances coloniales, déjà là et les débuts du nationalisme se faisaient sentir…

Les Arabes contemporains tombent des nues lorsqu'on leur rappelle cette histoire. Usufruitiers du tiers-mondisme, ils sont persuadés que le monde arabe, victime de l'Occident colonial raciste et persécuteur, a toujours été accueillant et hospitalier pour les Juifs. C'est tout simplement parce qu'ils n'ont jamais « vu » les sépharades, tenus pour « faire partie des meubles » du Dar el Islam, « protégés » (peut-être même appréciés) mais jamais libres, toujours soumis. Leur bonne conscience actuelle ne fait que continuer l'ethnocentrisme suffisant du passé. Le fait que le monde sépharade ait disparu quasi totalement de leur sein n'ébranle en rien leur conviction. C'est encore « de la faute au colonialisme »… Or si les sépharades avaient suivi les pouvoirs coloniaux dans leur repli, c'est parce que la création d'États-nations dans le monde arabo-musulman – dont les constitutions allaient plus tard consacrer l'islam comme religion d'État – signifiait pour eux la fin de leurs droits égaux et à nouveau la chute dans une condition semblable à celle des anciens *dhimmis*.

Comment le tiers-mondisme des années 1970 aurait-il pu accepter l'idée d'une culpabilité et d'une responsabilité du monde arabe ? La chose était impensable. Et la mémoire de ce passé refoulé ne peut toujours pas être faite, à l'heure d'aujourd'hui. Or, la chose doit être pensée. Le choix d'Israël par une grande partie des sépharades doit être compris aussi dans cette perspective qui lui donne son sens historique exact : celui de l'autodétermination et de la libération politique d'une minorité opprimée du monde arabe. Les sépharades, en effet, ne sont pas venus dans les fourgons du colonialisme. Leur établissement dans les pays arabes, de haute antiquité, fut même souvent antérieur à l'invasion arabe, qui marqua les débuts de l'islam (car le monde arabe est né d'une conquête guerrière). Il faut accepter l'idée qu'il y a eu, à travers l'histoire, une « politique » sépharade de fait, la stratégie d'une minorité s'efforçant de conduire au mieux ses intérêts en fonction des rapports de force existants, d'abord à l'égard des pouvoirs arabes puis coloniaux. L'alliance avec le pouvoir colonial, de ce point de vue, les sauvait de leur condition de dominés et leur permettait de s'extraire d'un système dépourvu d'horizon. Elle avait, bien évidemment, un coût. Si l'on prend le cas de l'Algérie, les Juifs, en devenant citoyens, perdaient leur condition de minorité nationale juridiquement autonome, comme la chose s'était produite en Europe et étaient censés n'avoir plus qu'un destin individuel. Cette perte entraînait inévitablement un bouleversement de leur existence culturelle, religieuse et historique, que les sépharades ne perdaient pas totalement dans les autres pays restés sous protectorat français ou sous domination anglaise (ce qui changeait tout car le colonialisme anglais n'était pas assimilateur et se contentait de superposer sa domination au système de pouvoir antérieur). Néanmoins, même en Algérie, on l'a dit, le lieu où se déroulait l'expérience coloniale relativisait cette évolution : loin de la métropole, avec la présence de plusieurs communautés d'origines différentes, l'Algérie – tout en constituant *de jure* des départements français – constituait *de facto* une société multiculturelle, autrement impossible en métropole… L'acculturation à l'Occident devait cependant gagner peu à peu toutes les judaïcités sépharades et les engager dans la voie de l'assimilation, revers de la modernisation.

Sur un plan politico-historique, les sépharades ont donc un contentieux avec l'islam hérité de leur condition d'infériorité dans la cité islamique. Évoquer ce passif – notamment dans le contexte moyen-oriental – est capital pour que le travail de la mémoire sépharade puisse se faire. En le refoulant, on ne comprendrait rien à l'histoire du monde sépharade et au soubassement de sa conscience. Or, c'est bien ce qui s'est produit. Le mythe d'une idylle judéo-arabe passée est extrêmement répandu et d'abord parmi les sépharades eux-mêmes. La civilisation arabo-andalouse, élevée au rang d'une utopie, est ainsi souvent proposée comme un modèle de tolérance aux sociétés contemporaines, mais on a oublié que les Juifs y connurent aussi des pogromes comme celui de Fostat en 1011, de Fez en 1033, de Grenade en 1066, du Yémen en 1165 ou la persécution des Almohades (1130-1212). Que la chose relève du mythe, c'est un fait dont la vérification est triviale : il faut simplement se demander pourquoi le monde sépharade n'existe plus, pourquoi (si ce n'est le Maroc, mais d'une façon mineure) la totalité des communautés sépharades a disparu du monde arabe ? Il faudra un jour faire l'histoire de cette occultation qui est le fait de l'opinion contemporaine, aussi bien occidentale qu'arabe, israélienne que sépharade. Outre le tiers-mondisme ambiant de l'époque post-coloniale, d'autres causes tout aussi importantes qui nous renseignent sur les tréfonds de la conscience sépharade peuvent l'expliquer.

En forgeant le mythe d'une idylle passée, les sépharades s'identifiaient en effet aux Arabes dominés, plutôt qu'aux Européens, ce qui les faisait remonter dans l'estime publique gouvernée par l'échelle de valeurs du tiers-mondisme. Ils compensaient ainsi un complexe d'infériorité et un malaise, causés par leur identification forcée, dans le regard d'autrui, aux colons. Ce choix artificiel d'un « néo-arabisme » peut s'expliquer également comme une réaction contradictoire, à la façon du « contre-concept » qui n'existe que parce qu'un concept le précède et auquel il s'oppose, dans un rapport purement rhétorique. Le repli symbolique sur un mythe arabisant exprimerait alors le contre-coup du choc du déracinement : la déception éprouvée à l'égard de l'Occident enfin rallié a pu pousser une partie de l'opinion sépharade vers le signifiant arabe, jouant ainsi le rôle d'un contrepoids, d'un exutoire. De ce point de vue-là, il est possible que la découverte de la Shoa, assimilée à l'Occident, ait servi de repoussoir vers un Orient mythique qui, s'il avait été hostile aux Juifs, jamais n'avait été aussi radical dans l'oppression – absence de modernité politique et technologique oblige !

Il faut ajouter à ce paysage la dimension plus spécifiquement israélienne. L'échelle des valeurs publiques étant sous la gouverne de la gauche intellectuelle, s'identifier au monde arabe ou se forger le rôle de médiateur avec lui avait une valeur gratifiante symboliquement pour une partie de l'opinion sépharade, d'autant plus que cette apologie du monde arabe avait un relent de fronde contre un *establishment* sioniste objet de toutes les critiques. Mais la plus grande partie de l'opinion sépharade israélienne resta très critique envers le monde arabe. Elle seule vivait en effet, de façon très concrète, la problématique du lien avec le monde arabe, assourdie et fantasmée en diaspora. En Israël, la question du contentieux judéo-arabe se pose dans un contexte marqué par un contentieux israélo-palestinien. Si l'on soutient la revendication des Palestiniens, comment ignorer que les sépharades eux aussi ont quitté leurs foyers, la plupart du temps en catastrophe, en perdant tous leurs biens ? Comment passer ces dégâts en pertes et profits de la fin du colonialisme et fixer l'attention uniquement sur les Palestiniens ? Les sépharades ont eux aussi des histoires de maison abandonnée. Ils ont vécu aussi dans des camps en Israël, qui étaient également – de ce point de vue – des camps de réfugiés (les *maabarote*), avant que la société israélienne ne les absorbe. Une grande partie d'entre eux, qui peuplent notamment les villes de développement israéliennes du sud et du nord, sont restés déclassés, pour longtemps appauvris par ce déplacement.

Le bouleversement énorme des idées reçues qu'entraînerait une telle vision des choses nous donne la mesure de la puissance de refoulement qui est à l'œuvre sur ce point. Une telle réécriture de l'histoire serait anti-consensuelle et obligerait à des révisions idéologiques drastiques. Dans cette perspective, notamment, l'État d'Israël ne pourrait plus être exclusivement défini comme une création « artificielle » de l'Europe, née de sa culpabilité après la Shoa, comme un État occidental fiché en plein cœur de l'Orient. Par sa population sépharade, longtemps majoritaire en Israël (alors qu'elle est très minoritaire dans la diaspora, excepté en France), il est aussi l'État de cette « minorité » qui a entrepris de s'autodéterminer en choisissant le sionisme, contre le retour sous un pouvoir arabe. L'État d'Israël, loin d'être un État étranger à la région, est donc aussi le produit naturel de l'histoire du monde arabe autant que de l'Europe... La condition dominée du monde sépharade dans le monde arabo-musulman est ainsi aussi à l'origine de la création de cet État. Que cette souffrance n'ait jamais été formulée ni reconnue est sans aucun doute une des causes les plus fortes du blocage de la mémoire sépharade, de sa « panne ». Elle ne peut être dénouée, cependant, qu'en Israël. Et peut-être que l'approfondissement de la paix l'y aidera lorsque « les comptes seront faits » entre les peuples.

Il est important, néanmoins, de reconnaître, parmi les causes de cette situation, une cause *sui generis*, inhérente à la conscience sépharade elle-même. La conscience messianique dans laquelle a été vécue l'immigration en Israël a en effet totalement éteint la question du contentieux avec le monde arabe. Pour une bonne partie de la conscience sépharade, la création d'Israël annonçait, conformément à la tradition prophétique la plus ancienne, la venue des temps messianiques, et il s'imposait à tous les Juifs de rallier la Terre Promise. Dans cette tradition, le rassemblement des exilés doit en effet précéder la venue du Messie. L'abandon de leurs terroirs se fit donc pour les sépharades *consciemment* dans une motivation exclusivement positive, tournée vers un avenir radieux et sans aucun retour critique en arrière, vers le passé. La lumière à venir réduisait à l'oubli et au néant tout souvenir de l'existence passée, rejetant à plus tard la possibilité d'une réminiscence. Les raisons très concrètes – politico-historiques (l'impasse de leur condition à venir dans les nouveaux États-nations arabes) – restaient dans l'inconscient. L'effervescence messianique ne changeait de fait rien à cette réalité. Peut-on dire qu'elle joua comme une illusion, un aveuglement idéologique, comme cela arrive souvent aux peuples lorsqu'ils se meuvent ? Nous ne le dirions pas. Le messianisme fut au contraire en beaucoup d'endroits très authentique, jusqu'à la naïveté. Mais il ne fait pas de doute que la naissance programmée d'États arabes (islamiques ou nationalistes) suscitait déjà inconsciemment parmi les sépharades une grande inquiétude quant à l'avenir. De même, la création d'un État d'Israël changeait la donne d'une existence *dhimmie* : cette création était vécue comme un défi par l'opinion arabe, comme la rébellion des *dhimmis* dont l'existence ne pouvait être qu'inférieure et non souveraine ou égale : une rébellion contre l'islam, d'autant plus que Jérusalem était au cœur de l'enjeu. Ce sentiment – rarement identifié comme tel – a joué pour une bonne part dans le refus arabe d'Israël, antérieur au problème palestinien, plus profond que l'animosité qu'il engendrait. L'appel messianique était adéquat à une situation concrète en forme d'impasse à laquelle il ouvrait une issue. On peut procéder par comparaison : aucun élan messianique semblable ne se produisit dans le monde ashkénaze à l'annonce de la naissance d'un État des Juifs.

Ainsi la mémoire des sépharades se vit-elle bloquée et leur conscience précipitée dans une éclipse totale. Cette expérience a une signification plus générale à la fois pour les sépharades et les ashkénazes. Elle révèle en effet une sorte de défaillance de la conscience juive dans son rapport à l'historico-politique. Il ne fait pas de doute que le messianisme, si typique des sépharades, a fait écran à leur perception de la réalité – dans le rapport au monde arabe et à l'État d'Israël, comme on le verra. Même si sa dimension positive et créatrice, tout orientée vers le bonheur et le bien (Israël vu comme l'accomplissement de l'attente messianique) peut être appréciée, il n'empêche que cette mentalité a condamné la mémoire sépharade à la passivité parce qu'elle empêchait la juste évaluation de la réalité abandonnée dans le monde arabe et à venir dans l'État d'Israël. L'expérience concrète du moment n'a pu être réellement vécue que « par la procuration » de l'espérance messianique. Or il n'est de mémoire que par rapport à la réalité et dans un travail de deuil du passé.

L'environnement (avant tout Juif) eut semblablement du mal à reconnaître la nature de la condition sépharade, celle d'une minorité politique dominée de la société islamique, orientant sa barque au mieux de ses intérêts et qui, lorsque l'issue coloniale s'est dérobée, a choisi pour une grande part Israël comme voie d'autodétermination politique par rapport aux nouveaux États arabo-musulmans. Ce biais idéologique, propre au monde juif, ne peut être uniquement considéré comme l'expression d'un mépris ethnique envers les populations sépharades mais aussi comme l'expression d'une incapacité idéologique et morale de prendre la mesure du fait historique en question. Que signifiait en l'occurrence l'immigration en masse des sépharades sinon que le sionisme pouvait être un choix totalement politique (autodétermination d'un peuple dominé), légitime et positif (les Palestiniens avaient été certes défaits par Israël mais les sépharades aussi par les Arabes) et non pas seulement une solution humanitaire (Israël comme refuge pour les Juifs persécutés) génératrice d'une autre injustice envers les Palestiniens, cette injustice qui resterait comme une tache indélébile, un péché originel, dans l'existence de l'État d'Israël ? On ne pourrait plus soutenir que la création d'un État d'Israël, produit de l'histoire de l'Europe antisémite, inflige aux Arabes innocents un préjudice irrémédiable. Cette explication « humanitaire » de l'existence d'Israël implique inévitablement sa culpabilité congénitale, sa dette éternelle envers les Arabes, en l'occurrence les Palestiniens. Elle ruine le sens même de son existence et sa légitimité. Elle est infra-politique pour les Juifs dans la mesure où elle leur dénie toute existence politique et tout intérêt politique. Elle sous-entend que l'État d'Israël n'est pas l'expression de la longue histoire authentique d'un peuple mais la création artificielle de l'Europe cherchant dans ses colonies un camp pour des personnes déplacées sans rapport entre elles ni avec le lieu, accablant les Arabes de la culpabilité de l'Europe, continuant donc – de façon perverse – la politique du colonialisme [12]. Le seul problème dans ce scénario idéologique en vogue dans certains milieux, c'est que les sépharades, dans leur grande majorité, n'ont pas été victimes de la Shoa et sont venus en Israël de surcroît – du moins dans le conscient – pour des motifs messianiques positifs et non pour fuir l'oppression. Ils n'avaient, de plus, aucun complexe de culpabilité vis-à-vis des Arabes mais bien plutôt un contentieux à régler.

Toutes ces dimensions expliquent pourquoi les sépharades ne pouvaient entrer que par effraction et violence (du moins c'est ainsi qu'ils furent perçus) dans les catégories de la conscience dominante : leur existence n'y pouvait pas être reconnue. Face à une version humanitaire angélique et culpabilisée, leur vitalité pouvait paraître odieuse et insolente. Ils exprimaient tout simplement la force vitale de l'historicité juive, une histoire sûre de son passé et de son avenir, de la justesse de son présent. Ainsi est né, dans certains milieux de la gauche (israélienne aussi bien que tiers-mondiste), le mythe du « racisme » anti-arabe des sépharades, de leur « violence » sauvage, de leur « fascisme » politique [13]. La rencontre critique d'un humanitarisme anhistorique devenu idéologie politique et d'une historicité en acte provoquait inéluctablement ce malentendu. Mais la raison était plus profonde : elle tenait à ce que les Juifs se voyaient dénier dans ces milieux la condition de peuple historique. S'ils pouvaient accepter à la rigueur que le sionisme politique ait fait des Juifs (d'Europe) une nation ils ne pouvaient certainement pas comprendre le fait que les Juifs (y compris ceux de l'âge religieux, y compris les sépharades) aient de tout temps constitué un peuple. Jean-Paul Sartre nous a éclairé sur l'exclusion « démocratique » du Juif : « Il n'y a pas tant de différence entre l'antisémite et le démocrate. Celui-là veut le détruire comme homme pour ne laisser subsister en lui que le Paria, l'Intouchable ; celui-ci veut le détruire comme Juif pour ne conserver en lui que l'homme, le sujet abstrait et universel des droits de l'homme et du citoyen [14]. » Ceci explique, par exemple, comment la conscience de gauche israélienne, si soucieuse de paix, manifesta rarement de l'empathie pour la condition socio-économique et politique défavorisée des populations sépharades dans la société israélienne. La « repentance » que Ehud Barak, alors candidat travailliste, présenta aux sépharades au nom de la gauche travailliste le 20 septembre 1997, dans la ville de Netivot, révèle la profondeur et la force de cette expérience, telle qu'elle fut vécue par les deux côtés. Ehud Barak s'exprima dans ces termes : « Le mouvement travailliste fut responsable de la création de l'État d'Israël. Ce processus s'est accompagné du déracinement de communautés entières d'Afrique du Nord et des pays arabes dont les membres ont été dispersés dans des camps de transit, puis dans des villes de développement, mais on ne leur a jamais accordé la reconnaissance qui leur revenait de droit. Je tiens à proclamer aujourd'hui combien leur contribution est décisive. Au cours du déracinement, les communautés, les familles ont subi de graves dommages sur le plan humain, des dommages qui ont laissé dans la mémoire des gens de profondes cicatrices associées au nom du Mouvement travailliste. Pour les souffrances ainsi infligées, je demande pardon, en mon nom propre et au nom du parti travailliste [15]. » C'est ce qui explique aussi la place conquise auprès des sépharades par la droite qui sut adroitement tirer parti de cette défaillance (la même ville de Netivot avait voté à 86 % pour Benjamin Netanyahou). La venue au pouvoir de Menahem Begin (qui, de surcroît, ne se recommandait pas de la version humanitariste de l'identité juive mais de sa version historiciste (quoique revue et déformée par le nationalisme) en fut le produit le plus direct et marqua l'avènement d'une nouvelle ère qui ne fit – dans le plus parfait dévoiement – que confirmer la gauche dans son préjugé défavorable.

La mémoire sépharade pose ainsi la question de l'historicité du peuple juif, une question restée controversée dans la conscience ashkénaze confrontée au processus de modernisation politique de l'Europe qui transforma la condition juive.

4. « L'homme nouveau » et les dépouilles du « Vieil homme »

La conscience messianique avec laquelle les sépharades avaient quitté leurs terroirs se révéla doublement trompeuse. Elle devait leur cacher en effet aussi la réalité de la société qu'ils rejoignaient, car la messianité n'y fut pas – en tout cas à leur époque – au rendez-vous. Une chute vertigineuse les attendait, bien au contraire, qui ne devait devenir consciente qu'au bout de plusieurs années, au milieu des années 1970. De par leur histoire, leur mentalité, leur sensibilité, ils ne pouvaient en effet avoir quelque idée que ce soit de l'expérience en cours dans le sionisme politique. Ils voyaient Sion avec les yeux de la foi religieuse, du messianisme prophétique, comme l'avaient vue leurs ancêtres depuis des millénaires. Parmi les premiers penseurs du sionisme, on compte ainsi des sépharades des Balkans, le Rabbin Yehuda Alkalay (1798-1878), par exemple, qui élabora significativement une doctrine du retour à Sion moderne (c'est-à-dire nationale) mais toujours marquée du sceau de la religion. Or, le sionisme politique, l'école herzlienne du retour à Sion avait une orientation tout autre. Si, pour Herzl, le sionisme avait une vocation humanitaire, relevant le défi de l'antisémitisme et se donnait pour objectif final l'érection d'un État, pour les autres écoles du sionisme, notamment les mouvements pionnéristes, de toute la gamme des socialismes, originaires d'Europe centrale et de l'Est, son objectif était d'engendrer un « homme nouveau ». À l'instar des révolutions du XIXe siècle, autant nationalistes que socialistes (et avant tout de la Révolution française), le sionisme politique voulut donner naissance à un nouveau type d'homme, qui serait, en l'occurrence, en rupture avec la condition jugée dégradante de l'exil et avant tout avec le judaïsme, rendu responsable du défaitisme historique et de la déchéance du peuple juif. Le sionisme aspirait à transformer le destin juif, à « normaliser » la condition juive au moyen de l'étatisation et de l'enracinement national, à créer une culture qui récuserait les langues diasporiques pour promouvoir une culture hébraïque mondaine et non plus religieuse. En somme, l'État d'Israël devait constituer une sortie radicale de l'histoire diasporique. Toute cette conception se résume dans la seule notion, devenue classique dans la pensée du sionisme, de « négation de l'exil ». Or, tel n'avait pas été le cheminement des sépharades dans la modernité, eux dont l'émancipation par les pouvoirs coloniaux ne s'était pas accompagnée, nécessairement et de façon systématique, d'une transformation culturelle aussi profonde qu'en Europe, en tout cas semblable à celle de l'Europe de l'Ouest. Cette émancipation était restée avant tout politique. Sans doute, loin des métropoles coloniales, le milieu humain était-il trop diversifié pour subir l'effet du rouleau compresseur de l'assimilation. Ainsi la religion des sépharades n'avait-elle pas perdu son attache avec l'historicité et la vie du peuple pour devenir un confessionnalisme désincarné. Le judaïsme était resté pour eux une dimension vivante et présente de l'identité, un symbole de la continuité d'une existence collective dans l'histoire des peuples. Les sépharades avaient échappé à la « régénération » des Juifs (et des hommes en général) que les modernes, notamment la Révolution française, avaient projetée et que les Juifs avaient ensuite répercutée dans leurs nouvelles identités et avant tout dans la normalisation recherchée par le sionisme politique.

Or c'est une telle « régénération » que le leadership sioniste avait projeté pour les sépharades qui débarquaient avec naïveté sur leur nuage messianique. Pays d'immigration, l'État d'Israël mettait en œuvre un « melting pot » auquel il avait donné le nom de *mizzug galuyot* (« mélange des exils »), en souvenir de la prophétie biblique du rassemblement des exils dans la Sion messianique. Ce « melting pot » avait, en fait, peu à voir avec le rêve prophétique : il se déroulait non pas sous le signe de valeurs spirituelles mais du centralisme étatique mis en œuvre par Ben Gourion, le fameux « étatisme », *mamlakhtiut,* une sorte de religion civile érigeant l'État au rang de valeur centrale d'une société d'immigrants en quête d'intégration nationale. Elle s'inspirait des valeurs de la nouvelle culture hébraïque du sionisme, rompant avec le judaïsme comme motif religieux autant qu'historico-national. Les sépharades constituaient pour cette politique de « régénération » un « matériau » de choix, car, aux yeux des sionistes, ils étaient considérés comme s'ils sortaient du Moyen Âge et de l'obscurantisme médiéval. Il fallait les transformer et en faire des Juifs nouveaux, eux plus que d'autres car ils étaient exemplaires du Juif exilique à transformer. On pourrait remplir des bibliothèques de citations et d'œuvres des auteurs sionistes s'inscrivant dans une telle perspective… Dans cette entreprise, le judaïsme représentait l'obstacle central. C'est de son influence que les sépharades devaient être avant tout libérés pour bénéficier de la « régénération ». Ainsi s'explique l'existence de programmes musclés de « transformation » des sépharades. Les Juifs du Yémen ont connu à ce propos un drame qui n'est remonté à la surface de l'opinion publique que récemment avec l'affaire des « enfants volés ». Une quantité indéfinie de nourrissons de familles yéménites fraîchement immigrées ont été « enlevés » à leurs parents, à l'occasion d'une naissance en maternité, ou d'un séjour à l'hôpital, et confiés à des familles ashkénazes pour être adoptés après que les parents naturels se furent vus administrativement informés du « décès » de leur enfant. Que la réalité d'une telle épreuve ait été exagérée ou pas – car les faits restent encore troubles – la remontée à la surface d'une telle affaire, avec l'émotion qu'elle a soulevée parmi les Israéliens d'origine yéménite, quarante ans après, souligne la profondeur des sentiments en jeu. Les cas furent nombreux également où des communautés d'immigrants venues avec leurs rouleaux de Torah se sont vues dispersées dans des kibbutzim laïques, leur Torah enterrée à leur insu sur la plage au moment du débarquement, pour mieux les couper du judaïsme. Plus généralement, les sépharades furent considérés comme un « matériau » humain destiné à construire Israël. Ben Gourion déclarait que ce qui l'intéressait dans les sépharades, c'était « le ventre des femmes »... La planification bureaucratique de l'installation en Israël s'exerça ainsi tout particulièrement sur eux : ce sont sans doute les seules populations d'immigrants qui ont été dirigées d'office vers des lieux de peuplement, créés presque *ex nihilo* pour elles : les « villes de développement », implantées dans des régions périphériques (Neguev et Galilée) qu'il fallait peupler, loin des grands centres urbains de la plaine côtière, pour équilibrer la répartition démographique de la population israélienne. Sans ressources naturelles ni développement industriel, ces zones d'intégration les condamnaient à la stagnation économique. Ce qui est toujours le cas.

Les sépharades ont retiré de cette politique bureaucratique une grande blessure, une meurtrissure qui les habiteront pour longtemps. Le décalage entre leur foi messianique et leur réception par l'Israël officiel fut en effet abyssal. Ils en ont conçu le sentiment d'avoir été trahis, trompés, abandonnés par leurs frères, au moment même où ils étaient au plus haut de l'effervescence intérieure, saisis dans un geste d'emprise alors qu'ils s'ouvraient dans le geste du don... Ce sentiment joue sans aucun doute beaucoup dans leur difficulté à accomplir le travail de mémoire. Le ressentiment envers l'injustice subie a en fait renvoyé la conscience blessée à son malaise structurel, l'a acculée à réassumer cette conscience au lieu de concevoir une distance critique à son égard. C'est ce qui a rendu impossible rétroactivement une analyse claire de la réalité vécue dans le présent.

Il y a justement plus d'opportunités pour la faire aujourd'hui avec le processus de débureaucratisation qui a gagné Israël, après bien d'autres pays. Les idéologies politiques se sont en effet affaissées, et parmi elles le sionisme politique. Aucune doctrine (si ce n'est dans les sectes religieuses) ne prône plus de « régénération » de l'homme. Et le vent général de la libéralisation a gagné Israël. Le déblocage de la conscience sépharade pourrait aussi se faire, bien qu'il ne faille pas s'en réjouir trop tôt, si l'on en juge par les derniers développements iconoclastes de la conscience « post-sioniste » que l'on peut observer dans le courant idéologique des « nouveaux historiens ». Leur projet de prendre une distance critique vis-à-vis du sionisme et de ses défaillances n'a pas encouragé une véritable débureaucratisation de la conscience israélienne, mais plutôt une sorte de « dénationalisation », bien en phase avec les processus de « mondialisation » en cours. Les « nouveaux historiens », en effet, ont pris pour cible le sionisme et tout spécialement l'État d'Israël comme État des Juifs. Dans leur dénégation de l'identité juive d'Israël, la question sépharade a pris une importance stratégique nouvelle, tout comme auprès des revenants du tiers-mondisme qui persistent toujours ici et là dans la sensibilité de gauche. Ces sépharades jouent effectivement à leurs yeux le rôle de la victime « à domicile » du sionisme (en stigmatisant le sort qu'il leur a réservé, ils soulignent son caractère nocif), le discours de la nouvelle gauche les utilisant comme un recours rhétorique qui lui permet de prouver que sa dénégation du sionisme n'est pas radicale et ne prône pas l'éradication de l'État d'Israël mais au contraire a à cœur le sort de la population israélienne (en l'occurrence des sépharades). Le seul ennui pour la crédibilité d'une telle manœuvre idéologique, c'est les intéressés, dont l'identification au sionisme (toujours messianique) ne semble pas défaillir, par-delà les déconvenues expérimentées…

5. Le spectre du peuple disparu

À la lumière de toutes les perspectives que nous avons envisagées, les causes des difficultés éprouvées par la mémoire sépharade pour se faire devraient donc être recherchées bien au-delà du monde sépharade. Cette mémoire « empêchée » est en effet totalement inscrite dans les causalités propres à la mémoire juive en général et donc à la mémoire ashkénaze. Nous avons identifié la source de cet empêchement dans le problème de la condition du peuple juif dans la modernité politique. N'est-ce pas la réalité et l'idée même d'un peuple juif qu'a éveillées et ressuscitées la rencontre des ashkénazes et des sépharades à notre époque ? Pourquoi des Marocains se seraient-ils en effet réunis à des Polonais, de surcroît dans un pays tiers ? Sinon pour cause de judaïsme et de peuple juif ? Cette rencontre n'a pu se faire en effet que dans un cadre supposé préexistant par les deux parties : un « peuple juif ». C'est la première fois dans l'histoire que sépharades et ashkénazes se rencontrent de façon aussi significative et en grand nombre (si l'on excepte l'Amsterdam du XVIIe siècle où une telle rencontre – bien plus modeste – s'était produite). Or c'est justement cette rencontre qui met le peuple juif en question, en pointant ses défaillances et ses impasses... C'est cette rencontre qui renouvelle le questionnement de la réalité du peuple juif comme peuple et peuple unique.

Ce peuple ainsi réactualisé ne sortait pas sans dommage de la modernité lorsque les deux ensembles du peuple juif se sont réunis en Israël et en France (au Canada, ils sont restés séparés : il existe en effet une « communauté sépharade du Québec » à côté de la « communauté juive » – ashkénaze et anglophone). Il avait en effet « disparu » dans l'Émancipation, ou plutôt il avait été destiné à se dissoudre en tant que tel parce que les Juifs n'avaient accédé à la citoyenneté qu'à titre individuel et déduction faite de leur appartenance à un peuple juif historique [16], et donc déduction faite du politique car il n'est de peuples que dans l'historico-politique (et par « politique », nous n'entendons pas nécessairement l'État)... Dans cette modernité, seuls trois ensembles avaient persisté dans une appartenance juive collective, aux marges de l'Europe, c'est-à-dire dans des zones que l'État-nation n'avait pas touchées : en Pologne avec un nationalisme diasporique comme le Bund, en Russie et dans les pays arabes. C'est en Europe de l'Ouest, où le peuple juif était appelé à s'effacer dans l'émancipation, qu'était paradoxalement né le sionisme politique pour compenser le phénomène antisémite. C'est l'esprit de l'Europe qui l'a animé quand bien même – paradoxe suprême – ce sont les masses de Pologne, de Russie et des pays arabes qui lui ont donné une réalité. Si ce n'était le sionisme, choix de l'« Auto-émancipation », le peuple juif était en effet destiné à s'éteindre avec l'« Émancipation » : il n'avait plus de place ni de légitimité dans la condition citoyenne individualiste... C'est la Shoa qui a fait resurgir en Europe l'évidence du peuple juif disparu car les Juifs y ont été exterminés comme un peuple, dont les membres ont été retranchés, un à un et en masse, de toutes les nations de l'Europe [17]. C'est alors, seulement, que les voies de l'émancipation (la citoyenneté individuelle) et de l'auto-émancipation (l'État-nation indépendant) se sont rejointes dans l'expérience israélienne : le peuple par défaut qui sortait de la Shoa (peuple voué à la mort) rejoignait le peuple né du défaut de peuple (dans l'émancipation) que l'expérience d'Israël représentait. C'est ce qui explique pourquoi la quasi-totalité du monde juif s'identifia au sionisme et à Israël après guerre.

C'est dans ce peuple-là que surgissaient les sépharades de façon totalement inopinée et inattendue (pour la conscience juive moderne). Ils incarnaient cependant une troisième modalité du « peuple » juif, ni totalement victime de la Shoa, ni totalement transformée par l'émancipation, ni productrice d'un sionisme ayant pour vocation de pallier les défaillances de cette dernière. La dimension de peuple dans l'historico-politique y avait été, en effet, de justesse sauvegardée. Nous avons déjà souligné le fait que l'émancipation des populations sépharades était par la nature des choses en décalage par rapport à ses centres métropolitains et donc moins assimilatrice, naturellement tempérée par la réalité culturelle et sociale des lieux où elle s'exerçait d'autant plus que les sépharades jouaient un rôle de médiation politique (entre pouvoirs européens et populations indigènes). Mais la cause la plus importante de la continuité du « peuple » parmi les sépharades tenait avant tout au passé historique pré-colonial : contrairement à ce qui s'était passé en Europe depuis le XVIIIe siècle, les sépharades avaient conservé dans leur statut de *dhimmis* leur condition de nation politique même si cette nation restait dominée. Ainsi, les *dhimmis* avaient-ils bénéficié de leurs propres tribunaux et d'une organisation communautaire semi-autonome sous la domination des pouvoirs arabo-musulmans, une domination cependant erratique car les chefs de la nation juive étaient cycliquement exécutés et de lourdes taxes étaient imposées aux communautés. L'État-nation n'étant pas né de façon autonome en Islam, il fut importé par les États coloniaux et ne s'installa à vrai dire, sauf cas rarissimes (en Égypte, par exemple, ou en Turquie kémaliste) qu'à partir des années 1950, de sorte que les sépharades y avaient conservé très tardivement leur statut politique (de minorité quand ils n'avaient pas acquis une nationalité européenne). Le modèle d'émancipation, parce qu'il venait d'ailleurs, s'était en fait surajouté à ce statut de *dhimmi*, resté, objectivement, morphologiquement inchangé bien que désactivé par la force des choses. La preuve en est qu'une fois que les puissances coloniales se retirèrent, et avec elles le bénéfice du statut émancipé, c'est le spectre du statut de *dhimmi* qui revint dans la mémoire des sépharades, suffisamment fort pour les pousser à quitter en masse leurs pays. Le paradoxe est ici profond, car ce qui s'avérait être un handicap rédhibitoire (le statut du *dhimmi*) dans la seconde moitié du XXe siècle constituait également, pour l'avenir, une chance de ressourcement pour le peuple juif et... d'ennui pour les sépharades. En effet, en rejoignant les ashkénazes, les sépharades redonnaient une réalité existentielle à la dimension de « peuple juif » devenue caduque, refoulée, délégitimée, mais, ce faisant, leur venue créait un hiatus dans ce peuple, une sorte de dénivellation : deux logiques historiques s'y télescopaient, deux niveaux de temporalités s'y entrechoquaient. Le peuple « israélien » se constituait alors comme une nation sous la gouverne d'un État. Il était de moins en moins un « peuple juif ». Et, de fait, comme nous l'avons souligné, il se définissait par le manque, le défaut de « peuple juif », celui que l'Émancipation avait dénié et banni de la citoyenneté, celui que la Shoa avait voué à la mort, imposant aux Juifs une condition de peuple malgré eux. C'est ce peuple par défaut que la *nation* sioniste devait restaurer en opposition directe à l'héritage exilique. Les Israéliens se définissaient en un mot en dehors d'un « peuple juif », assigné restrictivement à la diaspora dont l'antisémitisme et la Shoa avaient démontré l'impossible.

Qu'est-ce que ce « peuple juif » ? Négativement, tout d'abord, il n'est le produit ni de la modernité politique, ni de l'antisémitisme, ni de la Shoa. Infiniment plus grand qu'eux, il les a précédés et leur succédera... Le peuple juif est une donnée de l'histoire depuis des millénaires, mettant en œuvre un génie original et nourrissant un commerce avec son environnement, qu'il soit territorial ou diasporique. Son fondement et sa légitimité ne sont pas idéologiques ni humanitaires, ni étatiques : le peuple est une donnée (de l'histoire) non finalisée idéologiquement. Ce qui est le cas de la nation, que nous définissons comme le peuple sous la gouverne de l'État, ayant besoin d'un État pour exister et être instituée [18].

Ce que les sépharades ont expérimenté dans le sionisme politique, que le peuple historique restait toujours problématique dans la nation israélienne, surgie en son lieu et place. Avec les sépharades (et leur messianisme prend, sous ce jour, une signification nouvelle), c'est comme si le peuple historique avait en effet resurgi dans la nation – le peuple ultrapolitisé compensant le peuple par défaut – comme si une expérience passée et refoulée avait fait irruption dans un ordre nouveau. Le choc qui en est résulté est frontal, comme lorsque pôles positif et négatif sont réunis. L'image du « peuple historique » dans le regard de la « nation » a quelque chose de terrifiant et de monstrueux, comme un retour du refoulé de l'archaïque, de l'obscur. Deux niveaux d'évolution historique se télescopent ici. La rencontre des sépharades avec les Juifs issus du processus historique européen ne pouvait que provoquer un malaise profond chez ces derniers. Elle réveillait en eux leur propre mémoire enfouie du peuple historique, le souvenir de ce qu'ils avaient tenté d'oublier et de refouler du fait de la nécessité moderne mais qui leur était revenu comme un coup en plein visage par l'entremise du monde non juif (l'antisémitisme, de l'affaire Dreyfus à Hitler qui prirent pour cible le peuple juif dans les citoyens individuels). C'est dans les camps d'extermination que les Juifs, par-delà leurs différences et leur statut de citoyen, avaient retrouvé leur condition de peuple. Pour la fatalité. Ainsi les sépharades se virent-ils méconnus et rejetés. Ils ressemblaient trop aux « vieux Juifs » que les « Juifs nouveaux » avaient voulu terrasser en eux-mêmes. Leur sort portait en fait, de façon inconsciente, le sort du peuple juif historique rendu caduc par la modernité, au sein même de l'Israël moderne. Eux-mêmes ne le savaient pas. Peut-être parce qu'ils étaient passés par l'émancipation sous un régime colonial ? La domination qu'ils avaient subie sous le pouvoir colonial avait été relativisée et effacée par l'émancipation politique qu'elle leur avait aussi apportée. Peut-être parce qu'ils étaient sous l'emprise d'un enthousiasme messianique, croyant que le peuple juif éternel jouissait déjà de l'unité des temps messianiques ? Ils pensèrent alors souvent que c'était leurs origines « arabes » que les Israéliens et les ashkénazes rejetaient, parce que les Arabes étaient devenus les ennemis acharnés de l'État d'Israël et peut-être aussi du fait du mépris courant des Européens envers le monde arabe. Certains d'entre eux, ne comprenant pas du tout la dimension juive de leur problème, se revendiquèrent alors pathétiquement comme « Arabes juifs » ou « Juifs arabes » en Israël, alors que, justement par leur présence en Israël, ils témoignaient de leur rébellion contre la domination arabe... Pour définir leur identité collective (et pas seulement la langue qu'ils parlaient), ils se voyaient ainsi paradoxalement conduits à investir l'« arabité », concept idéologique propre au nationalisme arabe (le mythe de la nation arabe unifiée englobant des peuples et des États très différents), à être plus « arabes » que les Arabes, comme d'autres Juifs furent plus nationalistes que les nationalistes dans l'Europe d'avant la Seconde Guerre mondiale. L'arabité se voyait ainsi, dans un retournement inattendu, privilégiée en eux et l'Occident colonisateur anti-arabe, identifié à l'État des Juifs, jouant comme un facteur de répulsion et de reflux... Ce courant du monde sépharade inventait en fait la modalité sépharade du « peuple par défaut », affirmant leur condition de « peuple », par rapport au modèle national (israélien), en retrait du peuple juif, en s'appuyant sur le mythe de l'arabisme. Retour à la nation « dhimmie ».

C'est dans une perspective semblable à celle de « l'arabisme » romantique sépharade des années 1970 qu'il faut comprendre le phénomène d'une ultra-orthodoxie sépharade de modèle ashkénaze-lituanien des années 1980-1990. Face au rejet symbolique dont les sépharades se sont sentis victimes, ce courant d'opinion (représenté par le courant du parti Shass) a compris que c'était le judaïsme en eux qui était dénié par la « nation » israélienne (le « peuple par défaut ») et qu'il fallait donc l'assumer de façon revendicative au besoin même contre la « nation » et l'État. Cette alliance contre nature (car les sépharades n'ont pas connu d'idéologie ultra-orthodoxe ni n'ont été jamais antisionistes, comme elle l'est – bien au contraire) exprime bien la marginalisation du « peuple juif » dans la « nation israélienne » (bien sûr les figures cristallisant ce « peuple juif », ultra-orthodoxie et Shass, ne peuvent être que caricaturales, à la mesure de la force du refoulement qui les frappe et dont elles sont aussi les actrices, il faut le dire).

L'évocation du « peuple juif » fait toujours resurgir dans la conscience des Juifs une dimension archaïque qui a connu un destin catastrophique dans l'époque moderne : c'est parce que le peuple historique s'était perpétué – ont pu penser certains adeptes d'une assimilation radicale –, que l'Émancipation individualiste avait échoué (engendrant l'antisémitisme), que la Shoa s'était perpétrée, et que, maintenant à leur tour, les sépharades se retrouvaient en marge d'Israël. Pour cause d'archaïsme. Il est intéressant à cet égard de noter – ce qui vérifie notre analyse – que le discours israélien a spontanément qualifié le « peuple » en eux « d'ethnies de l'Orient » (*Edot ha Mizrakh*) alors qu'il n'existe aucun concept de ce type, aucune notion « d'ethnies de l'Occident » pour les ashkénazes qui, eux, sont censés être naturellement dans la « nation ».

Par leur surgissement imprévu sur la scène de l'histoire juive européenne, les sépharades ont ressuscité ainsi le souvenir du « peuple ». Ils ont témoigné – même dans la confusion et l'obscurcissement – de sa continuité irréductible… et catastrophique lorsqu'elle n'est pas assumée. Par leur existence même, ils ont remis en question le consensus moderne en vertu duquel les Juifs n'auraient survécu que « par défaut », dans leur propre négativité, comme une cause « humanitaire », c'est-à-dire infra-historique et infra-politique, appelant la « réparation » (humanitaire) d'une identité définie dès lors comme exclusivement victimaire... La rencontre des deux ensembles qui constituent le monde juif a ainsi obligé les Juifs à se confronter à leur destin de peuple historique dans la modernité et à frayer la voie à un dépassement de la modernité.

La mémoire du peuple disparu qu'éveille la mémoire sépharade, c'est donc celle du peuple juif en souffrance dans la modernité politique. Celle-ci ne peut ainsi se forger sans libérer celle-là. C'est ce poids dont elle doit se charger qui fait son principal handicap aujourd'hui et qui permet de comprendre comment l'ombre portée de la Shoa a pu peser sur elle d'un poids écrasant. Tous les débats conflictuels actuels opposant ashkénazes et sépharades (notamment en Israël) ne font que refouler et ignorer l'exigence de cette confrontation avec la mémoire juive d'une modernité dans laquelle les Juifs devaient disparaître comme peuple et où ils ont effectivement disparu, en partie, dans la tragédie... Le décalage du temps historique que le retour des sépharades sur la scène juive globale a provoqué dans le monde juif pourrait être une chance exceptionnelle pour sa continuité et sa renaissance.

III. LES CADRES INCERTAINS DE LA MÉMOIRE SÉPHARADE

Une fois que la mémoire sépharade trouvera sa voie, de quoi sera-t-elle faite ? La mémoire, en effet, n'est pas uniquement un rapport au passé mais aussi un rapport au présent, ce qu'il faut comprendre non seulement dans le sens de la temporalité immédiate mais aussi dans celui de la présence continue à soi et au monde. C'est l'effet même du rapport de mémoire que de préserver la permanence d'un être et d'une identité, malgré le temps qui passe et la cassure d'un passé que le changement de temps et de lieu a matérialisée. Or, cette question se pose avec une grande acuité pour les sépharades : que leur reste-t-il de permanent, de constant, de solide alors que tout leur monde a disparu et sombré à jamais, les laissant dans une nudité radicale ? De quoi peut être faite leur identité alors qu'ils ont perdu les bases matérielles habituellement essentielles à une culture et à une identité : le terroir, la langue, l'environnement humain ?

1. Les terroirs sépharades sont-ils objet de mémoire ?

La notion même de « sépharade » indique la globalité et la disparition de tout critère de terroirs géographiques. Elle opère en effet une sorte d'universalisation d'identités autrefois spécifiques. Tel ou tel groupe d'originaires pourrait d'ailleurs éventuellement la récuser, contestant une telle généralité et refusant leur identification à d'autres originaires. Le partage des langues (judéo-espagnol, judéo-arabe, français-anglais-arabe) décide à cet égard des frontières séparant les groupes. Que reste-t-il en effet des terroirs pour la génération des déracinés et pour les générations nées dans « l'exil » ? La génération des déracinés porte encore en elle le souvenir des terres d'origine, de leur atmosphère, de leurs odeurs et de leurs bruits, tout ce à quoi ses enfants ne peuvent accéder, pour ne l'avoir pas connu. Que peut en transmettre cette génération charnière, celle justement dont la mémoire est en panne ? Transmet-on, par le biais de la sensibilité, une expérience qui n'a pas été vécue par le destinataire de la transmission ? Que transmettre de spécifique, alors que Juifs nord-africains, turcs, proche-orientaux se retrouvent indistinctement mêlés dans l'anonymat des grandes villes ou des banlieues de l'Occident ? De ce point de vue-là, les sépharades d'Israël sont avantagés : leur univers de sensibilité, par la géographie, le climat, l'ambiance, est en effet très proche de celui des origines.

La question se pose peut-être de façon plus profonde : une fois coupés de leurs terroirs et plongés dans le vide indifférencié des grandes villes, les sépharades – et notamment les générations charnières – peuvent-ils regarder du même œil leur terroir d'origine ? Avec le recul, celui-ci apparaît très relatif. Il rejoint dans le lointain passé historique les anciennes terres fréquentées par leurs ancêtres. Que reste-t-il après tout du terroir espagnol dans la mémoire sépharade ? Peut-être quelques réminiscences linguistiques ? Les sépharades nord-africains avaient déjà grandement oublié l'Espagne et son terroir dans leur sensibilité. Il est vrai que les paysages andalous sont parfois très proches des paysages d'Afrique du Nord… Venus d'Espagne en Afrique du Nord ou au Moyen-Orient, les Juifs s'étaient regroupés en communautés d'originaires mais ce n'est pas le terroir – perdu à jamais – qui nourrissait leur identité. C'était plutôt une culture et une tradition religieuse commune. Des coutumes, des comportements semblables les réunissaient. Ils avaient été tissés dans un lieu géographique commun, certes, mais ils le portaient en eux comme en filigrane, de façon abstraite. La question plus large qui se pose à ce propos est de savoir si la conscience juive naît d'une inscription dans un terroir. La chose n'est pas aussi sûre que l'est la référence à une « Terre Promise », non point terre de « racines » et d'autochtonie mais terre travaillée par la parole et l'espérance. Or, en Afrique du Nord, au Proche-Orient comme en Espagne, les Juifs s'étaient sentis et pensés « en exil ». Au fond, ces pays n'étaient que des terres de passage, dans cette longue marche de mille détours vers la Terre Promise. Les derniers terroirs en date ne sont donc pas, dans cette perspective, les terroirs absolus en fonction desquels et dans la nostalgie desquels une identité doit se forger. Auparavant, ils s'effaçaient dans le souvenir de la Terre Promise qui, seule, restait la référence, axant résolument la mémoire sur le futur plutôt que sur la nostalgie d'un passé à jamais révolu. Tout le problème aujourd'hui est de savoir si ce rapport est encore possible alors que les Juifs ne se sentent plus « en exil », aussi bien en Israël que dans la diaspora. Sans ce sentiment d'exil, effectivement, la Terre Promise, la Terre de parole, s'efface derrière la terre des racines, le « terroir », ouvrant non plus sur l'espérance mais la nostalgie, le regret éternel. Il est possible aussi que le monde dans lequel les Juifs se retrouvent ait changé : dans la société postindustrielle, tous les hommes sont peut-être « en exil », transplantés dans des mégalopoles qui ne sont plus que des lieux technocratiques d'habitation et de production où l'on soupire après un terroir, comme l'illustre le cycle des départs en week-ends et en vacances, tout au long de l'année.

Dans cette perspective, on peut évoquer la vogue des « retours au pays » et autres pèlerinages de certains sépharades (Maroc, Tunisie, Égypte) à la recherche de leur terroir perdu, d'où ils reviennent souvent déçus pour avoir découvert que le monde qu'ils recherchaient est un monde humain, irrémédiablement disparu et non un paysage géographique, inerte et désormais sans intérêt durable si ce n'est nostalgique. Passé la génération charnière, il ne restera donc rien des terroirs sépharades d'origine, si ce n'est un ensemble de comportements, d'habitude, d'expressions langagières, dans lequel la vie commune du passé se sera déposée. La dénomination de « sépharade » se retrouve ainsi encore plus justifiée, car il ne pourra plus y avoir dans la prochaine génération de Juifs de Tunisie, d'Égypte, du Maroc… Il ne restera plus que l'éther dans lequel toutes ces appartenances ont baigné. Si ce n'est pas le terroir qui a forgé et forgera l'identité des sépharades, qu'est-ce donc ?

2. Le dénominateur commun arabe

On pourrait penser que c'est le monde arabe qui est le fédérateur des Juifs que l'on qualifie, de ce fait, de « sépharades ». Qu'est-ce qui pourrait distinguer sépharades et ashkénazes qui appartiennent à la même judaïcité, si ce n'est – pense-t-on – le lien qu'ils ont nourri avec leur environnement culturel ? Ce serait la fréquentation de l'Orient – ou de l'Occident – qui déciderait de l'identité culturelle du Juif... Effectivement, c'est à l'époque de l'Empire musulman unifié que le monde sépharade s'est constitué comme un système spécifique. Alors, la quasi-totalité des Juifs du monde se retrouvait dans l'Empire musulman et jouissait, de ce fait, de nombreuses relations internes, pour être réunis dans une même et unique unité politique... Dans ce cas, c'est le système politique et la réalité politique de l'Islam comme empire qui leur aurait conféré leur spécificité. Mais ce fut aussi la culture car, comme on le sait, les plus grandes œuvres de la tradition religieuse juive ont été écrites en arabe, durant « l'âge d'or » espagnol, du temps du Califat de Cordou. Le judaïsme sépharade a aussi partagé le déclin du monde arabe sous la domination ottomane, si l'on excepte l'époque brillante des ministres juifs du Sultan de Constantinople, après l'expulsion d'Espagne...

Que signifierait une telle situation ? Serait-ce la culture arabo-islamique qui déciderait de la personnalité sépharade ? Si cela a une dimension de vérité, cette vérité ne peut être totale car, en tel cas, on ne comprendrait pas la nature du moteur qui a poussé les sépharades à rejoindre les ashkénazes dans l'État d'Israël. L'idée du « peuple juif », l'idée du judaïsme ont été des fédérateurs bien plus puissants pour les sépharades, bien plus que la culture arabo-islamique. Que faire également de l'épisode sépharade en Espagne chrétienne et hispanophone, très important lui aussi, parce qu'il continua l'œuvre culturelle de l'âge d'or ? Que faire enfin des deux derniers siècles de francophonie, période de divorce d'avec l'arabité ? Ils sont autant partie prenante de la personnalité sépharade et on ne peut les exclure de l'ensemble des marqueurs de l'identité sépharade sans irréalisme. Aujourd'hui, on peut avancer sans erreur que les arabophones ne sont plus qu'une minorité dans le monde sépharade. La langue arabe n'est quasiment plus pratiquée (sauf en Israël et au Maroc), elle n'est plus enseignée ni transmise. Les jeunes générations ne la parlent plus [19]. Elle ne subsistera peut-être que dans quelques expressions typiques judéo-arabes bien senties mais complètement coupées de leur hinterland linguistique.

Même constat pour le rapport à l'islam, une religion sans doute théologiquement très proche du judaïsme (quoiqu'elle se soit dissociée du texte biblique en lui *substituant* le Coran alors que le christianisme le conservait, en lui *ajoutant* le Nouveau Testament), mais qui aujourd'hui semble être la plus hostile aux Juifs, avec le succès du fondamentalisme en son sein.

Reste une troisième dimension dans le rapport arabo-sépharade : la connivence judéo-arabe. Elle est devenue mythique et c'est très souvent dans la musique judéo-arabe qu'elle se voit célébrée. Nous savons que cela n'est pas exact pour une longue période de l'histoire, mais elle connut bien sûr des périodes fastes et jamais les Juifs – il est vrai – ne furent victimes d'une persécution systématique et rationnelle. Leur statut de *dhimmis*, commandé par les lois coraniques, imposait un seuil à la domination. Aujourd'hui, certains pays arabes nourrissent un véritable mythe national quant à la coexistence judéo-arabe (hélas, pour l'essentiel, désormais au passé). On ne peut s'en plaindre si cette légende aide à un rapprochement israélo-arabe à venir. Les Juifs marocains ont justement joué un rôle important dans le rapprochement israélo-arabe, qui a contribué au processus de paix au Moyen-Orient.

On le voit, on ne peut retenir, pour le présent et l'avenir, l'arabité et encore moins l'islam, comme critère déterminant de la sépharadité, et certainement pas pour l'avenir, car cette dimension est vouée à la caducité. On retrouve donc le judaïsme au cœur de la personnalité culturelle sépharade.

3. Quel judaïsme ?

La « composante » judaïque fut centrale dans son histoire. Elle l'est redevenue de toute évidence encore aujourd'hui dans la grande majorité des cas, sous la forme du « traditionalisme » sépharade. Ce traditionalisme fonctionne en fait un peu comme un système de reconnaissance collectif, assurant la continuité avec les générations antérieures, la tradition et fournissant un cadre de vie, un ethos pour les vivants. Ce type de judaïsme n'aurait-il pas été au fond le produit naturel de l'ancienne condition de *dhimmi* ? La religion constituait la base même de l' identité politique collective dans la société islamique. Plus tard, lors de la réforme ottomane des Tanzimat, au XVIIIe siècle, les Juifs constitueront un *millete*, c'est-à-dire une nation minoritaire jouissant d'une sorte d'autonomie interne sous la juridiction de leurs autorités religieuses Tout nous montre que nous avons ici un type de judaïsme très différent de celui qui se développa en Europe de l'Ouest où il avait perdu toute dimension collective historique et toute autonomie, pour se recollecter dans la sphère confessionnelle et spirituelle, les Juifs menant leur vie ailleurs et indépendamment de lui, sans aucune obligation politique ou autre de se référer à lui si ce n'est un lieu idéologique et symbolique. Le judaïsme pouvait cesser de faire partie intégrante et indissociable de la collectivité. Il cessait d'être une culture autant qu'une politique. De quelle nature est donc ce judaïsme traditionaliste dont l'identité est restée floue et peu clarifiée pour les contemporains ? Les sépharades qui sont allés frapper à la porte de la synagogue lituanienne et de l'ultra-orthodoxie en général, ce modèle né en Hongrie-Roumanie du XIXe siècle, ces sépharades ont opté pour une version du judaïsme très opposée à l'esprit classique du sépharadisme. En effet, alors que l'ultra-orthodoxie se recommande du principe de la rigueur de la Loi (le *din*), de l'aggravation (*Humra*) de la rigueur dans le jugement halakhique, la halakha sépharade était connue de très longue date pour sa flexibilité et sa « clémence ». C'est ce trait de caractère religieux qui définissait dans le discours de la tradition la personnalité sépharade avant la modernité. Aucun critère ethnique ne fondait ce concept de sépharadité (l'ethnicité est impensable dans les catégories de la pensée juive) comme c'est souvent le cas aujourd'hui. Aux yeux des penseurs juifs, les sépharades véhiculaient la dimension de la clémence dans le judaïsme tandis que les ashkénazes portaient celle de la rigueur – l'équilibre de l'une et de l'autre (toutes deux légitimes) assurant l'équilibre spirituel du peuple d'Israël dont l'âme même portait ces deux qualités spirituelles et éthiques, l'attelage de la grâce et de la loi… Certains penseurs estimaient que c'est le judaïsme italien qui réalisait cette synthèse. Dans cette perspective, on peut penser qu'en adoptant le modèle de l'ultra-orthodoxie ashkénaze les sépharades ont négligé leur âme la plus profonde et provoqué un déséquilibre spirituel dans l'âme mystique d'Israël… Ainsi l'élément du judaïsme dans la mémoire sépharade, tout en ayant conservé sa centralité, est-il devenu incertain et flou, car le néo-judaïsme auquel une partie importante de la population sépharade s'identifie est très profondément éloigné du modèle sépharade classique. En somme, le judaïsme du courant du Shass est un judaïsme lituanien étiqueté sépharade dont on ne peut même pas dire qu'il est en habit sépharade puisque ses adeptes ont opté pour l'habit noir des ultra-orthodoxes ! La confusion est donc maximale. C'est justement à ce niveau-là que l'on peut craindre pour la continuité de la personnalité sépharade, car c'est à cette aune – religieuse – qu'elle s'était déterminée à son époque classique comme sépharade et qu'elle se déterminera à l'avenir. Il ne nous semble pas en effet que l'option d'une culture purement ethnique constituerait une alternative à l'option du judaïsme, comme critère déterminant de l'identité.

4. L'ethnicité folklorique

C'est cette culture « locale » qui est le plus souvent mise en avant lorsqu'il est question d'identité sépharade. On évoque alors un art de vivre, de cuisiner, de se parer, un ensemble de comportements qui concentreraient en eux la quintessence de la sépharadité ! Que de paroles creuses a-t-on entendues en Israël sur l'art du thé à la menthe ! Ces éléments ethnico-culturels ont, certes, leur importance car l'ambiance de l'existence est aussi précieuse que le message et les valeurs qu'elle véhicule mais ils ne font en général qu'exprimer ces derniers et ne peuvent être considérés dans la dissociation d'avec eux. Dans certaines communautés, l'identité juive s'était ainsi retrouvée enchâssée dans des cérémonies et des coutumes, voire un rituel culinaire, qui l'avait inconsciemment conservée [20]. Mais c'est parce qu'elle les habitait en profondeur… La conception qui privilégie ces éléments, sans intérêt, ni souci pour les valeurs est, en fait, très récente. D'une certaine façon, elle enregistre leur caducité et laisse s'échapper l'esprit qui anime les dispositifs et les structures culturelles, purement objectifs, devenus objets d'exposition muséale. Mais la réalité matérielle qui, seule, devrait être préservée et transmise dans la transmission d'identité, reste ainsi une demeure vide de présence. Or, c'est de présence qu'est en quête la mémoire.

✳

En passant en revue ces quatre « éléments » de l'identité sépharade, nous avons cherché justement à comprendre en quoi consiste cette présence, quelles en sont les composantes qu'il faudrait transmettre et auxquelles il faudrait se raccrocher dans l'œuvre de mémoire, une fois que son chemin aura été frayé par-delà les obstacles symboliques et idéologiques qui s'opposent à elle encore aujourd'hui. À la lumière des exigences de la situation vécue aujourd'hui, dans la perte des terroirs, du milieu arabophone et de l'effacement de la tradition religieuse, l'enjeu le plus important nous semble concerner le judaïsme et le peuple juif, car il commande le rapport des sépharades au monde juif global qui est devenu son monde, son hinterland identitaire par excellence, si tant est que cette identité est et se veut juive. C'est cela la nouvelle donne à laquelle la disparition des terroirs a conduit. Un réajustement doit se faire au monde juif ainsi reconstitué, alors que les supports extérieurs de la sépharadité se sont effondrés et ont profondément changé. C'est dans ce recentrage intérieur que le recentrage à l'extérieur deviendra possible. Ce qui faisait la singularité des sépharades dans le monde juif – par rapport aux ashkénazes – tenait avant tout à cette spécificité religieuse, spirituelle et intellectuelle, ce rapport éthique à la vie marqué par le *hessed*, la clémence gracieuse, plutôt que par le *din*, la rigueur. Cette qualité pénétrait toutes les manifestations de l'existence et lui conférait une dimension baroque et chatoyante. Le judaïsme sépharade est un judaïsme qui chante. Cette qualité existe encore aujourd'hui dans les faits et les actes, mais son principe reste obscur et non clarifié. À travers leur histoire intellectuelle, les sépharades ont montré également une ouverture intellectuelle qui les a conduits à développer la philosophie (à travers le dialogue de la pensée juive et de la philosophie grecque) et la kabbale, alors que le monde ashkénaze fut surtout centré sur le Talmud (mais en produisant aussi les philosophes judéo-allemands et le hassidisme, qui furent – consciemment et pratiquement – une sorte de reprise de la philosophie médiévale et de la kabbale). C'est ce milieu noétique, en général totalement oublié, qui importe pour le présent et l'avenir bien plus que l'ethnicité folklorique. Or ce milieu est en prise directe sur le judaïsme, conçu comme culture et système de valeurs ouvert au monde. C'est dans une approche, une vision et une pratique de cette mentalité, de cet univers intellectuel – et donc un rapport au monde original – que consiste la spécificité du monde sépharade.

Ses chances de continuité, d'avenir, de création dépendent ainsi de la réponse à cette question. C'est en effet autour de son rapport au judaïsme, conçu comme culture globale et vision de l'universel, que cette identité se reconstituera au sortir du traumatisme du déracinement car c'est cette reconstitution qui lui permettra de se réajuster à son nouvel environnement tant israélien que diasporique. « Réajustement » ne signifie pas uniquement conservation mais, avant tout, création et invention. C'est alors qu'elle pourrait retrouver la pertinence et l'usage de son expérience historique de vie avec le monde arabe. Cette dimension en effet, totalement disparue en diaspora, a resurgi centralement en Israël (où se retrouve de surcroît la majorité de la population sépharade). Outre leur apport spécifique au judaïsme, les sépharades pourraient apporter ainsi au peuple juif les acquis d'une telle expérience…

Nous essayons ici de réfléchir en quoi il est bon qu'une « mémoire sépharade » se fasse, et de quoi elle pourrait se faire, mais cette inquiétude est, pour l'instant, secondaire car c'est l'œuvre de mémoire elle-même qui est en question. Cette œuvre – et la clarification qui l'accompagne – serait la contribution la plus forte que les sépharades pourraient apporter à la mémoire juive en général : de leur dialogue avec la mémoire ashkénaze dépend, en effet, la clarification de la mémoire juive, dans sa globalité et son absolu, au sortir de la modernité finissante. Sa résolution augurerait du retour du « peuple juif » dans l'histoire des hommes, un retour dont la portée devrait avoir – ainsi l'a toujours pensé la tradition juive – un sens éthique pour l'humanité. Il n'y a pas, en effet, à notre sens, de signification à l'existence des sépharade*s* et des ashkénaze*s* qui serait étrangère au judaïsme. Par « judaïsme », on l'a compris, nous entendons un univers culturel, symbolique et historique (dont les formes strictement religieuses ne sont pas exclusives de toutes les autres formes). L'existence ne suffit pas, à elle seule, à produire du sens si elle n'est pas tournée vers autrui. L'existence juive, elle-même, n'est-elle pas toute tendue par l'espérance, celle des temps à venir (le messianisme sépharade en était, dans ce sens, une parfaite illustration), mue par la promesse biblique ? C'est cette espérance que la conscience juive doit aujourd'hui revivifier en elle pour « retrouver son Orient » et par la même occasion le peuple disparu dans la condition juive moderne. En quoi peut consister cette espérance pour les Israéliens, pour les Juifs diasporiques ? Telle est la question que le XXIe siècle nous pose. L'espérance est, en effet, la question la plus urgente que soulève la question de la mémoire. On n'a jamais en effet transmis pour transmettre, ni continué pour continuer, comme on le croit aujourd'hui. Le motif de la « continuité juive », tant invoqué aujourd'hui, pourrait s'avérer profondément ennuyeux. Seul le *désir* profond de continuer, l'*espoir* chevillé au corps, la *quête amoureuse* de la vérité peuvent libérer la mémoire de ses entraves.

Shmuel Trigano

NOTES

1. Cf. Shmuel Trigano, *L'idéal démocratique à l'épreuve de la Shoa*, Odile Jacob, 1999.
2. Cf. Hannah Arendt, *Les origines du totalitarisme*, tome II « Sur l'antisémitisme », Points-Seuil, 1984.
3. On fait référence ici au système des « capitulations ».
4. Les autochtones non musulmans assujettis à l'Islam étaient régis par le statut de *dhimmis* (protégés). Ce statut est aussi connu sous le nom de « Pacte d'Omar ». Après la conquête islamique, les non-musulmans se virent reconnaître le droit de s'administrer selon leurs lois religieuses, de résider, de circuler (avec certaines restrictions et des taxes à payer). Le *dhimmi* devait payer une taxe de capitation, la *djizya,* au cours d'un rituel où il était humilié. La *dhimma* était en effet également un « système d'avilissement » selon le mot de Jules Isaac, dans *Genèse de l'antisémitisme*, pour définir la condition juive en chrétienté après le code Théodosien du Ve siècle. Un ensemble de mesures vexatoires et discriminatoires (du vêtement – habits spéciaux et signes distinctifs – aux règles de comportement – ne pas monter à cheval, céder la voie au musulman...) la caractérisait.
5. Fondée en 1860, à Paris, après l'Affaire de Damas, l'Alliance israélite universelle avait pour ambition de défendre de par le monde les Juifs agressés et de propager parmi eux les idéaux de l'Émancipation et de la Révolution française. Elle fonda ainsi un grand nombre d'écoles françaises sur tout le pourtour de la Méditerranée, ce qui eut pour effet de projeter le monde sépharade sur la voie de la modernisation.
6. Le terme de « sépharade » (tout comme celui « d'ashkénaze ») est biblique : on trouve dans Ovadia 20 « les exilés de Jérusalem répandus dans *Séfarad* ». Dans la tradition juive, *Séfarad* a fini par désigner l'Espagne et l'Allemagne.
7. Claude Klein peut ainsi écrire : « La Shoah aussi. La question si typique dans les milieux que je fréquentais avant mon départ, et même plus tard en Israël, "Comment et où as-tu passé la guerre ?", est une question rarement posée en milieu sépharade » in *Deux fois vingt ans, Israël*, Éditions du Félin, 1990, p. 46.
8. Sur ce concept de « sépharadité », voir notre analyse in *Le récit de la disparue. Essai sur l'identité juive*, Gallimard-Les Essais, 1977.
9. « La Nouvelle orthodoxie et la transmission familiale : le point de vue de l'ethnologue » in *Pardès* 22/1996 et « Le Mouvement lubavitch : déracinement et insertion des sépharades » in *Pardès* 3/1985.
10. Cf. le débat des « Nouveaux historiens » israéliens sur « le péché originel » de l'État d'Israël... Sur ce thème cf. Dominique Vidal avec Joseph Algazy, *Le péché originel d'Israël,* Les Éditions de l'Atelier, 1998, et surtout Alain Greilsammer, *La nouvelle histoire d'Israël*, Gallimard, 1998.
11. Sur ce statut cf. Bat Yé'or, *Le Dhimmi*, Éd. Anthropos, 1980 et S. Schwarzfuchs « La persécution juive en terre d'Islam », in *L'Arche,* n° 202, 26 décembre 1973.
12. Cf. sur cette question Alain Brossat, *L'épreuve du désastre. Le XXe siècle et les camps*, Albin Michel, 1996 et Edward Saïd, *Israël-Palestine : l'égalité ou rien*, La Fabrique, 1999.
13. Cf. sur ce point notre analyse « The guilt of the Israeli left » in *Viewpoints Jerusalem Letter*. Jerusalem Center for public affairs. 6 November 1983, traduction de notre article du même titre in *Davar* du 1er avril 1983.
14. Cf. *Réflexions sur la question juive*, Gallimard-Idées, 1954, p. 68.
15. Cité in P.-H. Lévy et H. Musicant, *Ehud Barak, le faucon de la paix*, Plon, 1999.

16. Cf. nos travaux sur ces questions in *La République et les Juifs* (Les Presses d'Aujourd'hui, 1982) et in *L'idéal démocratique*, *op. cit.*
17. Cf. notre article « Les Juifs comme peuple à l'épreuve de la Shoa » in « *Penser Auschwitz* », *Pardès* 9-10/1989.
18. Sur cette question cf. notre livre *L'idéal démocratique à l'épreuve de la Shoa*, *op. cit.*
19. À ce propos voir Jacques Derrida, sur la question de la langue dans l'expérience historique des sépharades contemporains, *Le monolinguisme de l'autre*, Galilée, 1996.
20. Cf. Joëlle Bahloul, *Le culte de la table dressée*, A.M. Métailié, 1983.

Éclats de mémoire

De l'autre rive

André Aciman

ALEXANDRIE-PARIS-NEW YORK :
La mémoire inassouvie

Un jour, je demandai à ma grand-mère – qui parlait plus de langues que ne le feront cinq générations de mes descendants – quelle langue elle parlait chez elle durant son enfance. Nous parlions espagnol, dit-elle. Une fausse appellation – car ce qu'elle nommait espagnol était en fait du judéo-espagnol, appelé aujourd'hui couramment ladino. À Constantinople, où elle était née, elle parlait turc avec les marchands de rues, grec avec la bonne et la cuisinière, yiddish avec sa nounou – et elle était allée dans une école religieuse italienne où elle avait acquis une chose que je ne maîtriserai jamais dans aucune langue : l'imparfait du subjonctif. Indirectement, elle avait également appris son catéchisme – je l'appelle « son catéchisme » parce qu'elle l'avait littéralement absorbé comme tout bon catholique est censé apprendre sa religion. Elle ne l'oublia jamais. Lorsque, finalement, je lui demandai avec qui, alors, elle parlait français, elle répondit : chez nous, à la maison. Mais comment pouvait-elle parler français chez elle, quand sa mère ne connaissait pas plus de cent mots de français et son père aucun ? Où était ce chez nous ? La réalité n'a, bien sûr, pas d'importance. Elle, tout comme ses sœurs et ses frères, avait simplement la sensation d'avoir toujours parlé français, que le français était inné ; qu'il existait depuis toujours, chez eux, à la maison. Et cette sensation par elle-même faisait toute la différence.

Comment ma grand-mère apprit le français n'est pas un secret – c'est une énigme. Elle l'a picoré. Mais elle ne l'a pas acquis comme le grec dans la cuisine ou le turc dans la rue. Il y avait quelque chose de cérémonial dans le français, ce qui n'existait ni dans l'espagnol, ni dans l'italien. Elle le parlait avec ses sœurs et sa famille, non parce que le mot juste est une institution française – en l'occurrence, pour elles, le mot juste aurait existé en espagnol, non pas en français – mais parce que, si elles parlaient français, elles voulaient que ceux qui les entendaient sussent qu'elles parlaient français. L'exemple le plus proche serait l'amour démesuré des Russes pour le français. On parlait français pour faire un certain effet. On parlait français pour se faire de l'effet.

Mes grands-parents parlaient deux langues avec leurs enfants : une langue affective, celle du cœur – l'espagnol ; et une langue rationnelle, celle des idées claires et distinctes, le français. Si le cours de leur vie s'était déroulé comme prévu, ils seraient tous allés à l'université en France ou auraient décidé d'y vivre, ou auraient établi des relations commerciales à long terme avec la France. À la génération de mes parents, tout le monde avait de la famille en France ; et cela paraissait tout naturel : à la maison, ils parlaient français en tout premier lieu ; ils étaient allés dans des écoles françaises ; ils comptaient en français ; s'écrivaient en français ; faisaient la cour en français. Le fait que je parle français, ou mieux encore que j'enseigne la littérature française, ou que je parle avec mes enfants non pas l'anglais que je connais pourtant mieux, mais le français, ou encore le fait que beaucoup de ceux qui viennent, comme moi, d'Alexandrie et vivent aujourd'hui aux États-Unis envoient leurs enfants au lycée français ; tout cela montre simplement – pour citer Nietzsche, un philosophe allemand qui citait Stendhal, un écrivain français qui avait choisi de vivre en Italie en prenant un nom de plume allemand – tout cela démontre que le français représentait une « promesse de bonheur ». Et non pas parce que j'aimais la France, comme beaucoup, mais parce que parler français était ce qui se faisait en famille. Pour mes ancêtres, le français avait été la porte de sortie – sortie de l'Empire ottoman, de la pauvreté, du tiers monde. Et l'entrée dans l'occident moderne. Ils parlaient français ; donc, ils étaient occidentaux.

Ce que je voulais montrer dans mon livre *Adieu, Alexandrie* quand j'établis l'importance démesurée accordée par les plus âgés de la famille aux bonnes manières à table, à la bonne tenue, au savoir-vivre, ou à la grammaire, ce n'était pas seulement que la plupart des membres de ma famille voulaient donner l'impression qu'ils avaient toujours évolué dans des cercles aisés et cultivés ; mais aussi qu'ils n'étaient pas comme leurs proches voisins du Moyen-Orient, qu'ils n'étaient même pas comme les autres Juifs du Moyen-Orient ; ils étaient juifs francophones. Ils avaient déjà un pied hors du Moyen-Orient et s'avançaient ailleurs, en espérant – rêvant – que c'était vers la France. Mais ils n'étaient pas français.

La plupart d'entre eux n'avaient jamais vu la France, certains deviendraient français sans jamais la voir, d'autres ne trouveraient plus la France qu'ils étaient venus chercher. Car bien sûr, la France, la vraie, n'avait rien à voir avec la terre dont chaque Juif de Turquie et, plus tard, d'Alexandrie, était devenu citoyen imaginaire : une France imaginaire, faite de Jean Cocteau, Jean Gabin et Maurice Chevalier, une France qu'ils ne trouvèrent pas quand, finalement, ils y parvinrent, mais dont ils se « souviendraient » de longues années plus tard parce qu'elle continuerait de hanter leur imagination, à la manière dont un rêve jamais réalisé peut perdurer des années et, finalement paraître réel rétrospectivement.

Ceux-ci étaient des Juifs qui, dès leur arrivée en Égypte, cherchaient déjà leur billet de sortie. Ce n'est pas qu'ils n'aimaient pas l'endroit où ils étaient venus vivre ou qu'ils ne voulaient pas se créer de racines, mais qu'ils voulaient toujours avoir la possibilité de partir. C'étaient des Juifs de passage, des Juifs de la diaspora, nomades. Tout ce qu'ils possédaient était transportable. Beaucoup de familles sépharades prétendaient même avoir conservé les clefs de leurs maisons ancestrales à Tolède, qu'ils avaient dû quitter plus de cinq cents ans auparavant. On est amené à penser que la clef ne serait qu'un symbole de la maison tout entière ; en fait, c'est ce qu'on peut emporter avec soi lorsqu'on fuit qui a de l'importance. On peut tout perdre, c'est le souvenir qui compte, car c'est lui seul qui résiste à l'anéantissement du temps.

Ils étaient venus en Égypte pour s'installer, mais ils s'installaient avec des visas de sortie, en Égypte, en Turquie (où ils avaient vécu auparavant), en Grèce, en Espagne, au Portugal, depuis le jour où un Juif, traversant la mer Rouge, avait salué un autre Juif en route vers l'Égypte. En fait, l'origine du mot Hébreu est *ibhri* qui signifie « celui qui vient de l'autre côté (de la rivière) ». On pense à soi-même, non comme quelqu'un qui vient de quelque part, mais d'en face de quelque part. On est toujours d'ailleurs. On n'est jamais tout à fait hors de l'endroit où on est, tout en n'y étant jamais. J'ai énoncé la phrase précédente aussi pesamment que possible pour donner un aperçu du paradoxe dans lequel se trouvent les gens à double fond – comme on dirait des tiroirs – les hommes qu'on pourrait dénommer homo duplex.

Rien de tout cela n'est nouveau pour les Juifs sépharades. Selon la tradition, ils étaient des marranes, des Juifs qui avaient été obligés de se convertir ou l'avaient fait par intérêt. Bien qu'ils fussent apparemment chrétiens, ils continuaient, malgré toutes sortes de dangers, à pratiquer le judaïsme en secret, parfois un judaïsme déformé appelé le crypto-judaïsme. Ces Juifs étaient aussi connus en tant qu'alboraycos, qui dérive d'Al-Burak, le destrier de Mahomet qui n'était ni cheval ni mulet, ni mâle ni femelle. Comme le disait un prêtre chrétien à mon père dans mon livre : « Pauvres Juifs, vous êtes citoyens nulle part et traîtres partout, même envers vous-mêmes. Et ne faites pas cette tête, ce sont vos prophètes qui l'ont dit, pas moi. »

Un Alborayco n'est en fait ni poisson ni oiseau. Ni ici ni là. Ni dedans ni dehors. Ni ceci ni cela.

On est, comme ceux qui ont l'expérience de l'exil, juste provisoirement ici, provisoirement quelque part, provisoirement quelqu'un. Un hôte de passage n'est jamais sur le point de rester ou de quitter ; il est présent sous condition. Il pourrait partir à tout moment, mais il pourrait aussi rester plus longtemps qu'on ne pense. On ne vit pas avec les valises ouvertes, mais on garde les valises à coup sûr. Même après avoir vécu aux États-Unis pendant quinze ans, quand il devint évident que nous ne quitterions plus notre pays d'adoption, mes parents gardèrent toujours quelques valises qui occupaient une place folle dans un des placards. Certaines, je m'en souviens maintenant, portaient les étiquettes caractéristiques des stations balnéaires du sud de la France avant la Première Guerre mondiale. Les valises étaient solides et étaient passées de génération en génération.

Si j'avais demandé pourquoi ils ne s'en étaient jamais débarrassés, leur réponse aurait été très simple et très sage : « On ne sait jamais. » Je ne l'ai jamais demandé parce que je partageais déjà leur réponse. Nous ne connaissions qu'une seule façon d'être : de passage. Cela ne faisait pas de nous de mauvais citoyens en Égypte ; les Juifs égyptiens étaient probablement les plus riches de la Méditerranée, à l'exception de ceux de la France et avaient des activités philanthropiques. Certains se firent construire des palaces. Mais dans le même temps tous pouvaient envisager une autre résidence ailleurs, d'autres investissements. Une autre citoyenneté.

Être de passage ne signifie pas prendre rapidement conscience des signes de danger. Un être de passage est parfois le dernier à saisir qu'il faut quitter les lieux. Il passe tant de temps à s'inquiéter du pire, et à ressasser la douleur à venir, que, lorsque le pire se produit, il est tout à fait immunisé et ne le voit même pas. Il a trop souvent imaginé la catastrophe pour croire qu'elle puisse vraiment se produire. Nous avions répété notre départ tant de fois que, quand le moment de partir vint, nous crûmes que c'était juste une répétition plus convaincante.

Alexandrie a les heures les plus longues du monde, dit ma grand-mère dans mon livre. Mais, comme un critique l'a très vite noté dans le *Times* de Londres, « le temps manquait ».

Nous attendions, simplement, comme les Juifs l'avaient fait ailleurs, quand il était déjà trop tard pour attendre des miracles. Mon livre traite des gens qui étaient assez perspicaces pour savoir ce qui les attendait, mais assez indolents pour ne pas s'en prémunir : ils espéraient qu'ils paniquaient trop vite, que les situations ne pouvaient jamais empirer, parce qu'elles étaient déjà assez mauvaises. Edward Lutwalk appelle cela « la logique de passivité ». C'est la passivité de ceux qui sont très fins pour les petites choses parce qu'ils sont tout à fait obtus pour les grandes. « Nous l'avons vu venir », disions-nous, comme pour nous féliciter d'avoir pu sauvegarder les quelques bijoux de maman quand on avait déjà perdu tout le reste.

✳

Ne fût-ce que pour inverser ces rituels de la répétition, si je ne suis jamais retourné en Égypte en trente ans, ce n'est pas que je ne le souhaitais pas, mais je répétais mon retour en Égypte avec la même obsession que ma famille en avait répété son départ. En tant qu'écrivain, j'avais besoin de répéter mon retour non seulement pour me rappeler et décharger tous mes souvenirs sur le papier, pour débarrasser mon esprit des poids morts de la mémoire, mais aussi pour racheter mon passé, pour y revenir sur le papier, ou peut-être uniquement pour répéter ce retour, comme certains d'entre nous voudraient retourner vers un ancien pays ou vers un ancien amour, à condition que ce ne soit que par la pensée. Et parfois, nous pouvons écrire pour nous souvenir, alors qu'en fait nous désirons simplement oublier. Parfois, nous nous souvenons parce que le souvenir est tout ce qui reste.

Je veux analyser ici, non pas pourquoi j'ai écrit *Adieu, Alexandrie*, ou quelles étaient les conditions physiques et historiques de l'Égypte que j'ai connue. Je veux plutôt comprendre l'exil, la perte, l'écoulement du temps, le souvenir. En fait, le mot exil est inadéquat : on ne peut être exilé d'un endroit qui n'existe plus. Je ne veux pas retourner dans un pays d'où j'ai été expulsé, ou retrouver ce qui m'a été pris. Je ne veux rien de l'Égypte.

C'est faux. Je veux quelque chose.

Je veux comprendre comment un Juif vivant provisoirement en Égypte et apprenant à vivre dans le provisoire peut se souvenir de l'Égypte. À quoi pensé-je quand je me retourne sur Alexandrie ? Et comment regarder derrière soi, comme je fais tous les jours, de même que tout le monde se retourne sur quelque chose chaque jour, comment cela définit-il ma façon d'être ? Quelle est ma façon d'être en tant qu'être humain quand je me retourne et me demande comment je puis tant vouloir retourner dans un lieu que j'avais tant voulu quitter ? Ou permettez-moi de me poser la question autrement : Quelle part de mon être n'est pas investie dans cette question ?

La réponse est effrayante. Aucune partie de moi-même n'est pas investie dans une ville pour laquelle j'éprouve la plus parfaite indifférence. En fait, une partie de moi-même est toujours là-bas. Une partie de moi, comme quelqu'un me le faisait remarquer il y a quelque temps, n'est jamais venue avec moi. Elle n'a jamais pris le bateau. Elle est tout bonnement restée en arrière.

Je ne sais ce que cela signifie. Mais cela m'a fait forte impression. Et, plus j'y pense, plus cela sonne juste : une partie de moi-même n'est pas venue avec moi. Merleau-Ponty aimait rappeler le phénomène des amputés qui ressentent une douleur atroce dans un membre qui n'existe plus. La mémoire peut parfois rapporter des sensations que les sens ne devraient vraisemblablement plus être capables d'éprouver. Mais brusquement, par la grâce de cette confluence de sensations, pour quelques instants, c'est comme si nous redevenions tout entiers. Nous sommes chez nous.

Certains d'entre nous rentrent chez eux plusieurs fois par jour. Certains font l'erreur de croire que ce sentiment d'arriver chez soi est la réponse à l'attente d'un retour. Seulement, pour moi, « retourner en Égypte », « repenser à l'Égypte » est en quelque sorte animé par l'idée d'être à nouveau complet, de rentrer chez moi, de même que certains pensent que retrouver leur enfance pourrait les rendre complets.

Permettez-moi d'étendre la métaphore, ne serait-ce que pour clarifier mes propres pensées : c'est comme si ce que nous avons laissé derrière nous était justement un membre amputé, quelque chose qui a été coupé là-bas et n'a pas pu venir avec nous – un bras ou un enfant enlevé, un petit frère. Simplement le bras ne s'est jamais flétri, de même que l'enfant n'est pas mort.

Je suis ici, de l'autre côté de l'Atlantique, et ce bras est là-bas, au-delà de Gibraltar, dans une toute petite ville où je ne connais plus personne. Puis-je repartir chercher ce bras et le remettre à sa place ?

Et puis vient l'affreuse pensée. Non que le bras ne s'ajusterait pas. Je l'ai toujours su. Ce qui est effrayant est la pensée que je ne suis pas un corps sans son bras. Je suis juste le bras faisant le travail de tout le corps. C'est le corps qui est resté en arrière. Le bras est tout ce qui a pu partir. Le vrai moi est resté derrière. Ce qui a pris le bateau n'est rien d'autre qu'un symbole de moi-même. Ma vie n'a jamais commencé.

Rien d'étonnant si je passe tant de temps à penser au passé. Rien d'étonnant si tout me paraît si provisoire. L'essentiel de moi-même n'est même pas avec moi maintenant. Mais j'amoncelle les métaphores. Bien sûr il n'y a pas de bras, pas de partie du corps, ici ni là-bas.

Mais c'est simplement ce qu'on ressent figurativement. C'est ma façon d'imaginer quel est le sens de ma vie quand ce que je nomme ma vie tente d'englober celle que j'aurais vécu si j'étais resté là-bas sans jamais m'en aller. Ou bien, j'essaie de me représenter quelque chose d'encore plus narcissique : imaginer le moi qui est resté à Alexandrie qui imagine ce que serait la vie à New York. Mon double n'est pas seulement un parallèle de moi-même.

Pour parler comme Emily Brontë ou Djuna Barnes, il est plus moi que je ne le suis moi-même. C'est ma façon de me représenter deux êtres : l'un est resté en arrière, et l'autre est parti. De temps en temps les deux se croisent. Celui qui aimait Alexandrie et adorait les gens, les odeurs, la plage s'étire et parvient presque à toucher la main de l'autre qui a vécu dans plusieurs pays, a fait toutes sortes de métiers, et a marqué de nombreux endroits de son errance.

L'essentiel de tout cela est que ces deux êtres habitent un seul corps. J'ai déjà mentionné l'homo duplex plus haut : reparlons-en. L'homo duplex n'est pas seulement un homme qui est à la fois d'un côté de la porte et de l'autre, ou qui répète son retour lorsqu'il est en exil et son départ quand il est chez lui. C'est un homme qui arrive et qui part en même temps. Une partie de moi-même veut rentrer. L'autre sait qu'il n'y a pas de retour. L'une veut se rappeler ; l'autre ne croit pas aux souvenirs ; une regrette la plage ; l'autre est ravie d'en parler. Une aime toujours Alexandrie ; l'autre se souvient de l'avoir détestée.

Permettez-moi de mettre ces deux êtres en perspective. Il y a un peu plus de trois ans, ma femme et moi étions invités à dîner chez quelqu'un à Brooklyn. L'ironie vis-à-vis de mon sujet est que notre hôte à l'époque était Commissaire du Département d'aide aux sans-abri. Nous étions assis sur la terrasse. C'était un merveilleux dîner – musique, nourriture, vins, invités, conversations. Tandis qu'il faisait plus sombre, je regardai l'horizon, et là, il y avait une vue superbe de Manhattan juste après le coucher du soleil un soir d'été. Et il me vint à l'esprit qu'il y avait là quelque chose de vraiment étrange, une des plus anciens casse-tête dans les annales de l'immobilier : vaut-il mieux vivre à Brooklyn et avoir cette vue stupéfiante de Manhattan ou vaut-il mieux être dans Manhattan qui inspire cette vue ? Brooklyn et Manhattan, au cas où vous l'auriez oublié, font partie de la même ville.

Et puis je fis ce que nous faisons tous : je tendis mon regard et me demandai : puis-je voir ma maison d'ici ? Ce qui est une autre façon de se demander : puis-je me voir d'ici ?

Or, lorsque mes parents se rencontrèrent, ils vivaient tous les deux rue Memphis, à Alexandrie, chacun en face de l'autre. Les rivalités entre mes grand-mères étaient telles que j'appris vite à cacher à l'une que je rendais visite à l'autre. Je m'asseyais sur le balcon d'une de mes grand-mères, essayant de me cacher de cette même fenêtre où quelques heures plus tôt on m'avait dit de ne pas me montrer de crainte d'être aperçu du balcon d'en face.

« J'habite en face de chez vous », disait une de mes grand-mères, signifiant : ne plaisantez pas avec moi, je sais où vous habitez et à quel monde vous appartenez ; je sais tout de vous, je sais même quand vous vous disputez avec votre mari, à quel sujet et qui lance le plus d'insultes à l'autre. « J'habite en face de chez vous. »

Mais transformons très légèrement les propos de ma grand-mère : de « j'habite en face de chez vous » faisons : « j'habite en face de chez moi ».

Je suis à un endroit et mon autre moi est dans un autre. Nous habitons en face. Ce n'est pas une notion étrange pour un descendant de marranes. Nous sommes d'une religion mais nous en pratiquons une autre. Je suis à deux endroits en même temps, mais j'y suis provisoirement. Ma langue maternelle est le français et cependant j'écris en anglais. Je parle à la France à partir de la rive anglaise. J'appartiens aux deux pays, mais je ne me soucie d'aucun. Je suis le spectateur et l'observé. Je rêve en français mais je chicane – comme je le fais en ce moment, par l'intermédiaire d'une traductrice, dont j'ai moi-même revu le texte ! – en anglais.

L'anglais est la langue dans laquelle je cherche mes racines françaises, qui, comme j'ai essayé de le montrer, ne sont même pas françaises. J'adore le français mais je préfère écrire en anglais à propos de mon amour du français. J'écris sur moi-même aujourd'hui mais je parle au jeune homme que j'ai été il y a trente ans. J'invente des façons de sortir de moi-même, pour mieux rentrer chez moi. Pour employer les mêmes mots de Joyce : « je m'agite dans l'ombre de l'anglais ». Je m'agite dans l'ombre du temps.

Je suis, hasardons le mot, elliptique : j'ai deux centres. Mais, comme une ellipse, je ne suis pas complet. Je suis un Juif elliptique. Un Juif provisoire, incertain, ambigu. Je suis un Juif qui aime le judaïsme à condition qu'il soit de l'autre rive. À condition que d'autres le pratiquent. Je suis un Juif qui rêve d'être dans un monde où tout le monde est juif, où je pourrais baisser la garde et, comme les gauchers qui sont obligés d'utiliser leur main droite toute la journée, rentrer chez moi et me servir de la gauche aussi librement que je le veux. Mais je suis un Juif qui a passé tant de temps à se définir par rapport au monde chrétien, que je ne saurais pas comment vivre, encore moins comment être, dans un monde où tous seraient juifs.

*

Lorsque j'ai voulu acheter à mon fils, qui est américain, un livre d'histoire, j'ai fait une chose qui m'a paru si naturelle qu'elle m'a inquiété : je lui ai acheté *Ma première histoire de France*. Quand je lui parlai des batailles d'Azincourt, de Fontenoy et de Waterloo, il m'apparut que je n'avais jamais vraiment choisi de quel côté j'étais, celui des Français ou des Anglais. Mon fils me dit : « Bien sûr, nous sommes pour les Français. » « Pourquoi ? » lui demandé-je. « Parce que nous sommes français ! »

J'ai trouvé cette réplique particulièrement étrange parce que la même scène se produit dans mon livre, lorsque ma grand-mère dit à mon grand-oncle, son frère, qu'elle voulait que je devienne diplomate. De quel pays ? me demanda-t-il. De France, répondis-je. Tu n'es pas français, me dit-il, tu es turc…

Je ne suis pas turc, mais je suis, et l'adjectif n'est pas inadéquat, alexandrin. Mais là encore, l'Alexandrie dont je parle n'existe plus.

Quand, un jour, un ami d'Alexandrie essaya de m'impressionner en prétendant qu'il était totalement intégré aux États-Unis et qu'il ne penserait jamais à vivre ailleurs, je lui demandai : « Bien, voudrais-tu alors être enterré aux États-Unis ? » Il se déroba. La plupart d'entre nous sont très pointilleux sur le lieu de leur tombe. Nous voulons être enterrés dans un lieu qui nous représente, qui nous complète, qui donne un sens à ce nœud qu'est notre vie, même si, comme nous le savons aussi, à un mort, cela ne fait aucune différence. Un nomade, un véritable exilé, peut dire qu'il se moque de l'endroit où il sera enterré, mais ce n'est pas qu'il s'en moque. Il ne sait pas.

Et c'est en fin de compte ce dont je parle. Non pas de la mort et des funérailles, mais des gens qui se cherchent une capitale – un endroit qui nous représenterait, qui nous rappelle qui nous sommes, qui nous rend complets.

Dans le monde de mon enfance, cette capitale n'était pas Istanbul, ni Le Caire ni Jérusalem. Prétendre que c'eût été Jérusalem serait une hypocrisie. Nous étions des sionistes convaincus, mais Israël était pour les autres Juifs, pour les vrais Juifs.

Nous pensions que notre capitale était Paris – le petit Paris, comme nous étions si fiers de nous le rappeler. Nos images d'une belle vie étaient projetées sur un Paris imaginaire. Par un bon jour de pluie quand le ciel était gris et que nous flânions et faisions des courses dans le centre d'Alexandrie, la saveur particulière de la félicité venait en bonne partie de cette sensation intérieure que nous étions à Paris. Nous nous mettions à l'heure française de même que, dans une plus large mesure, nous avons tous nos montres alignées sur le méridien de Greenwich. Lorsque je reviens de France, je refuse de remettre ma montre à l'heure ; je la maintiens à l'heure française, non parce qu'ainsi je rejette l'ennui de mon quotidien et me donne l'illusion d'être encore en vacances, mais parce que, à tout moment, je pourrais avoir à rentrer en France, mon vrai foyer, mon vrai chez-moi.

Nous voyions des films français, nous lisions des magazines français, nous parlions français partout, nos mères se précipitaient pour faire confectionner par leur couturier des vêtements selon la dernière mode en France, et quand quelqu'un, à de rares occasions, revenait de France avec des cadeaux, même ces toutes petites pastilles Vichy avaient le paradis inscrit sur elles. « Ça vient de France ! » disions-nous comme si c'était la manne tombée du ciel.

Et on vivait des jours enchantés, et je voulais en reprendre un de mon livre. Un jour je revins tôt de l'école parce que mon professeur était malade et ma grand-mère me dit de l'accompagner en ville. Elle m'offrit plusieurs cravates françaises, m'emmena dans un restaurant français et m'acheta des livres français. Cela n'a pas d'importance que, ce jour-là, nous fûmes suivis par la police secrète et que ma grand-mère ait malgré tout réussi à passer des pièces d'or à l'étranger en contrebande. Ce qui compte, c'est que lorsqu'on passe une journée à faire tant de choses françaises, et que l'on oublie presque que l'on est dans l'Égypte de Nasser, on se sent rempli, on se sent chez soi !

Le paradoxe est évident : lorsque j'étais en Égypte, j'avais une satisfaction à me sentir marcher sur les trottoirs parisiens. Ce qui me fait plaisir aujourd'hui, c'est de me sentir presque sur la corniche à Alexandrie. En fait, et juste pour rendre les choses un peu plus complexes, pendant mes derniers jours en Égypte, Alexandrie commençait à me manquer tandis que j'étais déjà pressé de la quitter.

À la fin de mon livre, en fait, je me tiens sur la corniche à regarder la Méditerranée, pensant « au-delà il y a la France », mais je sais qu'une fois en France je me retournerai sur ce même soir et souhaiterai être en Égypte. Pas pour être en Égypte. Mais pour être en Égypte rêvant à la France.

Quand je pense à Alexandrie, je ne pense pas qu'à Alexandrie ; je pense à un lieu d'où j'imaginais d'autres lieux. Penser à Alexandrie sans me voir à Alexandrie en train de penser à Paris n'a aucun sens. Ce à quoi je fais allusion n'est pas que le souvenir, c'est le souvenir du souvenir, le catalogue personnel des souvenirs que l'on revisite et se souvient d'avoir revisité, le registre de souvenirs entassés.

On m'a souvent demandé si je trouvais pénible d'écrire au sujet d'un endroit que j'aimais tellement. Jusqu'à ce que je parle aux lecteurs de mon livre, j'ignorais que je portais un tel amour à Alexandrie. Comment pouvait-on m'avoir si mal compris ? Pour moi, pour citer Lawrence Durrell, Alexandrie est la capitale de la mémoire. Elle représente l'acte de la mémoire. Mais ce ne sont pas les lieux ou les choses dont je me souviens qui sont beaux ; c'est l'acte de se souvenir lui-même. Penser à Alexandrie veut dire penser à la mémoire, entrer dans la mémoire, trafiquer la mémoire. Les gens pensent que j'adore Alexandrie. En réalité, ce que j'aime est me rappeler d'Alexandrie. Parlez d'Alexandrie devant moi et je ne penserai pas à la ville mais au livre que je dois écrire à son sujet ; pas aux rues, ni aux odeurs, ni aux noms des arrêts du tram, mais à la manière de rassembler toutes ces rues, ces odeurs, et ces noms d'arrêts. C'est l'attitude que je dois retrouver quand je commence à rassembler les images – et non les images que je rassemble. Parce qu'en fait ce n'est même pas de la ville, mais c'est moi-même dont je suis nostalgique, car c'est moi-même que je cherche, moi-même qui m'échappe, moi-même que je continue à réinventer.

J'ai toujours été fasciné par les villes qui sont traversées par des rivières. Parce qu'il y a une rive droite et une rive gauche. Et la coupure entre les deux est toujours absolue. Une partie de vous est ici, une autre est là-bas, et entre les deux, pour citer encore Nietzsche, il y a au mieux une passerelle étroite qui vous rattache à vous-même. En fait on est – et le mot est bien plus qu'une simple métaphore – exilé de soi-même autant qu'exilé de tout le reste.

Chaque partie de moi est une ville – l'une en face de l'autre, avec un long courant d'eau entre les deux, et le soir on s'observe, comme l'on observe le New Jersey par-delà l'Hudson, ou Manhattan par-delà l'East River, ou la rive gauche de Paris à partir de la droite, ou d'une rive du Hellespont, l'autre, et on pense à cet autre soi-même, cette autre vie qui est vécue maintenant tandis qu'on vit la nôtre ailleurs. Cette autre vie qui pourrait être. Le négatif et le positif, comme en photographie. Le négatif et le positif, non se dévisageant l'un l'autre de loin, mais s'effleurant à peine, de même que nous manquons notre propre regard quand nous essayons de nous regarder dans une glace.

Une des raisons pour lesquelles presque chaque chapitre de mon livre se termine au présent est que je voulais montrer ce qui arrive à ceux qui sont sortis de leur monde. En fait, ce que je voulais vraiment montrer est comment les membres d'une famille ont essayé de s'adapter à l'Occident de différentes façons mais sont plus heureux lorsqu'ils arrivent à se glisser à nouveau dans ces jours où ils pouvaient penser à un Occident imaginaire. Quand ils peuvent exclure le monde autour d'eux de l'Italie ou de la France ou des États-Unis, sceller leurs fenêtres comme ils le firent pendant la guerre de 1956 (tandis qu'une partie de ma famille s'impatientait de voir ceux qui nous bombardaient gagner la guerre), et, pour quelques instants absurdes, faire croire qu'ils étaient tous de nouveau en Égypte, tous de nouveau riches, que nous étions de nouveau ensemble dans une ville, une rue, une maison, une pièce, que tout était de nouveau où tout devait être, que chaque chose était à sa place… Si seulement nous savions où était cette place.

Pour me faire plaisir, un jour à Paris, ma tante turque, une pseudo-aristocrate qui serait morte plutôt que de prononcer un mot d'arabe, cuisina du falafel pour moi. Elle dit qu'elle adorait l'odeur. Je ne lui rappelai pas que, des années auparavant, lorsque j'étais rentré à la maison en mangeant un sandwich au falafel un après-midi après l'école, elle avait brutalement dit : « Ça, pas chez nous. »

Le problème bien sûr est que, ni ici ni là-bas, nous n'avons la moindre idée de ce que chez nous veut dire. Nous n'étions pas chez nous. Nous ne l'avions jamais été. Ni ici ni là. C'est ce que signifie l'exil. J'ai écrit mon livre parce que je voulais aller à la plage, parce que je voulais descendre le long des rues du passé, parce que je voulais que les choses soient comme auparavant, même si je sais que la plupart du temps quand nous étions « là-bas », nous voulions être ailleurs. J'ai fait, alors, ce que pourraient faire tous les Juifs, étant le peuple du livre. Si je ne pouvais pas emporter mon Alexandrie où que j'aille dans le monde, au moins je pourrais en avoir une version de poche.

J'ai écrit un livre. J'ai fait en sorte que la couverture ait une touche de bleu pour que, dans le doute, je puisse la regarder et me dire qu'il y avait l'eau de la mer et le sable des plages, et le sel de la plage à l'intérieur. Ironiquement, la couverture de l'édition anglaise, qui est celle qui traduit le mieux la plage, a une photographie, non pas d'Alexandrie mais de la baie des Anges, en France. C'était, en quelque sorte, plein de bon sens. Cela me fit croire que toute ma vie s'était en fait située dans cette France inventée à Alexandrie.

*

Lorsque je suis retourné à Alexandrie en 1995, je m'attendais à retrouver une ville dégradée, mais pas à un surpeuplement massif. Je savais comment fonctionne la mémoire. Je savais que la mémoire rend toujours les rues plus étroites qu'elles ne sont, que les immeubles rétrécissent, que le temps enveloppe tout. Étais-je retourné dans un lieu que j'avais réinventé ? Même pas ! J'étais là, le soir même de mon arrivée, marchant sur les trottoirs que j'avais décrits dans le dernier chapitre de mon livre, me remémorant non pas ce qui s'était produit dans cette rue trente ans auparavant, mais l'écriture de ce passage dans un petit café de la 105e rue à Manhattan. Je savais que quelque chose manquait. Je commençais à me dire qu'être de retour en Égypte sans une personne adulte, ma mère, pour me tenir la main, avait tout faussé. Pourquoi me préoccuper du si beau temps si ma mère n'était pas là pour me presser d'aller à la plage le lendemain ? Quel intérêt si mon père ne m'attendait pas dans sa voiture à la sortie du cinéma sur ce trottoir où je marchais maintenant ? Ici je marchais le long des rues le premier soir, rues que je connaissais de mémoire. Si seulement je pouvais sortir de mon corps et me regarder enfin revenu après trente ans. Et je réalisai que j'avais vraiment réussi à sortir de mon corps : mais c'était comme si quelqu'un d'autre observait cette ville et me le racontait, comme si j'étais aveugle. Rien ne piquait au vif. Je ne pouvais rentrer chez moi. J'avais tout épuisé dans mon livre. Au contraire de beaucoup qui rentrent chez eux et sont émus, je ne ressentais rien.

Et puis cela me frappa : peut-être était-ce justement ceci qui caractérise toute rentrée chez soi : le fait que rien ne nous paraît bizarre. C'est aussi pourquoi nous préférons nous languir de ce que nous désirons par crainte de trouver qu'il n'y a pas grande différence à l'avoir. C'est seulement plus tard ce jour-là, quand il devint clair que j'avais sans doute bu de l'eau locale et ne me sentais pas bien, que j'entrai dans une pharmacie pour demander des médicaments. En sortant, d'entre deux immeubles j'eus un aperçu de la corniche et, derrière elle, la mer. Et le déclic se produisit. Je me vis sur West End Avenue, regardant la 106e rue vers l'Hudson pensant, comme je l'avais dit une semaine plus tôt : la semaine prochaine, à ce moment, je serai à Alexandrie. Je savais que cela arriverait. J'avais le mal du pays pour un pays qui ne pourrait jamais être ma demeure mais à partir duquel j'avais appris à recréer Alexandrie comme, en exil, les rabbins avaient réussi à recréer les livres à partir de rien, comme les prisonniers apprennent à aimer le monde libre à partir des images qu'ils peignent sur les murs de leur cellule, quand, en fait, c'est le mur qu'ils vénèrent et non plus le monde.

Le marchand de falafel sur Broadway et la 104e, l'attrait du coucher de soleil sur Madison et la 75e par un éblouissant jour d'été me rappelant quelque chose que je ne pouvais toujours pas vraiment situer, la vue de tout le West Side à partir du réservoir en face dans Central Park me rappelant tellement Alexandrie, quand on rentrait de l'école dans le car d'enfants le long de la plage, tout cela était soudain devenu plus important pour moi que la ville que j'ai toujours cru ne pas pouvoir oublier. La ville s'était simplement déplacée, comme un amour déplace un autre. Et alors je me sentis comme Camus, qui, dans ses tout premiers écrits, sut redécouvrir tout son monde, son enfance, et la ville qu'il aimait dans les grands figuiers d'Italie, sur les trottoirs de Paris, ou, curieusement, dans le crépuscule sur Riverside Drive à Manhattan où « la file ininterrompue des autos au roulement doux et bien huilé laisse soudain monter un chant alterné qui rappelle le bruit des vagues ».

André Aciman
(traduit de l'anglais par Florence Boitouzet)

L'identité nomade

Naïm Kattan

BAGDAD-PARIS-MONTRÉAL :
La mémoire fragmentée

Yom Kippour. Je quitte la synagogue Méir Toeg. J'ai seize ans. Nous habitons le quartier de Battawiyeen, autrefois un jardin : Boustan el Khass, *le jardin de la laïtue*. Au-delà du centre de la ville, les quartiers de Torate (torah) de Kamber Ali, de Akouliah, on a construit des villas à l'ouest de Bab el Charqui (La Porte de L'Est) au flanc de la rue Abou Nouas qui longe le fleuve Dijla (Le Tigre).

Quand Méir Toeg, un riche négociant, mourut sans progéniture, léguant un fonds pour construire une synagogue qui porterait son nom, on murmura dans la communauté : pour qui l'édifie-t-il ? On savait alors que les Juifs n'étaient plus là pour longtemps. Hasard triste, cette synagogue servit en 1950 de bureau de *tasquite* où les Juifs se démettaient de leur nationalité irakienne, et par conséquent de tous leurs biens, pour quitter le pays, partir en Israël après une escale à Chypre. Il semble que cette ultime synagogue est devenue aujourd'hui un restaurant libanais.

Vivant dans l'angoisse de l'adolescence, pressentant des bouleversements, sachant tacitement que je n'allais pas faire ma vie en ces lieux, je longeais, ce Yom Kippour, Chare'e Al Rachid, la rue centrale avant de regagner le Tigre par la rue Abou Nouas. Ville muette, silencieuse. Vêtus de blanc, les hommes quittaient la synagogue, éprouvés par le jeûne, souffrant surtout de la soif, car, dans cette ville torride, l'été est interminable. Les cinémas étaient clos et les magasins avaient, sauf quelques exceptions, dès la veille, baissé leurs rideaux de fer. Dans cette ville où plus du quart de la population est juif, on sait que c'est un jour solennel, de jeûne et de prière. On y sent encore davantage la présence des Juifs que le jour du Shabbat quand, pourtant, la vie se déroule au ralenti, les magasins et les souks en grande partie désertés.

L'été n'en finit pas de finir. Nous dormons encore sur le toit et, le matin avant le lever du soleil, mon frère me réveille pour que je l'accompagne à la baignade. Nous traversons le Tigre à la nage et rentrons pour le petit déjeuner.

Ce lendemain du Kippour, nous nous levons plus tard que d'habitude et ma mère nous sert un maigre repas. La vie recommence, la ville est à nouveau ouverte, retrouve ses fonctions.

À l'époque de Pourim, les lettres, les cadeaux parvenaient d'un peu partout. Notre communauté compte des enfants dans de nombreux lieux. D'abord dans les villes les plus proches, Beyrouth, Alep, Alexandrie, Le Caire et surtout Téhéran. Depuis la fin du XIXe siècle, dans le sillage de l'Empire britannique, sur la route des Indes, des Juifs d'Irak ont fondé des communautés avec des synagogues, des écoles et de clubs sociaux : à Bombay, Calcutta, Shanghai, Singapour, Mandalay. Ils n'étaient pas poussés par l'antisémitisme ni par une quelconque persécution. Depuis Abraham ils étaient des nomades, à l'instar des populations ambiantes, sauf qu'ils dotaient d'un sens leurs pérégrinations sur les routes du monde : chercher des oasis de fortune dans l'infini désert, et ne se contentant pas de camper, ils s'installaient. Juifs ils étaient et Juifs ils demeuraient. Périodiquement, un jeune homme revenait, affirmant son âge adulte et sa richesse, cherchant pour femme une fille de la communauté. Certains, pères de famille, jouissant des bienfaits du destin, n'oubliaient pas la grande famille d'origine, les Sassoon, Kaddourie ou Shahmoun, qui faisaient construire, dans le Bagdad de leur naissance, des écoles, des synagogues, des dispensaires…

Quand les heures tragiques sonnèrent, nous nous sommes souvenus de nos oncles et de nos cousins qui, dans leurs villes lointaines et sûres, nous ouvriraient les portes de leurs foyers, nous assureraient un abri.

Nous sommes en 1941. Un gouvernement pro-nazi, présidé par Rachid Ali al Gaylani, prend le pouvoir et déclare la guerre à la Grande-Bretagne qui « protégeait » l'Irak et disposait de deux bases militaires, fermées au public. Hitler n'envoya que de symboliques émissaires, se contentant de bonnes paroles d'encouragement, car c'était le moment précis où ses brigades allaient s'engouffrer dans les steppes de Russie. Les Britanniques obtinrent leur unique victoire de l'année. Mais leurs bataillons attendaient la fuite des alliés d'Hitler pour faire leur entrée dans la capitale. Ainsi, pendant deux, trois longues journées, Bagdad fut sans gouvernement.

Des hordes de bédouins, d'habitants des quartiers populaires, se sont abattus dans les rues où s'aggloméraient les Juifs, violant, assassinant et faisant main basse sur les biens. C'était le Farhoud, un pogrom sans précédent dans l'histoire d'une communauté qui se trouvait là avant toutes les autres, qui habitait ces terres avant la naissance du christianisme et l'apparition de l'Islam.

Prisonniers de Nabouchadnetsar à Babylone, première communauté de la diaspora, ces Juifs étaient les porteurs du Livre et s'étaient employés pendant des siècles à en commenter les paroles, rédigeant ainsi le Talmud.

La propagande nationaliste, appuyée par les nazis, a atteint un sommet d'effervescence dans les années 1930. Les Juifs, jusque-là inébranlables dans leur appartenance au pays, commençaient à perdre confiance en leur avenir. Davantage considérés comme groupe ethnique que comme communauté religieuse, ils éprouvaient les mêmes difficultés dans leurs rapports avec les autres et notamment avec la majorité sunnite régnante que les Chaldéens, Arméniens, Kurdes, Assyriens... Bagdad était un agglomérat de communautés, d'ethnies, vivant chacune dans son quartier et ne se mêlant aux autres que par nécessité. Bien sûr, les écoles publiques accueillaient indifféremment les enfants de tous les groupes mais les Juifs fréquentaient en grande majorité leurs propres écoles où, en plus des programmes officiels, ils dispensaient un enseignement religieux et, dans certaines écoles comme celles de l'Alliance israélite universelle, l'on donnait un enseignement du français et l'école Shamash celui de l'anglais.

Le Farhoud dépassait les conflits religieux et ethniques. Le front nationaliste introduisait dans nos rues et nos maisons la guerre qui faisait rage en Europe. Vingt-cinq siècles d'histoire furent balayés. Les empires naissaient et disparaissaient et les Juifs étaient toujours là poursuivant leurs vies et leurs prières. Le choc fut dévastateur, profond et le traumatisme durable.

Fin mai, début juin, il faisait chaud et nous dormions sur le toit. Nous entendions les coups de feu s'approcher. Les hordes avaient envahi les quartiers les plus pauvres, Souk Henouni, Abou Sifaine, puis se sont avancées jusqu'à Senak. Pas d'accalmie. On tuait, pillait, dans l'impunité. Pendant des mois, voire des années, nous avions pris l'habitude des invectives dans les journaux pro-nazis, des insultes dans la rue, des mauvais traitements des fonctionnaires, des harcèlements des autorités.

Nous rétorquions rarement, passions notre chemin, payions des *commissions*. Une mauvaise période qui finirait par passer ! Nous avions encore quelques amis, quelques alliés, des associés, des partenaires sur lesquels nous pouvions compter.

J'allais avoir treize ans. Je m'éveillais au monde et celui-ci était opaque, me cernait de son hostilité. Sur le toit, nous nous blottissions les uns contre les autres, comme si, ainsi, nous atténuions les bruits, éloignions la menace et échappions au danger. Puis, quittant le toit, nous nous réfugiâmes dans la chaleur étouffante d'une chambre. Mon père, démuni, ne disposait d'aucune arme. Pour résister, il récitait des psaumes qu'il connaissait par cœur, la voix de plus en plus haute, comme pour couvrir, assourdir les sons de coups de feu de plus en plus proches.

Victimes sans défense et, pourtant, mon père, récitait sans désemparer les psaumes, un appel, un cri de confiance. L'attente reculait l'heure fatidique et annonçait une impossible délivrance. Les coups de feu s'atténuaient momentanément, puis recommençaient de plus en plus fort. Ma sœur plongeait dans le sommeil et ma mère, me tapotant sur le dos, me conviait à suivre son exemple. Il y avait un homme dans la maison, un père, qui ne savait rien faire d'autre qu'entonner une prière.

Finalement, les pilleurs et les assassins, ayant eu probablement trop de meubles à déménager, firent halte et n'atteignirent pas notre rue.

Le lendemain du Farhoud, nous ne pouvions plus voir nos voisins musulmans de la même manière. Des amis nous avaient protégés contre les hordes. Restaient les inconnus, les visages lointains qui, à tout moment, pouvaient surgir de l'ombre pour s'attaquer à nos foyers.

Redevenue loyale à la monarchie elle-même alliée des Britanniques, l'armée irakienne reprit la ville en main. Un soldat kurde était posté devant notre maison. Nous lui apportions à boire et à manger, ne sachant si nous ne vivions qu'un intermède, si, sans prévenir, il ne se retournerait pas contre nous.

Nos voisins musulmans furent les premiers à oser quitter leur maison puis, le lendemain, les vendeurs de fruits et de lait recommencèrent à chanter leurs marchandises. La radio affirmait que le cauchemar était fini, que la vie recommençait.

J'ai attendu quelques jours, pour, bravant les préventions de ma mère, aller frapper aux portes de mes amis Naji et Elie. Ils étaient bien vivants, le premier victime de pillage, le second, indemne.

Nous avions longtemps vécu dans une hostilité intermittente qui allait jusqu'au harcèlement mais nous ne nous attendions pas à un tel déchaînement. La corde était rompue et la rupture consommée. On ne se contentait plus de nous insulter, de nous faire peur. On attentait à notre vie.

J'ai retrouvé, l'an dernier, à Jérusalem, un camarade de classe, le peintre Nissim Zelayet. Il me conduisit à son studio. Un de ses tableaux évoque, dans une fantasmagorie semi-abstraite, l'horreur des journées du Farhoud. Il avait été blessé alors et réussi à s'enfuir ; cinquante ans plus tard, sa blessure était aussi vive. Pour nous tous, le traumatisme effroyable dure, dure encore. Bagdad était notre ville, nous y étions avant tous les autres. Nous y avions vécu la montée et la chute des puissances, et n'avions jamais cessé de célébrer la mémoire de nos ancêtres, Ezéckiel et Ezra, nos compagnons d'histoire, toujours vivants parmi nous. Mais là c'était la cassure, le début de la fin.

Sur la route de Jérusalem, à *Or Yéhouda*, j'ai visité le musée érigé en célébration de notre communauté. On y rappelle, pour les vivants, une mémoire où, tout au long des siècles, les bonheurs du quotidien illuminaient les existences. Célébration des vivants, car cette communauté a survécu même si elle s'est fondue dans la grande communauté de la terre retrouvée. Là, les noms eux-mêmes ont changé. Souvent, on me demandait, en Israël, si mon nom Kattan, à l'instar des autres Katan ou Catan, n'était pas une traduction de Klein. Non. Ma famille n'est pas passée par l'Europe même si, souvent, on choisissait des prénoms à consonance anglaise.

J'ai lu récemment, dans un journal britannique, le compte rendu de la visite d'un correspondant à Bagdad. Il est allé à la seule synagogue qui subsistait. Il ne restait dans cette ville qu'une centaine de Juifs, dont deux savaient encore lire l'hébreu. Je le savais. J'ai dû le savoir, j'aurais dû le savoir. Mais là, devant la photo des deux hommes, je n'ai pu réprimer mes larmes. J'étais en face des uniques traces des descendants des rédacteurs du Talmud, les seuls héritiers des prophètes et des rabbins. De tous ceux qui, comme mon père, savaient humblement, naturellement réciter les psaumes, il ne reste que deux hommes, vieux, sans descendance.

J'ai eu l'occasion de visiter ou de voir de l'extérieur des synagogues, à Tunis et à Casablanca. Grâce à l'aide d'une femme ashkénaze de Montréal, on reconstruit la synagogue Ben Ezra du Caire. Des Juifs tunisiens, marocains, égyptiens visitent les lieux de leurs ancêtres. Mais depuis cinquante ans aucun Juif de Bagdad n'a remis les pieds dans sa ville natale.

Il y a quelques années, des Juifs irakiens de Montréal m'ont suggéré, à moi l'écrivain, l'ancien pratiquant de l'arabe, d'écrire de ma plus belle plume une lettre à Saddam pour qu'il nous autorise à récupérer, fût-ce en les rachetant, nos anciens sefers torah. C'est tout ce qui nous est resté de vingt-cinq siècles de vie sans interruption. Je ne l'ai pas fait car, disais-je, cela aurait été inutile mais, à y réfléchir plus à fond, je crois que j'étais réticent car notre communauté, comme toute communauté juive, n'a jamais vécu de ses reliques.

À Montréal, une famille appartenant à notre synagogue espagnole et portugaise a fait calligraphier par un Irakien, en Israël, un sefer torah, enveloppé d'argent comme nous avions l'habitude de le faire à Bagdad. J'aurais tellement voulu qu'on retrouve nos anciens rouleaux où était inscrite non seulement la parole toujours vivante mais aussi une mémoire séculaire. Puis, je me dis, peut-être pour me consoler, que du moment que la parole est à nouveau recopiée, inscrite, lue et cantilée, la mémoire demeurera, impérissable. Pourtant, il ne suffit pas d'une affirmation aussi simple pour passer à côté d'une mémoire bannie et oublier les lieux perdus et interdits. La tristesse de la mort me hante, je chante, pour la surmonter, la poursuite de la vie qui continue mais comment oublier un départ qui fut un définitif adieu ?

Le pape entend inaugurer le deuxième millénaire chrétien par un pèlerinage à Ur en Chaldée, non loin de Bagdad, lieu de naissance d'Abraham. Chrétiens et musulmans se réclament de la paternité d'Abraham. Mais, nous, ses premiers descendants, ses héritiers directs, nous n'avons pas accès à son lieu natal. Est-ce, encore une fois, une manière de me consoler, quand je répète ce que Dieu a enjoint au premier patriarche : *lekh lekha*, pars. Et nous voilà, nous ses descendants, qui, à notre tour, partons.

J'ai visité divers pays et il m'arrive parfois de me demander si ce nomadisme involontaire n'est pas aussi une tentative de suivre la tradition de la communauté mais aussi un rêve de rechercher, de retrouver, de rassembler les fragments et les vestiges d'une mémoire dispersée.

Il y a quelques années, envoyé en mission par le gouvernement de mon pays le Canada, à Shanghai, je fus logé à l'hôtel de l'Amitié, là, me dit-on où eut lieu la rencontre entre Nixon et Chou En-lai. Poursuivant mon interrogation, j'appris que cet hôtel fut construit avant la prise du pouvoir par les communistes, par Albert Sassoun, un Juif de Bagdad. La boucle est bouclée, me dis-je. J'ai beau faire le tour du globe, je me retrouve constamment dans mon passé. Puis, à Hong Kong encore britannique, j'avais rendez-vous avec Lord Kaddourie. Il possédait près de la moitié de la ville : l'électricité, les tramways, un palace. Devant moi, cet ancien élève de l'Alliance, tout Lord qu'il fût, avait l'allure d'un Juif du café Mochi au bord du Tigre. Il me fit visiter son trésor : la plus belle collection de sculptures chinoises en ivoire. Il souhaitait me recevoir parce que j'avais raconté, dans un roman, l'histoire des Juifs de Bagdad. Puis, le regard nostalgique, il me demanda si on m'avait fait visiter à Shanghai le Palais de l'enfance. Oui, dis-je, on me l'a décrit comme l'une des fiertés de la ville. Eh bien, me dit-il, c'était ma maison. Ses rapports avec les Chinois du continent étaient cordiaux. Il était respecté autant pour sa richesse, sa philanthropie que pour sa connaissance de l'art chinois.

Ainsi Bagdad s'étendait, s'étendait, et j'ai cherché les traces de ma communauté dans tous les pays qu'il m'était arrivé de visiter : le Brésil, l'Angleterre, l'Australie, les États-Unis, Israël.

Il y a quelques années, un camarade de classe eut l'idée de réunir chez lui, à New York, les élèves de notre classe terminale de l'Alliance. Pendant près de deux ans, il a cherché les adresses, complétant laborieusement la liste pour lancer finalement les invitations. Nous étions une quinzaine, venus d'Israël, de Londres, de Boston, de Montréal et de New York, à faire le voyage. Nous nous retrouvâmes, tous, enfants de parents qui n'étaient ni particulièrement riches ni ostensiblement pauvres. Nous étions médecins, ingénieurs, avocats, instituteurs, employés de banque. J'étais l'écrivain et on me pressait d'être le chroniqueur du groupe.

Nous revenions à nos professions, nos familles pour aboutir à ce qui nous réunissait : notre jeunesse, nos professeurs, nos frasques, nos promenades au bord du fleuve jusqu'au moment où la douleur commune nous empoignait par nos évocations du Farhoud. Que nous restait-il de Bagdad ? Les années que nous croyions heureuses de notre enfance puis la nuit noire, la ligne de partage, le passé englouti, le Farhoud. Nous étions tous alors à l'âge où nous prenions conscience de notre existence, où nous commencions à faire des projets de vie. Puis, subitement la corde s'était rompue, l'avenir bloqué, notre pays n'était plus le nôtre, notre départ était désormais inscrit en lettres de feu sur un écran invisible que nous nous interdisions de voir tant que nos valises n'étaient pas prêtes.

Désormais notre mémoire sera ensevelie dans la nostalgie, la douleur ou l'embellissement.

De passage à Melbourne, j'ai appelé un camarade de classe devenu avocat. Repas à l'irakienne. Sa fille, étudiante en lettres, s'émerveillait de mes rencontres avec des écrivains australiens. Bagdad était le monde de son père, enfoui dans une mémoire de plus en plus opaque. La famille de mon ami avait fui peu après le Farhoud. Nous étions heureux de nous retrouver. Notre enfance nous paraissait si lointaine qu'elle revêtait un air d'insolite. Tout en parlant de Melbourne et de Montréal, villes à maintes ressemblances et dont les rues portaient les mêmes noms britanniques, nous revenions avec acharnement au passé, comme si nous cherchions vainement, désespérément, à inscrire une vie engloutie dans le présent, à en enregistrer les vestiges. En nous quittant, nous étions silencieux, tacitement contents que la vie ait pris le dessus, même si son triomphe était entouré d'ombres.

Je viens de lire en arabe un ouvrage d'un journaliste irakien (musulman) de ma génération : Aziz al Hadj : *Bagdad, dhalikal zaman* (Bagdad en ce temps-là) où l'auteur évoque les années quarante et cinquante. Il y consacre un chapitre à la communauté juive et cite les noms des écoles, le nombre des élèves, mentionne les notables juifs : ministre, sénateurs, juge à la cour suprême, députés, hauts fonctionnaires, professeurs, écrivains, journalistes. Une admiration nostalgique se dégage de ces pages ainsi que le regret de la fin d'un monde, la disparition d'une dimension de la société. Je me suis dit, en le lisant, que nous étions entrés dans l'histoire, faisant partie d'un document qui évoque « ce temps-là », une histoire enfermée dans un texte dont aucun témoin ne revisite les lieux.

Il y a deux ans, une poétesse libanaise, Sabah Zwein, a traduit en arabe mon premier livre *Le réel et le théâtral* qui fut publié par une maison d'édition fondée par un exilé irakien (musulman) à Cologne. Distribué dans les pays arabes, le livre fit l'objet d'articles à Beyrouth, à Damas... Ce fut un choc de lire, dans ma langue natale, ce que j'avais écrit en français justement à propos du changement de langue et de culture. Cette langue fut la mienne. Je l'ai vécue, écrite. Le français s'y est superposé sans l'effacer. Qu'en reste-t-il ? Un monde qui est mien s'éloigne. Il me fut enlevé.

Dans mon premier roman *Adieu Babylone*, j'ai tenté de raconter l'histoire de ma communauté. Ni chant funèbre, ni hymne de louange. Une histoire. Ce livre aussi doit paraître bientôt en arabe. Il appartient, me dis-je, à l'histoire.

Les écrivains irakiens que je rencontre dans leurs exils européen et américain me racontent un pays meurtri, dont la mémoire est une blessure béante. Lors d'une rencontre d'écrivains d'origine arabe à Carthage, il y a quelques années, un jeune journaliste irakien m'interviewa et me dit, innocemment, que j'appartenais à l'histoire. Inconsciemment, il se référait davantage au destin d'une mémoire qu'à mon âge. Cette mémoire, je continue à la vivre et il ne me suffit pas de l'écrire. Je persiste, peut-être vainement, naïvement, à ne point la reléguer à l'histoire. Elle vit en chacun de nous, et chacun de nous vit sa propre histoire, vit sa mémoire comme histoire.

Des Irakiens musulmans, dont la majorité est née après notre départ, réclament cette mémoire comme une dimension de leur propre histoire, mais la nôtre est de nouveau fragmentée, se doublant désormais de mémoires israélienne, britannique, américaine, canadienne. Nous ne sommes pas des êtres doubles car tout chemin de retour est clos. Nous ne pouvons même pas revoir, en visiteurs, un pays que nous avons investi de vingt-cinq siècles de notre vie. Nous sommes devenus les chroniqueurs, les lecteurs et surtout les témoins des récits de notre mémoire. Comment, dès lors, la transmettre aux autres et d'abord, qu'allons-nous transmettre ? Une cassure, une fin tragique ? Ou plutôt des siècles de lecture, de répétition du texte, d'étude du Livre, de commentaire de la Parole que nous portions dès notre exil premier ? Ou bien les vies reconstituées, reconstruites ailleurs, le retour à la terre des ancêtres ? Ce retour ne fut pas facile. Que de drames, que de destins tronqués !

Je revois encore mon oncle en 1952 dans une *maabara* près de Tel-Aviv. Il habitait dans un *srif*, une cabane dont le sol, les jours de pluie, était jonché de seaux pour recueillir l'eau qui traversait le toit. À Bagdad, il occupait le poste de directeur des changes qui fut, surtout pendant les années de guerre, un centre névralgique, une source possible de prébendes occultes. Contrairement à tant d'autres, mon oncle refusait tout argent qui sentait l'odeur de la corruption. Le voici en Israël, âgé, sans ressources, sans pension. Des voisins, aussi démunis que lui, le narguaient, lui reprochaient d'avoir laissé passer une si belle et si facile occasion de s'enrichir. Au nom de quoi ? Par loyauté envers un pays qui le rejetait en le dépouillant ? Humble, entêté, il répondait : J'ai le privilège de me regarder tous les jours sans honte dans la glace. Une existence honnête parmi d'autres, vouée au service et totalement ignorée. En ce temps mon frère avocat commençait à plaider en hébreu. Il n'en reste pas moins que les existences volées se reconstituent difficilement Et je me dis, me répète, qu'en Israël au moins, ces Juifs ont rejoint une mémoire séculaire, celle d'Abraham, de Daniel, d'Ezékiel et d'Ezra. Mais où sont passés les vingt siècles d'une civilisation souvent lumineuse qui furent vécus dans l'humilité et la piété du quotidien ?

En Israël je retrouve, parmi mes amis de Bagdad, ceux qui ont consacré leur vie à la réflexion et à l'écriture. Comment fais-tu, me demandent-ils, au Canada et en français, pour ne pas oublier ? Et toi, dis-je à l'un ou à l'autre, comment fais-tu pour continuer à écrire encore en arabe alors que tu vis en Israël ? Nous débattons interminablement du sens de la loyauté et de la fidélité. Nous sommes vivants et nous sommes juifs. Remercions Dieu de nous avoir préservés et de permettre à ceux parmi nous qui le souhaitent de L'invoquer. Nous fûmes des bâtisseurs du temps. Comment faire pour que celui-ci ne nous échappe pas, sans qu'il soit reconnu, comme s'il n'avait pas été vécu. Loin de nous les affres de l'exil et les séductions de la nostalgie. Notre mémoire demeure, et nous n'allons pas l'ensevelir dans l'opacité de la nuit du temps. Espérons qu'au moins quelques-uns parmi nous auront la volonté et le talent de l'évoquer afin qu'une civilisation de vingt-cinq siècles ne soit pas enterrée dans l'oubli ou, pire, l'indifférence.

Naïm Kattan

Moi Juif, né parmi les Arabes

ALBERT MEMMI

TUNIS-PARIS :
La mémoire empêchée

Ces propos datent de 1973. Ils ont été tenus par Albert Memmi lors d'un colloque organisé par Le Monde *entre le colonel Khadafi et des personnalités françaises. Nous les reproduisons tant ils nous semblent recouper un sentiment récurrent exprimé dans plusieurs des articles ici réunis, qu'ils résument avec force.*

Il est faux de dire que les Juifs des pays dits arabes ont mieux vécu dans ces pays que les Juifs de Pologne ou de Russie. Il y a un mythe, relativement récent du reste, de cette « coexistence idyllique » des minorités juives au sein des majorités arabes. Et depuis quelques années, je m'aperçois que ce mythe, cette convention tacite d'une complicité plus ou moins crédible sert d'arme politique contre Israël et contre nous. Il vient alors un moment où cette fiction doit être remise à sa juste place. Car elle devient dangereuse.

La vérité est que nous étions d'abord une minorité dans un milieu hostile et, comme tels, avions toutes les peurs, les angoisses, le sentiment constant, de fragilité des trop faibles. Aussi loin que remontent mes souvenirs d'enfant, dans les récits de mon père, de mon grand-père, de mes tantes, la cohabitation avec les Arabes n'était pas seulement malaisée, elle était menaçante. Certes, la colonisation française a été quelquefois ressentie de la même manière. Mais, vis-à-vis des Français, il faut tout de même rappeler ce fait très important et très lourd de signification : la situation des Juifs pendant la colonisation a été plus sûre, plus légalisée qu'avant. Cela peut certainement expliquer un certain nombre de choix ultérieurs.

L'ARBITRAIRE ET LA PEUR PERMANENTE

Avant la colonisation – là, il ne s'agit pas de souvenirs personnels, mais de ceux de mes parents, de l'expérience collective des juifs de Tunis – il n'y a aucun doute ; il suffit de reprendre les quelques récits, les quelques contes qui nous restent de cette époque : c'est une période extrêmement sombre. Les communautés juives vivaient dans les ténèbres de l'histoire, dans la menace, l'arbitraire et la peur, sous des monarques tout-puissants dont les décisions ne pouvaient être ni abolies, ni même discutées. Les juifs n'étaient pas seulement livrés au monarque, mais à l'homme de la rue. Mon grand-père portait encore les signes vestimentaires distinctifs, et il vivait à une époque où tout passant juif était susceptible de recevoir des coups sur la tête de tout musulman qu'il rencontrait. On nous dit quelquefois : « Mais les chrétiens n'étaient alors pas mieux lotis. » C'est vrai, et alors ? C'est un argument à double tranchant : il signifie tout de même que personne, aucun minoritaire, ne vivait en paix dans un pays à majorité arabe ! Cela dit, il y avait une différence considérable : les chrétiens étaient en général des étrangers, et en tant que tels, protégés par leurs nations. Si un pirate barbaresque ou un émir quelconque voulait réduire un missionnaire en esclavage, il se heurtait au gouvernement du pays d'où ce missionnaire était originaire, voire au Vatican ou aux Chevaliers de Malte. Mais personne n'allait sauver un juif, parce que les juifs, eux, étaient nés dans ces pays, et comme tels livrés aux volontés de « leurs » monarques. Jamais, je dis bien jamais – à part peut-être deux ou trois époques très circonstancielles, comme la période andalouse, et encore – les juifs n'ont vécu en pays arabe autrement que comme des gens diminués et exposés. Avec de temps en temps un pogrom par-ci par-là, pour les rappeler à la raison.

UN RETARD TACTIQUE ?

Sous la colonisation, la vie des juifs a acquis un certain degré de sécurité, même pour les classes les plus pauvres, alors que, traditionnellement, il n'y avait guère que les juifs les plus riches, ceux de la ville européenne, qui aient vécu convenablement (parce que dans ces quartiers, la population était mêlée, et que ces juifs, en général italiens ou français, étaient beaucoup moins en contact avec la population arabe). Cela dit, ils restaient des citoyens de seconde zone, soumis de temps en temps à une explosion de colère populaire que les colonisateurs – Français, Anglais ou Italiens — ne contenaient pas toujours à temps, par indifférence ou par tactique.

J'ai vécu les alertes du ghetto, les portes et les fenêtres qui se fermaient, mon père qui arrivait en courant après avoir verrouillé son magasin en hâte parce que les rumeurs qu'il allait y avoir un pogrom s'étaient répandues, mes parents qui faisaient des provisions dans l'attente d'un siège. Il ne venait pas nécessairement, d'ailleurs, mais cela donne la mesure de cette angoisse, de cette insécurité permanente. Que les autorités aient utilisé sciemment ces mouvements à des fins de politique intérieure ou comme dérivatif à une éventuelle révolte contre le pouvoir colonisateur, nous n'en avons pas de preuves. Mais c'est ce que nous ressentions en tout cas. Mon propre père était convaincu que lorsque les tirailleurs tunisiens partaient pour le front durant la guerre de 14-18 la population était livrée à la troupe, et c'était l'opinion générale de la communauté juive. Elle croyait que les autorités françaises et tunisiennes, mais tout aussi bien les Français, hélas, fermaient les yeux sur les exactions des soldats tunisiens qui se ruaient une dernière fois sur le ghetto avant de partir se battre. Et très souvent le ghetto se plaignait de ce que la police ne venait pas, ou arrivait seulement plusieurs heures après.

Un peu avant la fin de la colonisation, nous avons vécu une aventure commune avec l'Europe : l'occupation allemande.

Il n'y a aucun doute que si nous avons été abandonnés par les autorités françaises aux Allemands, comme cela s'était passé ailleurs, nous baignions également dans une population hostile, qui nous dénonçait, nous traquait... C'est du reste une des raisons pour lesquelles nous n'avons pas, ou très peu, pu passer les lignes pour rejoindre les Alliés. Quelques-uns l'ont fait du reste. Mais l'essentiel, c'était cela : ce milieu hostile, cette haine, davantage comparable en cette période au milieu polonais ou allemand, qu'au milieu français. Cette expérience, nous avons eu tendance à l'oublier quand même avec l'Indépendance de la Tunisie, la majorité en tout cas. Ce n'est pas que beaucoup y aient pris une part active, à part quelques intellectuels, souvent communistes, qui eux quelquefois ont été jusqu'à se battre dans les rangs du Destour. Moi même, j'ai été à l'origine de la fondation du journal *Jeune Afrique* vers 1956, un an avant l'Indépendance de la Tunisie. Mais la grande part du ghetto n'a pas pris une part active au combat des Tunisiens.

LIQUIDATION EN DOUCEUR

Avec l'Indépendance, la bourgeoisie, tout comme une partie notable de la population juive, a cru sincèrement qu'elle pouvait collaborer avec les autorités nouvelles, et qu'il était possible de s'entendre. Nous étions des citoyens tunisiens, et nous avons essayé de « jouer le jeu ». Mais qu'ont fait les Tunisiens ? Tout comme les Marocains et les Algériens, ils ont liquidé – avec intelligence et souplesse – les communautés juives. Ils ne se sont pas livrés à des brutalités ouvertes, ce qui d'ailleurs aurait été difficile à cause de l'approbation d'une grande partie des intellectuels pour leur cause ; mais ils ont étranglé économiquement la population juive. Pour les commerçants, c'était très facile : il suffisait de ne pas renouveler les patentes, ou de refuser les licences d'importation. En même temps, on avantageait leurs concurrents musulmans. Pour l'administration, c'était également très facile : on n'engageait pas les juifs comme agents administratifs, ou on mettait les anciens agents dans des difficultés linguistiques insurmontables pour le moment.

Ce genre de procédés s'est facilement multiplié. Sans compter, évidemment, le rôle joué par la proximité relative du conflit israélo-arabe : à chaque crise, à chaque événement un peu important, la populace déferlait, brûlait les magasins juifs. Cela s'est aussi passé pendant la guerre de Kippour, quoique le président Bourguiba s'y soit formellement opposé. Bourguiba n'a jamais été hostile aux juifs. Cela dit, il y avait toujours ce « retard dans les communications », qui faisait que la police arrivait trop tard, lorsque les magasins sont déjà brûlés et que la populace a déjà pillé. D'où un vaste sentiment d'insécurité. L'exode vers la France et vers Israël a continué et s'est accéléré de plus en plus.

NOUS N'ÉTIONS PAS CHEZ NOUS

Maintenant, que faire ? Je crois qu'il n'est pas question de regretter les positions de justice historique que nous avons prises en faveur des peuples arabes. Je ne regrette rien, ni d'avoir écrit le *Portrait du Colonisé*, ni mes prises de position en faveur des Tunisiens ou des Algériens. J'ai du reste continué très longtemps à défendre les Arabes en Europe dans d'innombrables papiers, signatures, manifestes… Mais cela, tant qu'ils étaient opprimés. Si les Arabes ne le sont plus, je ne vois pas pourquoi on ne leur demanderait pas des comptes exacts. Entendons-nous bien : contrairement à d'autres, je n'ai jamais voulu croire à ce que disaient entre autres les libéraux et le Parti communiste, à savoir qu'il n'y aurait pas de problèmes après l'Indépendance, que la Tunisie serait un État laïc où les Européens, les Juifs et les Musulmans cohabiteraient en bonne intelligence. Je savais que la situation était sans issue. Je pensais que nous n'aurions pas de place dans le pays après l'Indépendance.

Les jeunes nations sont très exclusives : il n'y a pas de compatibilité possible entre un État musulman et la notion de laïcité. C'est ce que dit Khadafi, du reste ! Il n'est pas plus extrémiste que les autres, il dit simplement tout haut ce que les autres pensent tout bas. Les choix que j'ai faits l'ont été en toute lucidité. J'étais conscient du problème des Européens. C'était un drame, mais c'était un drame historique, inévitable.

Seulement, c'est à ce moment-là que moi aussi, en tant que Juif, je revendique mes droits nationaux, c'est là que je proclame mon sionisme. J'ai toujours été sioniste, et j'ai toujours conçu le sionisme comme la lutte de libération nationale du peuple juif. On a trop tendance à croire que l'État d'Israël a été le produit de l'« Holocauste ». Mais en 1932, avant Hitler, alors que nous n'avions aucune idée de ce qu'était le judaïsme européen, je militais dans un mouvement sioniste, le Hashomer Hatza'ir. Nous n'étions pas chez nous en Tunisie, et le sionisme était l'expression de notre nationalisme propre, de notre volonté de libération sociale et politique.

Là-dessus, je suis arrivé en France, et je me suis trouvé confronté à ce fameux mythe : les Juifs auraient toujours vécu en parfaite entente avec les Arabes. Un mythe tardif d'ailleurs et qu'on s'efforce de répandre ces derniers temps. Mais on a raconté tellement de sottises, et venant des gens les mieux intentionnés, sur l'Afrique du Nord que je n'ai pas tellement réagi, sauf en passant, dans le *Portrait d'un Juif*. Au fond, il n'a commencé à me préoccuper que quand il est devenu un argument politique, c'est-à-dire depuis 1967. À ce moment, les Arabes se sont avisés de se servir de cette contre-vérité. Et il faut dire que cette habileté de la propagande arabe, que les Israéliens avaient tendance à mésestimer, est tombée dans un terrain très favorable. Il était favorable parce que les Arabes étaient des opprimés. Donc, dans la pensée de gauche, qui est manichéenne, ils ne peuvent pas être antisémites. Alors, ça permet de combattre le sionisme. Parce que si les Juifs et les Arabes s'entendaient déjà dans les pays arabes, toute la responsabilité dans le conflit du Moyen-Orient ne peut qu'incomber aux sionistes – les Arabes, eux, ne cherchant que la paix.

LA PROPAGATION D'UN MYTHE

Comment expliquer la réussite de ce mythe ? Je vois la conjonction de quatre complicités. La première, c'est celle de la gauche européenne, qui en avait besoin pour lutter en faveur des Arabes contre le sionisme. La deuxième, évidemment, celle de la propagande arabe (disant : « les Arabes n'ont jamais fait de mal aux Juifs ; il n'y a pas de raison que les Juifs viennent leur prendre à eux des terres alors que la responsabilité des malheurs des Juifs est européenne »).

La troisième est celle des historiens occidentaux, y compris, chose curieuse, des historiens juifs occidentaux, qui, ayant subi l'affreuse tuerie nazie, ne pouvaient même pas concevoir pareille chose ailleurs. Or, si l'on excepte les crématoires, l'ensemble des victimes des pogromes russes, polonais ou allemands, n'excède pas quantitativement l'ensemble des petits pogromes successifs perpétrés dans les pays arabes.

En fait, l'histoire juive a été écrite par des Juifs occidentaux, il n'y a pas eu de grand historien juif oriental. Et c'est la distinction absurde faite par Isaac (que par ailleurs je respecte beaucoup) entre « vrai » et « faux » antisémitisme, le « vrai » étant celui produit par le christianisme, et l'autre étant appelé « antijudaïsme ». Non, ce n'est pas seulement le christianisme qui fait l'antisémitisme, mais le fait que le Juif soit minoritaire ; et malheureusement en faisant de l'antisémitisme une création chrétienne, Isaac a minimisé la tragédie des Juifs des pays arabes, et contribué à fausser les esprits.

Quatrième complicité, enfin : c'est la nôtre, c'est cette complicité plus ou moins inconsciente des Juifs orientaux déracinés qui ont tendance à embellir le passé, et qui, dans leur regret de l'Afrique du Nord, minimisent ou effacent complètement le souvenir des persécutions. Dans leurs souvenirs, dans leur imagination, c'était une vie tout à fait merveilleuse, alors que leurs propres journaux de l'époque témoignent du contraire. Ces quatre facteurs combinés expliquent en quelque sorte comment une telle absurdité, un tel non-sens, a pu être dit et cru et répandu.

UNE QUESTION DE VIE ET DE MORT

Comment enfin interpréter l'attitude arabe aujourd'hui ? Elle ne me semble guère différente de ce qu'elle a toujours été. Les Arabes n'ont jamais admis l'existence des minorités juives, et maintenant que les Juifs se sont groupés, maintenant qu'ils ont enfin conquis leur indépendance et leur autonomie, ils veulent les annihiler. Les Arabes veulent la destruction d'Israël, c'est évident. On avait beaucoup espéré du sommet d'Alger. Or que demande-t-il ? La restitution de tous les territoires occupés par Israël, et le rétablissement des Palestiniens dans la plénitude de leurs droits nationaux. Le premier argument pourrait encore faire illusion, mais pas le second. À quoi est-ce que cela revient ? À installer les Palestiniens à Haifa ou à Jaffa. Pour moi, le sommet d'Alger reprend ce que dit Khadafi ; il n'y a aucune différence fondamentale. La position officielle, implicite ou avouée, brutale ou tactique, des États Arabes, n'est que la perpétuation de l'antisémitisme dont nous avons eu l'expérience. Aujourd'hui comme hier, c'est notre vie qui est en jeu.

Albert Memmi
(Propos recueillis dans L'*Arche,* n° 202
du 26 décembre 1973-25 janvier 1974.)

La mémoire collective des Juifs du Yémen

YEHOUDA NINI

SANAA-TEL AVIV :
La mémoire brisée

Lorsque je me penche sur la vie quotidienne des Juifs du Yémen, j'ai l'impression qu'ils n'ont pas de mémoire collective. La mémoire collective dans laquelle ils vivent est celle de l'ensemble des Juifs. C'est-à-dire les commémorations nationales-religieuses du peuple d'Israël. Ce qui active et façonne le temps du Juif yéménite, c'est le calendrier juif. Et ce qui lui tient lieu d'indicateur au carrefour du passé et du futur, c'est la destruction du Temple. En plus des fêtes, il se souvient des quatre jeûnes : le jeûne de Guedaliah, celui du 10 Teveth, celui du 17 Tammouz et, surtout, celui du 9 Av.

En cela, me semble-t-il, les Juifs du Yémen ne sont pas différents du reste de la Diaspora. À ma connaissance, la mémoire collective, celle qui est visible, des autres communautés juives n'inclut rien de plus que ce qui vient d'être indiqué. Ainsi, les Juifs originaires d'Espagne ne se sont-ils pas dotés de commémorations de l'Inquisition ou de leur expulsion de la péninsule Ibérique. De même que les Juifs ashkénazes ne marquent pas par des commémorations spécifiques les persécutions qui les ont frappés.

C'est le mouvement sioniste qui a donné à la mémoire collective-nationale une place centrale et visible dans la vie quotidienne de la société juive qui renaissait en terre d'Israël. C'est lui qui a créé une situation où des noms comme Pharaon, Senacherib, Haman, Titus, Hadrien, Torquemada, Chmielnitski, Petlioura, Hitler sont énumérés les uns à la suite des autres aux dates de commémoration et de pédagogie mémorielle dans la société juive sioniste en terre d'Israël et tout particulièrement dans les mouvements de jeunesse juive pionnière.

Le mouvement sioniste a compris que la mise en place d'une mémoire collective et nationale est une très grande force. Cette mémoire constitue un fondement solide de préservation des consciences nationales. La mémoire collective sert souvent de fondement solide pour construire l'idéologie d'une nation et la vision du monde d'une société.

Je ne prétends pas pour autant que les événements qui ont affecté les communautés juives n'ont pas laissé de souvenir. Certains contemporains ont rédigé des chroniques ou des poèmes liturgiques dans lesquels ils ont conservé la trace des événements. L'on peut supposer que chacun, individuellement, méditait sur ce qui s'était passé et dont il avait connaissance à travers des récits ou par des lectures, par hasard ou volontairement. Peut-être, par de longues et froides soirées d'hiver, quelques-uns restaient-ils à la synagogue, entre la prière de Min'ha et celle d'Arvit, se racontant les uns aux autres des événements passés. Peut-être, dans la période d'entre les deux deuils du 17 Tammouz et du 9 Av, lisaient-ils ensemble des chroniques racontant l'expulsion d'Espagne ou les massacres de 1086 du temps des croisades. Peut-être lisaient-ils Ibn Varga et le « Yeven Metsulah » (chronique des massacres cosaques du temps de Cmielnicki, en 1648). Peut-être se souvenaient-ils des poèmes liturgiques écrits à l'occasion de ces événements. Peut-être. Mais il s'agissait là de la mémoire de quelques-uns, d'un souvenir entretenu par des hommes pour lesquels le sens des versets, « souviens-toi de ce que t'a fait Amalek… », « que Dieu se souvienne de ce qui nous est arrivé… », n'était pas celui d'un rappel historique mais celui d'une injonction pour le présent et l'avenir. Une injonction cherchant à insuffler vie à une identité nationale ou à une identité individuelle en passe de s'effacer ou de s'estomper. Ceux-là savaient que la mémoire est souffrance, et que la souffrance est une force.

Lorsque nous étudions la place de la mémoire dans la vie des Juifs du Yémen, il nous faut rappeler brièvement les deux périodes de leur histoire : la première, au Yémen, la seconde, après leur immigration en terre d'Israël, de la fin du XIXe siècle jusqu'à l'arrivée des derniers immigrants dans les années 1992-1994.

Il faut se souvenir que les Juifs du Yémen ne forment pas un seul bloc. Certes, il y a chez eux une certaine unité culturelle. Mais, dans le même temps, il y a des différences entre les communautés du nord du Yémen et celles du sud. Lesquelles se distinguaient des communautés juives du Yémen central. Les différences s'exprimaient dans le parler, le vêtement, les rituels religieux quotidiens (quoique, dans ce cas, de façon mineure) et le rapport à l'environnement musulman. Il faut également se souvenir de ce que la plupart des Juifs du Yémen habitaient dans des villages et étaient des paysans dans leur mode de vie. Les 80 000 Juifs que comptait le Yémen à la fin du XIXe siècle étaient dispersés dans plus de mille agglomérations ; et seules quelques-unes d'entre elles abritaient plus d'une centaine de familles juives. La majorité des Juifs du Yémen vivaient donc dans de petites, voire très petites, communautés. Une telle situation influence la manière dont se façonne la mémoire et se construit le mode de vie qui s'élabore en fonction de la mémoire historique collective. Je pense qu'une vie communautaire organisée et institutionnalisée est indispensable tant à la mise en place d'une vie fondée sur une mémoire qu'au développement d'une mémoire collective. Seules des organisations et des institutions ont le pouvoir de conserver et de développer la mémoire. Or, la plupart des Juifs du Yémen ne possédaient pas d'institutions communautaires et jamais dans leur histoire n'a surgi une personnalité capable de les unifier pour en faire une communauté organisée dotée d'organisations et d'institutions propres. Les organisations et institutions existantes se trouvaient essentiellement à Sanaa, la grande ville du pays, qui abritait la communauté juive la plus importante en nombre. Fonctionnant sur une base de volontariat, elles étaient dépourvues de toute autorité coercitive. Ce rappel, bref et loin d'être exhaustif, montre combien il était difficile de créer une mémoire collective commune à tous les Juifs du Yémen.

Les Juifs du Yémen avaient conservé un lien vivant et actif avec la terre d'Israël. Périodiquement au fil du temps, quelques familles et individus isolés quittaient le Yémen pour s'y installer. Cette alyah n'était pas suffisante en nombre pour que se crée en terre d'Israël une communauté dont les coutumes seraient fondées sur la tradition judéo-yéménite. En raison de leur faiblesse numérique, ces immigrants ne pouvaient ni vivre ni faire vivre la mémoire communautaire judéo-yéménite. Cette situation s'est modifiée avec l'immigration yéménite de 1882. Tournant décisif dans la vie du judaïsme yéménite, celle-ci se différenciait des immigrations qui l'avaient précédée non seulement parce qu'elle était plus importante en nombre, mais parce qu'elle ajoutait aux motivations religieuses des fondements nationaux modernes, influencés par les idées du mouvement des « Amants de Sion ». Parallèle à celle des Juifs d'Europe orientale, l'immigration des Juifs du Yémen se divisa elle aussi en deux groupes. L'un poursuivit son existence au sein de ce que l'on appelait « le vieux yishouv », essentiellement à Jérusalem, et l'autre rejoignit les colonies agricoles (moshavoth) du « nouveau yishouv ». À première vue, nous aurions dû nous trouver devant une situation où ce seraient justement les Juifs yéménites ayant trouvé leur place au sein du vieux yishouv qui auraient continué de vivre la vie de la tradition juive du Yémen tandis que ceux qui auraient trouvé leur place au sein du nouveau yishouv se seraient progressivement éloignés de cette tradition pour adopter la tradition locale en cours de création. Or, ce n'est pas ce qui s'est produit. C'est justement parmi les Juifs yéménites vivant dans le vieux yishouv que l'on pu voir des signes d'assimilation à la tradition jérusalmite, en particulier sépharade, alors que les immigrants yéménites qui s'étaient installés dans les moshavoth, c'est-à-dire dans le nouveau yishouv, continuaient à conserver (presque faute de choix) la tradition des Juifs du Yémen.

En terre d'Israël comme au Yémen, les Juifs yéménites ne parvinrent pas à se doter d'institutions communautaires indépendantes [1], lesquelles, outre la préservation et le développement de la tradition judéo-yéménite, se seraient préoccupées de développer et de préserver la mémoire collective du judaïsme yéménite. Pourtant, même sans institutions communautaires, la mémoire collective a commencé à prendre, dans leur vie en terre d'Israël, une place d'une importance inconnue jusque-là dans leur histoire. Je suis personnellement convaincu que le développement de leur mémoire collective en terre d'Israël a été largement influencé par ce qui se passait dans l'univers culturel et intellectuel d'autres communautés installées là. C'est justement en terre d'Israël que, pour les Juifs yéménites, la mémoire communautaire-collective particulière a commencé à prendre la place de la mémoire nationale-religieuse, ou au moins à se placer à égalité avec elle.

LA MÉMOIRE DANS LA VIE DES JUIFS DU YÉMEN

L'obligation suprême était à l'égard de Jérusalem-Sion, symbole de la terre d'Israël tout entière. La veille du 9 Av, tandis que pères et fils se rassemblaient à la synagogue pour dire les lamentations, le président de la synagogue ouvrait la cérémonie en disant à voix très haute : « Messieurs, nous sommes le soir du 9 Av, *x* années après la destruction du premier Temple, *x* années après la destruction du second Temple, que le Saint-Béni-Soit-Il construise vite notre Temple. » L'assemblée des orants éclatait en pleurs et commençait à réciter les lamentations. En d'autres termes, la mémoire collective, le souvenir le plus immédiat pour un Juif du Yémen était la destruction du Temple et le souvenir de Jérusalem [2].

Je trouve confirmation du caractère immédiat de ce souvenir dans la formule utilisée pour indiquer, sur les actes, le lieu de leur rédaction :

« en la ville de x et la cité de Jérusalem, qu'elle se construise et s'embellisse » ou bien : « ... qu'elle se maintienne jusqu'à ce que la cité de Jérusalem se construise et s'embellisse [3] ». Ou encore dans les adages et tournures de langage populaires : lorsqu'un Juif du Yémen voulait évoquer une situation tendue et difficile dans les rapports entre Juifs et non-Juifs, il disait : « des hauteurs il a lancé dans mes membres un feu... », ou : « ils sont déjà dans les étroits défilés [4] ». Certes, ces expressions viennent de la Bible, des Lamentations, mais, pour le locuteur juif yéménite, elles n'étaient pas de simples citations ; leur origine textuelle leur donne un surcroît de force et d'emphase qui indique que l'Exil et la situation du peuple d'Israël en Exil est analogue à ce qui se passait au lendemain de la destruction du Temple.

LA FIGURE DE MAÏMONIDE DANS LA MÉMOIRE COLLECTIVE DES JUIFS DU YÉMEN

Cette mémoire de la destruction du Temple et de l'Exil, même si elle possède des traits particuliers chez les Juifs du Yémen, ne leur est ni spécifique ni exclusive. Ce qui est propre aux Juifs du Yémen et les pose en exceptions dans le champ de la mémoire juive est l'intensité de leur messianisme. Au Moyen Âge et même au début de l'ère moderne, des personnages se sont proclamés messies ou ont annoncé l'arrivée du Messie. Ce fut le cas en terre d'Israël comme dans toute la Diaspora, de Bar Kokhba jusqu'à Shabbetaï Tsvi. Mais il n'est pas, à ma connaissance, une seule autre Diaspora dans l'existence de laquelle le messianisme a tenu une place aussi grande. C'est un Yéménite du XIXe siècle, personnage exceptionnel, voyageur célèbre et grand érudit, Rabbi 'Hayim 'Habshoush, qui a écrit dans sa chronique « Histoire d'Israël au Yémen » que la terre yéménite porte sans cesse en elle et donne sans cesse naissance à des messies [5].

Le souvenir messianique yéménite le plus célèbre, tant parmi les Juifs du Yémen que dans toute la Diaspora, est ce messie dont le nom s'est perdu et qui surgit au Yémen à l'époque de Maïmonide. Il provoqua un choc si violent parmi les Juifs du Yémen qu'ils durent écrire à Maïmonide pour lui demander de se prononcer sur l'authenticité de ce messie qui bouleversait l'ordre de leurs existences. Maïmonide écrivit son épître sur le Messie, connue sous le nom d'« épître yéménite » [6] et demanda qu'elle soit diffusée parmi les Juifs du Yémen afin de les éloigner de l'idée messianique. Cette épître n'eut pas d'influence sur les Juifs du

Yémen mais Maïmonide n'en devint pas moins pour longtemps le guide du judaïsme yéménite.

Dans la mémoire collective des Juifs du Yémen, Maïmonide, le Rambam, est le maître, le guide, le décisionnaire qui éclaire la pensée. Tout jeune Yéménite savait que « le Yémen est le pays du Rambam[7] » et tout enfant yéménite connaissait le philosophe et se souvenait qu'il avait éclairé les esprits des Juifs du Yémen ; il le savait car il était de coutume de dire chaque jour, au moment de la récitation du Kaddish : « ... la vie de notre maître et notre guide le Rambam... ». Les Juifs du Yémen vénéraient le Rambam, se souvenaient de lui chaque jour et prétendaient le suivre tant dans la pratique que dans l'esprit ; mais dans la vie quotidienne, dans les faits et non dans les mots, les Juifs du Yémen ne se préoccupaient guère de préserver l'héritage spirituel de Maïmonide.

Le messianisme était un facteur si important dans leur vie que les Juifs du Yémen ne tinrent pas compte des mises en garde de Maïmonide. Le souvenir du messie et le rappel permanent du messianisme et de la rédemption donnèrent naissance à une succession de messies. Le messie de Bayhan, au sud-est du Yémen, provoqua la ruine presque complète de la population juive dans cette région ; puis vint après lui le grand mouvement messianique qui ébranla sur ses bases la vie juive au Yémen pour des générations : le messianisme de 1647.

L'EXIL À MAWZA'

En 1646-1647, on assista à la montée d'un mouvement messianique généralisé parmi les Juifs du Yémen. Il est à peu près sûr que Rabbi Sliman Al-Nakash et Rabbi Sliman Al-Akhta ont, chacun à sa manière et selon sa personnalité, soutenu ce mouvement messianique, le plus célèbre dans la mémoire des Juifs du Yémen[8]. Des rumeurs et des lettres relatives à la messianité de Shabbetaï Tsvi étaient parvenues au Yémen ; à la suite de ces rumeurs, la communauté juive du Yémen fut saisie d'une fièvre messianique. Les Juifs du Yémen ne croyaient ni au sabbatianisme ni à la messianité de Shabbetaï Tsvi. Ils se créèrent leur propre mouvement messianique. À leur habitude, ils donnèrent à ce mouvement messianique un caractère local et le chargèrent de leurs souvenirs et de leurs attentes de rédemption. Ce sont leur misères et leurs malheurs qui ont donné à ce messianisme son caractère local. Ce fut une révolte contre le pouvoir musulman et les Juifs du Yémen payèrent un prix très lourd pour ce messianisme de rébellion. Les dirigeants de la communauté furent arrêtés et torturés. Rabbi Sliman Al-Nakash qui était également, semble-t-il, le prince des Juifs du Yémen fut emprisonné et exilé dans l'île de Kamaran, dans la mer Rouge, une île où l'on exilait et détenait les prisonniers politiques. Rabbi Sliman Al-Akhta (Al-Djamal) fut décapité à Sanaa. Les Juifs virent leurs terres confisquées et leur statut juridique profondément modifié. Ils perdirent le statut de Djar[9] et celui de Dhimmi[10] et l'éventualité de leur expulsion du Yémen fut envisagée, tant d'un point de vue théorique que pratique.

Deux ans environ après l'apparition et la répression du mouvement messianique, la plupart des Juifs furent expulsés des hauteurs du Yémen central vers la ville de Mawza', à l'ouest du pays, dans une région aride et désertique. Un an plus tard, ils furent autorisés à rentrer chez eux. Cet exil provoqua la destruction du tissu social et communautaire. Des traditions et des coutumes centenaires disparurent ou furent reléguées aux marges de la vie communautaire qui se remettait progressivement en place, et donc également aux marges de la mémoire. Les bibliothèques privées et les bibliothèques des synagogues dans lesquelles se trouvaient de nombreux manuscrits rares disparurent ou furent détruites. Les institutions communautaires furent elles aussi détruites et leur base démographique considérablement modifiée. Les registres communautaires furent perdus pour toujours et avec eux, symboliquement, fut coupée de fait la continuité de la mémoire historique collective des Juifs du Yémen.

Après le retour des Juifs du Yémen de l'exil de Mawza'commence pour eux une nouvelle ère mémorielle. L'exil et le choc psychologique et social qu'il avait provoqué avaient repoussé ou gommé ce qui était vivant et actif dans la mémoire collective, car seuls les événements et les sujets que la communauté met à son ordre du jour et selon lesquels elle se conduit constituent une mémoire au sens plein du terme.

C'est pourquoi l'exil à Mawza' marque une borne chronologique importante dans la vie de la mémoire des Juifs du Yémen. On a rédigé des chroniques sur cette expulsion mais, plus encore, on a écrit des élégies pour marquer l'événement et ses conséquences ; or, rien ne caractérise mieux qu'une lamentation la vie de la mémoire.

À partir de là, les Juifs du Yémen ont vécu le souvenir des persécutions successives qui se sont abattues sur eux. La destruction des synagogues de Sanaa prit pour un certain temps la place de l'expulsion vers Mawza' : les choses les plus récentes prennent la place des plus anciennes, dit le Talmud[11]. Vint ensuite le souvenir du « Tamaat bekhil[12] » et puis, au XIXe siècle, survinrent trois messies successifs : Shukr Ku'hayl Ier,

Shukr Ku'hayl II et Yossef Abdallah (Eved HaEl). Il semble qu'après ces événements quelque chose se soit grippé dans la mémoire collective des Juifs du Yémen. Le messianisme qui était oublié et qui semblait, depuis l'exil à Mawza', avoir cessé d'influencer la mémoire collective des Juifs du Yémen, commença à jouer un rôle de facteur vivant et efficace de la vie quotidienne. Ceux-là mêmes qui s'opposaient au messianisme, soit pour des raisons idéologiques, soit pour des raisons d'ordre pratique, le vivaient néanmoins ; c'est ce messianisme qui agissait sur la mémoire collective ; car nous devons nous rappeler que, même si la mémoire s'ancre dans le passé, elle forme le présent et le futur.

C'est ainsi que, dans l'ombre lourde et exigeante du messianisme, la terre d'Israël réelle devint brusquement part de la vie quotidienne des Juifs du Yémen. En 1882 commença une alyah relativement importante. Mais on peut se demander quelle terre d'Israël les Juifs yéménites imaginaient : la terre d'Israël réelle ? celle des destructions du Temple ? celle sur laquelle ils se lamentaient au cours des quatre jeûnes [13] ? celle dont on avait coutume de dire en ces jours de jeûnes qu'« elle est vide d'habitants car Toi Dieu, Tu l'as détruite par le feu et par le feu Tu la construiras [14] » ?, ou bien la terre d'Israël de Josué, du roi David et du roi Salomon ? De leurs souvenirs, on peut conclure avec certitude qu'ils imaginaient la terre d'Israël du temps de Josué, du temps du roi David et du roi Salomon. Une terre d'Israël qui n'aurait pas été détruite. Mais vers laquelle on viendrait et où chacun se reposerait sous sa vigne et son figuier. Une terre dont les fruits seraient comme ceux du Paradis que personne ne peut manger dans leur totalité et dont ils reste toujours des quantités même lorsque l'on est rassasié tant ils sont grands. C'était là la mémoire collective qu'ils avaient portée en eux pendant deux millénaires et demi d'exil. Il est difficile de savoir pourquoi la mémoire avait fonctionné de cette manière. Était-ce parce que c'était là ce qui était écrit dans les Commentaires, dans le livre de légendes « Osse Pele » ? ou bien parce que, à force de voir la vie quotidienne au Yémen sous des couleurs sombres, ils imaginaient par contraste la terre d'Israël sous un jour glorieux ? Leur mémoire, ainsi qu'il est normal pour toute mémoire, les portait à mi-chemin du réel et de l'imaginaire. Ils insistaient tant sur leurs souffrances que celles-ci en venaient à masquer les petits bonheurs du quotidien ; car on ne prétendra pas que les deux millénaires et demi de vie ininterrompue au Yémen n'ont été (et n'ont pu être) qu'une « vallée de larmes ». Les Juifs du Yémen ont préféré se souvenir de leurs malheurs et de leurs souffrances dans ce pays. Ils ont pris ce parti parce qu'ils pensaient à l'avenir et à ce qu'il recèle. C'est ainsi : les hommes que le Messie n'attend pas au détour du chemin qui les mène vers leur avenir se souviennent en général des splendeurs du passé et de leurs victoires ; mais ceux que le Messie attend au détour du chemin préfèrent se souvenir des malheurs du passé.

LES JUIFS DU YÉMEN EN TERRE D'ISRAËL ET LA NOUVELLE MÉMOIRE

En 1882 arriva en terre d'Israël la première grande immigration des temps modernes. Les immigrants yéménites précédèrent de quelques mois le groupe légendaire des Bilou. Les premiers venaient du Yémen, les seconds d'Europe orientale. Tous expliquaient leur immigration par la Bible. Les immigrants du Yémen arrivés en terre d'Israël en 1882 plaçaient leur immigration sous le signe du verset « je me suis dit : je monterai au palmier [15] » tandis que ceux d'Europe de l'Est s'étaient nommés « Bilou », des initiales du verset d'Isaïe « Beith Israel Lekhou venelkha » (Maison d'Israël, allons et marchons). Il n'en reste pas moins que le sort des immigrants yéménites fut très différent de celui des immigrants est-européens. En terre d'Israël, sur la terre de leur rêve, et à Jérusalem, dans la ville de leur nostalgie, les immigrants yéménites furent en butte à la malveillance de leurs frères juifs. On ne les reconnut pas comme Juifs. Il y eut des incidents où ils durent baisser leur pantalon pour prouver qu'ils étaient circoncis. Doutant de leur judaïsme, des propriétaires juifs leur refusèrent un toit. À Jérusalem, seuls leur vinrent en aide les chrétiens de la « colonie américaine » (qui étaient en fait suédois). Si l'on cessa progressivement de mettre leur judéité en doute, ils n'en restèrent pas moins longtemps discriminés. Ils durent habiter dans les grottes de Siloé jusqu'à ce que le rabbin Israel Dov Frumkin les déclare Juifs et les prenne sous sa protection. L'expérience douloureuse de cet accueil difficile à Jérusalem ouvrit un épisode pénible dans l'histoire de la réinstallation des Juifs en terre d'Israël. Un des dirigeants des immigrants du Yémen envoya une lettre au Yémen dans laquelle il demandait aux Juifs de ce pays de ne pas venir en terre d'Israël. Cette lettre constitue un événement exceptionnel dans l'histoire de l'immigration, mais son auteur considérait que la responsabilité collective nationale avait été profondément atteinte et que ce qui avait été autrefois le peuple d'Israël était devenu un agrégat de communautés dont chacune était responsable d'elle-même.

Cette intégration difficile fut le lot de quelques-uns des immigrants du Yémen arrivés à Jérusalem, mais l'événement devint la mémoire collective de l'ensemble des Juifs du Yémen en terre d'Israël. Ce qui était advenu à ce groupe d'immigrants arrivé à Jérusalem en 1882 se transforma ; souvenir vécu pour quelques-uns, il devint mémoire de toute la communauté des Juifs du Yémen. Peut-être ce souvenir se serait-il estompé avec le temps pour devenir une image sans grand sens ni forme, mais les immigrants yéménites qui s'étaient dirigés vers les moshavoth allaient subir des expériences plus pénibles encore. Certes, on ne mit pas leur judaïsme en doute, mais la manière dont ils furent traités par les paysans des moshavoth fut humiliante et douloureuse. Leur salaire journalier était inférieur de moitié à celui d'un ouvrier agricole ashkénaze (qui, comme eux, venait juste d'arriver en terre d'Israël) ; et l'ouvrier yéménite avait charge de famille tandis que l'ouvrier ashkénaze était célibataire. On les faisait dormir dans des fenils et dans des étables[16]. Les paysans des moshavoth les frappaient parfois cruellement[17]. L'insensibilité des paysans ashkénazes fut à son comble lorsqu'ils frappèrent durement des ouvriers yéménites à Hadera. L'incident fut si grave qu'il inspira à Berl Katznelson, une des personnalités les plus éminentes de la deuxième alyah, un article dans lequel il s'indignait de l'affront infligé aux Yéménites. Dans ce texte, Katznelson s'exclamait : « Bannissez cette honte ! » La honte ne fut pas bannie et justice ne fut pas rendue. C'est ainsi que la mémoire collective des originaires du Yémen en terre d'Israël commença à se constituer, à prendre forme et puissance. Ce qui était arrivé aux immigrants du Yémen à Jérusalem ne s'estompa pas et ne fut pas oublié. Et cela commença à prendre des dimensions presque mythiques justement sur le fond des déboires rencontrés par les immigrants yéménites dans les moshavoth.

On aurait pu considérer ce qui s'était passé dans les moshavoth comme des incidents « privés », c'est-à-dire comme les actes d'individus isolés ne reflétant pas un comportement général même si, dans la mesure où personne n'avait dénoncé ces actes, chacun s'en était sciemment rendu complice. Voyons maintenant ce qu'avait été la politique officielle.

L'Organisation sioniste, à travers ses délégués en terre d'Israël, avait décidé de créer un moshav près de Rishon Le Tsion. Baptisé Na'hlath Yehoud, ce moshav devait être commun à des ouvriers ashkénazes et à des ouvriers yéménites. Mais lorsque vint le moment de répartir les terres, on attribua dix dounams à chaque ouvrier ashkénaze mais deux seulement à chaque ouvrier yéménite. La discrimination était si flagrante que

David Ben Gourion, à l'époque dirigeant du mouvement ouvrier mais encore très loin de toute position d'influence, la dénonça dans un article virulent. Il demandait, entre autres, pourquoi à un membre du moshav on donnait dix dounams et pourquoi deux seulement à un yéménite. Il demandait qui avait le droit de s'appeler membre du moshav : n'importe quel Juif ou bien seulement le détenteur d'un passeport russe ? L'article de David Ben Gourion sur le moshav Na'hlath Yehouda ne fut pas plus utile que ne l'avait été celui de Berl Katznelson à propos de Hadera. Les injustices demeurèrent.

Ce qui s'était produit à Na'hlath Yehouda n'était pas un exemple isolé de discrimination contre les ouvriers yéménites. L'incident le plus grave eut lieu dans la région du lac de Tibériade et fut appelé « incident de Kinnéreth », du nom de la ferme où il se déroula. Les ouvriers yéménites et leurs familles étaient arrivés à la ferme de Kinnéreth bien avant qu'elle ne devienne kibboutz. Avec les ouvriers ashkénazes, ils avaient défriché les terres. Ils avaient asséché les marais, débarrassé la terre des pierres et des rochers. Avec les ouvriers ashkénazes, mais plus stables qu'eux au travail et dans leur présence sur place. Bref, ils avaient transformé une vallée stérile en vallée florissante. Contrairement aux ouvriers ashkénazes, les ouvriers yéménites de Kinnéreth s'étaient mariés et avaient eu des enfants dont beaucoup étaient morts et avaient été enterrés près des rives du lac de Tibériade. Nombreux furent les ouvriers yéménites qui moururent de maladie ou de faim pendant ces années difficiles, cette période où ils séjournèrent à Kinnéreth. En dépit de leurs supplications, ils furent transférés ou expulsés vers le quartier de Marmorek à côté de Rehovoth. À Marmorek on leur promit de la terre et on leur promit de l'eau pour l'agriculture ; on leur promit même qu'ils se constitueraient en moshav dans les mêmes conditions que celles accordées aux moshavim créés par des ashkénazes. Cette promesse ne fut pas tenue et c'est en vain qu'ils espérèrent. Ils demeurèrent ouvriers agricoles salariés dans les vergers de la moshavah de Rehovoth.

Les ouvriers yéménites de Kinnéreth souhaitaient de tout leur cœur devenir des agriculteurs comme leurs compagnons ouvriers originaires d'Europe orientale. Tous leurs efforts furent vains. Ils eurent beau supplier, ils ne purent demeurer en ce lieu où ils avaient vécu pendant dix-huit ans. Le souvenir amer de Kinnéreth et le souvenir douloureux de Hadera vinrent s'ajouter au souvenir du triste accueil de Jérusalem et c'est ainsi que prit corps une mémoire collective amère. Cette mémoire repoussa vers les marges tous les faits qui auraient pu engendrer et nourrir une mémoire positive, débarrassée des arrière-pensées et des frustrations qui avaient généré une coupure avec ceux, même peu nombreux, qui avaient plaidé en la faveur des Juifs yéménites et qui avaient tenté, à leur manière, de les aider et de créer avec eux une société fondée sur une responsabilité collective et partagée.

C'est ainsi qu'a commencé de se développer, suivant une trajectoire qui lui fut propre, la mémoire collective des Juifs du Yémen. Une trajectoire à la base de laquelle on trouve de nombreux éléments d'opposition à l'establishment ; le paradoxe étant que, quand l'opposition est arrivée au pouvoir en Israël, les Juifs yéménites ont continué à penser en termes anti-establishment. Autrement dit, cet establishment auquel les Juifs du Yémen attribuaient la responsabilité de tous les maux qu'ils avaient subis depuis leur arrivée en terre d'Israël et qui, en raison des péripéties de la vie politique israélienne, était passé dans l'opposition, continua d'être perçu comme responsable de tout ce qu'ils avaient subi en terre d'Israël.

Les souvenirs de Jérusalem, les souvenirs de leur vie d'ouvriers battus et humiliés dans les moshavoth, le souvenir de Kinnéreth et de l'expulsion de Kinnéreth sont autant de facteurs qui ont fait de la seconde génération des Juifs yéménites une population amère et frustrée, tentée donc par les mouvements clandestins les plus violemment antibritanniques, l'Etsel et le Lehi. Je ne suis pas persuadé que ces jeunes gens se soient réellement pleinement identifiés aux doctrines sociales de ces organisations clandestines. Au plan social au moins, il me semble qu'ils se sentaient plus proches de la Haganah, émanation des partis ouvriers et des organisations pionnières, mouvement des kibboutzim et mouvement des moshavim. Mais une mémoire amère n'a pas de lien, sinon ténu, avec les faits historiques. Une mémoire amère interprète à sa façon les faits historiques. Cette interprétation n'a rien de « scientifique » ; elle est obligatoirement subjective ; surtout, comme tout « souvenir », elle est sélective. Le fait de vivre dans des quartiers séparés à la périphérie des villes et des moshavoth a nourri la tendance à l'amertume et contribué à renforcer, chez les Juifs yéménites, la mémoire communautaire. Shearayim et Marmorek à Re'hovoth, le quartier yéménite à Nes Tsiona, Ma'hane Yehouda à Peta'h Tikvah, Kerem HaTeimanim à Tel Aviv, etc. Cette existence à la périphérie des villes et des moshavoth a produit un mode de vie particulier. D'une part, une sensibilité à ce qui se faisait dans le yishouv hébraïque en terre d'Israël, sensibilité qui allait conduire à une participation active aux organisations de lutte contre les Britanniques, y compris la Haganah, émanation du yishouv organisé. D'autre part, à l'intérieur des limites du quartier yéménite, la formation d'une mémoire amère. On notera à ce propos que – et sur ce point, témoignages et documents concordent – les quartiers yéménites offraient aux organisations clandestines les refuges les plus sûrs et les plus utiles. Dans les quartiers yéménites, les combattants clandestins trouvaient abri. C'était là que l'on dissimulait les armes et que l'on soignait les blessés. Le tout indépendamment des préférences des habitants pour l'une ou l'autre des organisations clandestines. Ces faits découlaient de deux facteurs : l'existence d'un patriotisme simple et naturel et une rébellion contre les institutions représentatives du pouvoir.

C'est ainsi que leur mémoire amère a conduit les Juifs du Yémen vers une situation prolongée et peut-être permanente de révolte et d'opposition à l'establishment. Pour de bonnes et parfois pour de mauvaises raisons, ils ont cessé de croire dans les institutions, celles d'avant l'Indépendance puis celles de l'État d'Israël.

La grande immigration du Yémen, venue « sur les ailes de l'aigle [18] » dans les années 1949-1950, a eu une double conséquence : d'une part elle a mis fin à la continuité historique de la mémoire collective des Juifs du Yémen, une mémoire qui était ancrée dans un certain territoire et dans des paysages familiers ; d'autre part, elle a transformé cette mémoire en mémoire « travaillée », c'est-à-dire en mémoire passée par un processus de tri, voire d'« invention ». L'accueil de la grande immigration du Yémen se déroula dans des conditions différentes de celles qui avaient prévalu lors des immigrations précédentes. Alors que celles-ci avaient été directement intégrées soit dans les familles soit, au moins, dans les « quartiers yéménites » à la périphérie des grandes villes et des moshavoth, la grande alyah fut directement envoyée dans des « camps d'immigrants » ou des « camps de transit ». Les immigrants du Yémen n'étaient pas seuls à arriver en Israël à cette époque où commençait le processus historique du « rassemblement des exils ». Des centaines de milliers de Juifs arrivaient de pays multiples. Rescapés de la Shoah, survivants des camps de concentration nazis. Juifs qui, après avoir trouvé refuge en Union soviétique, étaient rentrés dans leur pays pour s'en aller ensuite en Israël. Immigrants irakiens venus avec l'opération « Ezra et Néhémie » et iraniens arrivés avec l'opération « Tapis volant ». Juifs de Syrie et du Liban. Juifs d'Égypte, de Libye et une partie des Juifs du Maghreb, etc.

La confusion qui régnait dans les camps d'immigration et de transit, associée à une politique incertaine en matière d'accueil des immigrants, créa des problèmes dont chacun, à son tour, allait ouvrir un nouveau chapitre dans l'histoire de la mémoire amère des Juifs du Yémen. Le premier épisode de cette histoire d'amertume entre Juifs du Yémen et establishment ashkénaze de l'État d'Israël se cristallisa autour de l'éducation. Les institutions israéliennes d'intégration avaient défini une politique éducative qui faisait totalement abstraction de la tradition – sociale ou religieuse – en usage au Yémen. Les préposés à l'intégration s'efforcèrent de laïciser les Juifs du Yémen, en particulier les enfants. On imposa à ces derniers un enseignement laïc et, lors d'incidents graves, l'on vit des enseignants laïcs couper, dans les camps d'immigration ou de transit, les papillotes des petits Yéménites. Des rumeurs se répandirent dans les camps d'immigration selon lesquelles la nourriture distribuée n'aurait pas été cashère. Ces rumeurs étaient infondées, mais on ne se dépêcha pas non plus de les museler. Ces événements suscitèrent une vague d'agitation dans les camps d'immigrants, qui culmina à Ein Shemer où, dans les heurts avec les manifestants, la police ouvrit le feu, faisant plusieurs victimes. Il convient de souligner ici qu'à l'origine de l'agitation et des manifestations on ne trouvait pas seulement l'initiative des Juifs yéménites ou l'expression de leur amertume. Y étaient impliquées des forces politiques partisanes qui luttaient pour se faire une place en Israël et pour influer sur le cours de la vie quotidienne de la société juive en Israël. Il s'agissait essentiellement du parti Agoudath Israel et, dans une moindre mesure, du Mizra'hi. L'affaire des écoles, qui suscita, nous l'avons dit plus haut, agitation et manifestations parfois violentes, a laissé une marque profonde et a même renforcé la mémoire amère. Les Juifs yéménites avaient l'impression d'être victimes d'un complot, même si, dans les faits, il n'y avait pas complot mais activisme imbécile. Un complot pour les couper de leur culture et de leur tradition. À partir de là, toute initiative émanant de l'establishment au pouvoir allait être perçue comme une conspiration dont l'unique but serait de frapper les Juifs yéménites.

L'affaire de l'éducation dans les camps d'immigrants fit resurgir dans les mémoires la question du sort des manuscrits et des livres rares qui avaient disparu sans jamais être retrouvés. Embarqués à Aden dans des avions à destination d'Israël, les Juifs yéménites n'avaient pu prendre avec eux les trésors constitués de manuscrits et de livres rares ayant appartenu soit à des personnes privées soit aux communautés dans les bibliothèques des synagogues. Avec d'autres objets précieux, ces livres furent expédiés par bateau d'Aden à Eilath, puis transportés d'Eilath à Jaffa pour y être entreposés. Les immigrants racontent que, lorsqu'ils se présentèrent pour réclamer leurs livres et, surtout, leurs manuscrits, on leur répondit que les entrepôts où ceux-ci avaient été déposés avaient brûlé et qu'ils étaient définitivement perdus. Cette affaire n'a, à ce jour, fait l'objet d'aucune enquête et l'on ignore le destin de ces livres rares et de ces manuscrits. Les rumeurs persistantes qui circulent parmi les immigrants yéménites disent qu'ils ont trouvé leur place dans des instituts de recherche, voire dans des bibliothèques privées [19].

Encore une fois, peu importe de savoir s'il s'agit là de la réalité des faits ou bien d'une interprétation aggravante. Dans l'un et l'autre cas, les Juifs yéménites en Israël ont choisi la mémoire amère quant à leur accueil dans le pays.

L'affaire dite « des enfants du Yémen » est, quant à elle, très particulière et elle fait l'objet d'une enquête encore en cours par une commission d'enquête officielle dirigée par un juge à la Cour suprême. De tous les événements douloureux qui ont participé de la construction de la mémoire collective des Juifs du Yémen, c'est la plus pénible. Elle ne ressemble ni aux coups ni aux brutalités subis par les ouvriers agricoles yéménites dans les moshavoth. Elle ne ressemble pas à l'affaire de Kinnéreth ni à celle de la perte des livres et des manuscrits des immigrants du Yémen. Elle ne leur ressemble pas car il s'agit cette fois de la disparition d'enfants vivants, volés à leurs parents pour être confiés à des familles adoptives. Combien d'enfants ont-ils disparu de leurs familles ? Combien d'entre eux ont-ils été volés et adoptés ? Combien sont morts à l'hôpital sans que personne se soit préoccupé de prévenir leurs parents et sans que l'on ait indiqué aux familles le lieu de leur sépulture ? Quelques dizaines ? des centaines ? des milliers ? Il me semble que l'on ne saura jamais toute la vérité. Des milliers de parents soutiennent âprement qu'on leur a pris leurs enfants sans qu'ils sachent qu'ils allaient être adoptés. Trois commissions d'enquête se sont penchées sur la question mais aucune n'a pu présenter aux parents un rapport à peu près satisfaisant [20].

Quelle est l'origine de cette affaire ? En 1949 commença l'exode des Juifs du Yémen. La nouvelle de la création de l'État d'Israël avait suscité un mouvement d'immigration messianique par plus d'un trait. Des villages entiers, des communautés entières, se mirent en marche, chargèrent sur leurs épaules (et ce n'est pas là une métaphore) quelques objets, les plus importants et les plus précieux, et commencèrent à marcher vers Aden, le port d'où l'on pouvait partir vers Israël. Ils devaient souvent parcourir de très longues distances, souvent au milieu d'une population musulmane hostile, souvent à travers des déserts écrasés de soleil, sans eau et sans nourriture. Nombreux furent ceux qui trouvèrent la mort sur les route du Yémen qui menaient à la ville d'Aden. Nombreux furent ceux qui y arrivèrent malades et très affaiblis. Dans cette expédition, les enfants avaient particulièrement souffert et la mortalité avait atteint chez eux des taux effarants. Nombreux étaient les enfants qui arrivaient malades et très amaigris. À Aden, les candidats à l'immigration furent logés dans des camps de réfugiés loin hors de la ville, dans une région aride et désertique où régnait une chaleur terrible. (L'affaire des camps d'Aden est un problème en soi ; il s'y passa des choses difficiles, voire cruelles, du fait des directeurs des camps.) Les immigrants attendirent de longs mois dans les camps jusqu'à ce que commence l'opération aéroportée les conduisant en Israël. Lorsqu'ils arrivèrent enfin en Israël, les immigrants était en très mauvais état physique. Les enfants étaient particulièrement atteints. Face à cette masse d'immigrants, l'on n'avait pas recruté suffisamment de bénévoles parmi des originaires du Yémen pour aider à les accueillir et à les enregistrer. Il y eut en conséquence des dysfonctionnements très graves dans l'enregistrement des prénoms et des noms de famille[21]. On attribua très fréquemment aux immigrants des noms de famille de façon arbitraire, désordonnée, déformée. De nombreux enfants étaient très malades et amaigris. On les envoya dans des infirmeries et dans des hôpitaux. Là encore, ils furent inscrits sous des noms incertains. Les parents, qui ne maîtrisaient pas l'hébreu moderne et qui étaient placés dans des camps d'accueil ou de transit très éloignés des hôpitaux, ne pouvaient faire que de rares et insuffisantes visites. Ce n'était pas leur faute. Ni le personnel des camps ni celui des services de santé ne leur vinrent en aide ; au contraire, il y eut des manifestations graves de rejet, de mépris, de dédain et de grossièreté. Et là, dans les infirmeries proches des camps et dans les hôpitaux éloignés se jouait la tragédie. Des centaines, peut-être des milliers, d'enfants ne sont pas rentrés chez leurs parents. Que leur est-il arrivé ? Combien étaient-ils ? Sont-ils morts pour la plupart à la suite des aléas de leur voyage vers Israël ? Les témoignages du personnel médical et des fonctionnaires des services sociaux qui indiquent que tel fut le cas disent-ils la vérité ? Ou bien est-ce que ce sont les parents qui disent vrai lorsqu'ils soutiennent – pour reprendre leurs termes – que les enfants ont été volés, ou bien enlevés et confiés pour adoption à des familles ashkénazes dépourvues d'enfants ?

« L'affaire des enfants yéménites », ainsi qu'on l'a appelée, que les enfants soient morts comme le soutiennent le employés des services sociaux et de santé, ou qu'ils aient été enlevés ou volés comme le prétendent leurs parents, a commencé à jouer un rôle déterminant dans la mémoire collective vivante et active des Juifs yéménites en Israël. On a balayé d'un revers de main le drame immense qui aurait mérité de passer à la mémoire de la postérité, celui de l'opération « sur les ailes de l'aigle ». Ce drame, qui n'a pas eu d'équivalent dans toute l'histoire du peuple d'Israël depuis l'Exode d'Égypte, a été pratiquement gommé de la mémoire collective des Juifs du Yémen. Oubliée la marche difficile et pleine d'épreuves sur les routes du Haut Yémen. Gommée la nostalgie de la Terre Sainte pour laquelle on chantait en marchant dans les déserts du Yémen et en enterrant les morts sur les bords des routes alors que les yeux restaient tournés vers Sion. Effacées les larmes de joie à la vue de la Terre Sainte par les hublots de l'avion ; effacé le souvenir des prosternations sur le sol de la Terre Sainte et les baisers déposés sur sa poussière. Le souvenir des enfants perdus a pris la place du grand drame de leur immigration. La disparition des enfants qui ne sont pas rentrés chez leurs parents a tout assombri.

Au début, le souvenir était le lot des parents qui se languissaient de l'enfant qu'ils avaient perdu ; mais, petit à petit, l'affaire des enfants yéménites disparus est devenue la préoccupation et la conversation quotidienne des Juifs yéménites en Israël et cela indépendamment de leur date d'arrivée en Israël. Au début, le mouvement de protestation était interne à la communauté. L'histoire circulait de bouche à oreille, dans de petits groupes ; elle revenait incidemment dans les synagogues, à la fin de l'office ou entre les prières de Min'ha et de Maariv. Apanage des pères dans un premier temps, elle a ensuite commencé à se transmettre à la nouvelle génération, celle des fils nés en Israël. L'insatisfaction devant la manière dont tous les gouvernements israéliens avaient traité cette affaire a fait de la question des enfants yéménites une question communautaire et l'expression du sentiment de discrimination et de frustration qui habite les Juifs du Yémen depuis leur immigration en Israël. L'affaire des enfants yéménites est devenue un symbole ; elle a cessé de relever de cas individuels dont quelques-uns pourraient – c'est ce que pensent les Juifs yéménites – receler des aspects criminels. C'est ce que pensent les parents et c'est ainsi que cela a, petit à petit, acquis une prise dans la mémoire collective des Juifs du Yémen. Il n'y avait pas meilleur symbole ni meilleur objet de mémoire que cette triste et douloureuse affaire. Toute la souffrance, la frustration, l'amertume, toute l'impuissance face à un establishment perçu comme coupable de ce qui s'est passé pendant les décennies de leur intégration en Israël, ont trouvé leur expression dans cette affaire devenue symbole. Les Juifs yéménites en Israël ont désigné d'un doigt accusateur l'ensemble de l'establishment ashkénaze. Il y avait quelque chose de symbolique dans la disparition des enfants, en particulier aux yeux de la jeune génération. Dans « le vol des enfants », ils voulaient voir la face cachée, c'est-à-dire les tentatives de l'establishment ashkénaze, surtout les laïcs et la gauche[22] (même s'il ressort des documents publiés qu'une partie des intervenants de l'establishment religieux n'ont pas été meilleurs que l'establishment laïc), de couper les racines de la culture juive yéménite ; comme si, par le biais du « vol d'enfants », l'establishment ashkénaze avait voulu casser leur continuité culturelle. On peut leur rétorquer qu'il s'agit là d'une conception diabolisante et largement exagérée ; mais les Juifs yéménites en Israël ont perçu une logique entre la coupe forcée des papillotes des enfants jusqu'à leur « vol », comme part d'un projet diabolique destiné à les couper de leur culture et de leur tradition. Ils ont mis en lumière le continuum allant de leur humiliation et de leur exploitation en tant qu'ouvriers et en tant qu'êtres humains depuis leur immigration en 1882 jusqu'au « vol des enfants » pendant l'immigration « sur les ailes de l'aigle ». Leur conception des événements ne laisse pas place au hasard pour expliquer tous les actes accomplis au cours des décennies de leur intégration en Israël. C'était pour eux un ensemble faisant partie d'un projet élaboré contre eux. Dans leur esprit, le paroxysme terrible du « vol des enfants » dans les premières années de l'existence d'Israël se situait dans la droite ligne de leur non prise en compte et des doutes sur leur appartenance au judaïsme au début des années 1880 et des événements de Rehovoth et de Hadera.

C'est ainsi que s'est formée la protestation sociale et que s'est construite la mémoire collective des Juifs du Yémen en Israël. Sur un sentiment de frustration et de discrimination. Peu importe ce que fut la vérité historique ; ce qui importe c'est de savoir comment les Juifs du Yémen ont interprété les faits qui se présentaient à eux.

Petit à petit, la protestation a mûri et une mémoire historique propre aux Juifs yéménites s'est façonnée. La mise en place de la mémoire s'est traduite en termes sociopolitiques extrêmement intéressants. Depuis la moitié des années quatre-vingt, on peut constater, dans la deuxième et la troisième génération de Juifs yéménites, un phénomène que l'on peut qualifier, faute de mieux, de retour à la religion. Il s'agit là d'une expression abusive, car les Juifs yéménites, y compris ceux de la deuxième et de la troisième génération, n'ont jamais été laïcs ; tout au plus étaient-ils traditionalistes. En d'autres termes, ils avaient conservé la tradition du shabbat et des fêtes, ils allaient à la synagogue pour les prières du shabbat et des fêtes, mais ils ne s'abstenaient pas d'assister au match de football ni de participer à d'autres activités sportives ou culturelles le shabbat et les jours de fête. Ils jeûnaient le jour de Kippour mais allaient tête nue, etc. C'est pourquoi leur retour à la religion ne représente pas un mouvement de la laïcité vers la religion. Ils n'étaient pas laïcs, mais leur retour à la religion est un mouvement d'un mode religieux traditionnel vers une ultra-orthodoxie de type ashkénaze, lituanienne, qui a pris sa spécificité avec l'apparition du Shass sur la scène politique et sociale en Israël. L'apparition du Shass en tant que parti sociopolitique sur la scène israélienne a eu pour résultat que de nombreux Juifs yéménites ont abandonné les rangs des partis laïcs, le Likoud notamment, pour s'identifier totalement au Shass[23]. Si l'on considère comme moi le Shass comme un parti protestataire, l'on peut voir dans l'identification de très nombreux Juifs yéménites au Shass l'expression d'une forte protestation sociale. L'adhésion de nombreux Juifs yéménites au Shass ne découle pas seulement d'une nostalgie pour la tradition ; elle reflète une réaction face à la mémoire pénible qui les accompagne depuis leur arrivée en terre d'Israël. L'abandon des partis traditionnels au profit du Shass n'est qu'une partie d'un processus très intéressant par lequel passent les Juifs yéménites dans la foulée de leur mémoire collective. Une autre manifestation en est l'apparition du groupe du rabbin Ouzi Meshoulam.

Apparu vers la fin des années quatre-vingt, ce groupe s'est constitué autour d'une personnalité charismatique et lettrée, Ouzi Meshoulam, originaire de la ville de Yehoud, près de Tel Aviv. Ce fut, au départ, un cercle d'étude à tendance mystique. Petit à petit, le groupe a pris des traits de groupe conspirateur et s'est transformé en confrérie fermée, très unie et militante, obéissant aveuglément aux ordres du rabbin Ouzi Meshoulam. Une partie de ses membres les plus engagés étaient des individus revenus à la religion, non-yéménites pour une part. Le groupe a mis la question des enfants disparus au centre de ses préoccupations. Le rabbin Ouzi Meshoulam a réussi à faire de ce problème douloureux non plus une question communautaire mais une question nationale. Il est d'abord parvenu à la porter à la conscience de la presse écrite et électronique puis à la conscience de l'opinion publique générale. Une commission d'enquête présidée par un juge de la Cour suprême enquête sur la disparition des enfants et tente de donner une réponse à la question de savoir où ils ont disparu, s'ils sont morts sans que l'on sache où ils sont enterrés et sans que l'on ait prévenu leurs parents, s'ils ont été adoptés, et si oui, s'il s'est agi d'un acte volontaire d'une institution. Questions difficiles dont je ne suis pas sûr qu'elles peuvent vraiment recevoir de réponse. Des décennies ont passé depuis les faits. La plupart des témoins éventuels sont morts et ceux qui sont encore vivants sont trahis par leur mémoire et ne savent pas faire la part de ce qui s'est vraiment passé et de ce qu'ils pensent s'être passé.

Qu'en sera-t-il ? La question ne sera pas résolue. Elle restera comme une braise jetant des flammes de temps à autre. Cette question renforce la mémoire qui s'est élaborée sur la base d'un affront qui n'a pas été effacé et qui n'a pas été pardonné. Aucune demande de pardon ne parviendra à gommer ce souvenir du cœur des Juifs yéménites en Israël[24].

Yehouda Nini
(traduit de l'hébreu par Hans Lysson)

NOTES

1. Les raisons pour lesquelles les Juifs yéménites ne sont pas parvenus à se doter d'organisations et d'institutions communautaires sont d'ordre sociologique et historique.
2. Je ne connais pas d'autre communauté présentant un rituel d'ouverture analogue.
3. Une formule analogue a été en usage dans d'autres communautés juives mais ni avec la même intensité ni pendant aussi longtemps.
4. Voir Lamentations, 1,13 et 1,3 (« Ses persécuteurs, tous ensemble, l'ont atteint dans les étroits défilés »).
5. Paraphrase du texte de 'Habshoush.
6. Où, à propos du messie yéménite, il exprime sa conception du messianisme.
7. C'est-à-dire qu'au Yémen, la Halakhah suit les avis de Maïmonide.
8. Rabbi Sliman Al-Akhta fut aussi appelé Rabbi Sliman Al-Djamal.
9. Protégé de la tribu jouissant de très nombreux droits qui ne peut en aucun cas être combattant et sur lequel on ne peut donc jamais porter la main. Celui qui frappe un juif court le risque d'une action violente de représailles de la part de la tribu qui le protège.
10. Protégé de la nation musulmane, il n'a pas les même droits qu'un musulman et doit se plier à des obligations humiliantes.
11. Paraphrase du texte talmudique.

12. Pillages et destructions dont fut victime la communauté juive de Sanaa en 1818 ; l'événement prit ce nom en raison du rôle déterminant qu'y joua la confédération des tribus du nord-est du Yémen.
13. 10 Teveth, 17 Tammouz, 9 Av et jeûne de Guedaliah.
14. Paraphrase des lamentations que les Juifs du Yémen avaient coutume de réciter au cours des jeûnes commémorant la destruction des Temples.
15. Cantique des Cantiques, 7,9. Il est superflu d'insister sur l'importance du Cantique des Cantiques dans la vision de la Rédemption.
16. Un immigrant installé à Re'hovoth écrivait : « le Yéménite habitera avec les bêtes de somme et il reposera avec les vaches », paraphrasant la vision d'Isaïe (11,6) : « le loup habitera avec l'agneau et le tigre reposera avec le chevreau ».
17. Une femme fut cruellement frappée et ramenée à la moshavah attachée à la queue d'un âne pour avoir fredonné des airs religieux dans les vignes.
18. C'est par erreur que l'on appelle parfois cette opération d'immigration « tapis magique ».
19. Ces rumeurs ne diffèrent pas d'autres rumeurs amères racontées par les immigrants eux-mêmes. Mais c'est un fait que l'on n'a pas retrouvé les manuscrits et les livres rares tandis que, d'un autre côté, le nombre de manuscrits d'origine yéménite dans les instituts de recherche et dans des bibliothèques privées suscite des interrogations.
20. Il s'agit des commissions d'enquête suivantes : la commission Bahloul, la commission Minkowitz et la commission Shalgui. Actuellement une quatrième commission présidée par le juge Kadmi, juge à la Cour suprême, mène une quatrième enquête.
21. Il faut rappeler que, jusqu'à leur immigration en Israël, les Juifs du Yémen n'avaient pas coutume de porter des noms de famille.
22. Ci-après une partie du prêche d'un rabbin du Shass envoyé prêcher dans une synagogue le jour de Pourim (14 mars 1998) tel qu'il est rapporté dans un mémoire de maîtrise en sociologie et anthropologie à l'université de Tel Aviv : « "Qui s'est glacé sur la route" ; savez-vous ce qu'est ce "s'est glacé" ? Cela veut dire que cela t'a refroidi. Refroidi dans ta foi. Qu'est-il écrit là ? Et tu ne craindras pas Dieu. Qu'est-ce qui ne craindra pas Dieu ? C'est l'Amalek spirituel. Pas l'Amalek physique. Ce sont tous les ennemis spirituels. C'est toute la Haskalah et qui est la Haskalah à notre époque ? Cela vous le savez : c'est la gauche… Ils veulent et ils font tout pour refroidir le juif dans sa foi. » (Nissim Leon, oxymoron du Shass). Enquête ethnographique sur « le sens de l'influence du mouvement Shass sur l'identité orientale et le discours porté sur elle ». Mémoire de maîtrise en sciences sociales, université de Tel Aviv, sous la direction du Professeur Éliézer Ben-Raphael et de Yehouda Nini, p. 124.
23. Nous nous trouvons pourtant devant un paradoxe : le Shass, qui est représenté dans sa totalité par le rabbin Ovadia Yossef, « gomme » la culture des Juifs du Yémen au profit d'une fraternité dite « sépharade » dans le style du rabbin Ovadia Yossef.
24. À la demande de l'éditeur, nous n'avons pas cité de sources, nous limitant à porter en note des remarques susceptibles d'éclairer le lecteur. Je tiens à exprimer ma gratitude à tous ceux qui se sont penchés sur les questions que j'aborde dans ce texte et dont le nom n'est pas cité.

Le royaume de Philistie

Ami Bouganim

NOUVELLE

Désormais, je possède un nouveau royaume. Un univers de ronces et de lierres, de poussière et d'écume, de corbeaux et de mouettes, d'araignées et de mouches, de tortues et de chiens... de grands et beaux lézards surtout, les véritables conservateurs des sables qui s'étendent alentour. Nulle trace d'homme, été comme hiver, du moins aux heures, qui ne sont ni du jour ni de la nuit, où je hante cette réserve naturelle que délimitent la mer d'un côté, la route de l'autre. Elle se situe aux abords méridionaux d'une petite ville du littoral israélien, sans charme et sans histoires, sans passé et vraisemblablement sans autre avenir que cette veulerie que réserve le tourisme aux villes côtières. Plus réputée dans la chronique domestique de ce terrible morceau de terre par sa criminalité que par ses lettres ou ses arts. Une ville d'immigrants bien sûr, construite sur l'air du temps qui passe, ne ressemblant à rien, avec ses hôtels, ses attractions et ses soldats des Nations unies qui viennent se dorer au soleil et coucher avec des prostituées de toutes les nations. Des tours gourdes et criardes le long de rues hagardes ou désolées débouchant, dans le meilleur des cas, sur un rivage que les promoteurs menacent de vendre aux enchères du mauvais goût. Des quartiers périphériques où végète une pauvre humanité de travailleurs, de ménagères et de retraités, rassemblés des quatre coins du globe pour recevoir leur part des promesses miroitées de temps immémorial à leurs ancêtres. Des quartiers cossus aussi, peuplés de parvenus qui noient leur ennui dans l'évocation de leur dernier voyage outre-mer et dans la programmation de leur prochain voyage outre-mer. Un charmant petit ghetto aussi, au bout de la ville et de son vacarme, habité par l'une des sectes les plus douces du hassidisme, sans prétentions messianiques ni revendications politiques, et qui gère pour le bien-être de tous les habitants de la région, sans distinction de race, de religion ou de communauté et avec un dévouement sans bornes un petit hôpital où naissent et meurent de pauvres hères de Dieu. En définitive, une ville peuplée de braves gens, comme vous et moi, à l'exception peut-être des bandes de délinquants, qui se contentent de s'entre-tuer sous le regard complaisant d'une police sans grand pouvoir ni grand courage. Des gens qui, trois mille ans plus tard, redonnent à cette bande côtière un peu de l'exultation méditerranéenne où la vulgarité guette, il est vrai, la bonne vie et la bonne chère et que les médisances qui courent le pays accusent d'être plus incultes et plus truculents que partout ailleurs. Des Marocains bien entendu, des Perses, des Russes, des Roumains, des Éthiopiens, des Anglais, des Australiens. De la musique grecque et turque, des plats tunisiens, des vêtements américains. Mais des hantises et des prières juives, immensément juives.

*

En hiver, ma réserve ressemble à un vaste parc à l'abandon, et à part les deux ou trois semaines qui voient éclore une multitude de fleurs protégées, je suis pratiquement le seul à sillonner les sentiers qui conduisent, par toutes sortes de détours, à la mer. Le reste de l'année, tout prenant couleur de sable, elle ressemble à un minuscule désert : les papillons, les libellules, les perdrix, les serpents et bien sûr les renards qui montrent l'extrémité d'une queue ou le bout d'un museau. Depuis un quart de siècle que je le hante, j'ai fini par me sentir chez moi dans ce coin perdu, vestige d'un pays longtemps déserté par l'histoire et investi soudainement par des immigrants qui ne sauraient, à ce jour, quels décors lui donner.

Depuis les débuts, je l'ai meublé, je ne sais pourquoi, de dunes. Peut-être parce que ça monte et que ça descend, peut-être parce que j'ai toujours rêvé d'être propriétaire de dunes. Une terre de broussailles tout au plus, enchevêtrées les unes aux autres pour mieux résister à la solitude et que seuls des tracteurs pourront un jour démêler, avant de les enterrer sous du béton. Quoi qu'il en soit, ces dunes amortissent pour moi le vacarme d'une terre que le destin m'aura chevillée à l'âme, sans que je puisse ni ne veuille pour autant me secouer de ses cris, encore moins me désolidariser de ses craintes. C'est que je suis irrémédiablement pris dans les rets de ses chants, beaux et tristes, chantés par de vibrantes et suaves voix qui vous intiment de vous recueillir dans le souvenir de soldats morts à votre place. Les étrangers ne les connaissent pas, ne sauraient les connaître. Des chants intérieurs, plus secrets que des prières, qui nous envoûtent et nous galvanisent et que nous retrouvons instinctivement aux moments de grande détresse pour accompagner nos deuils et nos silences. Ils bercent un pays suspendu au-dessus d'un abîme, barricadé de toutes parts, damassé de plaques commémoratives, où on vous chuchote à l'oreille de lancinantes oraisons pour mieux vous aider à endurer le matricule, invisible, que les nazis ont tatoué sur votre bras et sur ceux de vos descendants pour l'éternité, un vaste monument auquel il serait sacrilège de toucher.

Dieu ! que j'aime donc ces satanés chants et que j'aime cette terre, ses paysages miniaturisés par la passion des hommes, sa solennelle traîne de mer, ses chaleurs exaltantes et ses pluies consolatrices, ses aubes miraculeuses et ses soirs cléments, ses merveilleuses créatures qui ne cessent d'exhiber de nouveaux traits et de nouveaux coloris en un interminable et imprévisible cortège de la beauté ! Dieu ! que je souffre de cette terre, de ses paysages raturés par l'ambition et la prétention des hommes, son sinistre voile de mer, ses chaleurs accablantes et ses pluies virulentes, ses aubes blêmes et ses soirs rouillés, ses tristes créatures sur lesquelles se brouillent de vénérables traits et pâlissent de lumineux regards en un interminable et véhément cortège de la vulgarité !

*

Je jouis dans mes dunes d'une extra-territorialité absolue, particulièrement étonnante quand l'on sait que cette contrée est l'une des plus inquisitrices au monde et qu'elle finit toujours par vous débusquer de vos caches et de vos retraites. Elles sont le désert où je cherche Dieu, envers et contre tout, relevant, par-ci, par-là, des traces de sa présence : dans l'embrasement d'un buisson, la litanie des vagues, la condensation du soir ; dans les colonnes des nuées, les arcs-en-ciel, les sphères des nuages. Des remous aussi du monologue, tour à tour comblé et contrarié, qu'il soutient avec lui-même. Car il m'arrive, selon l'humeur que m'inspire le vent, de marmonner ses babils et de pousser ses cris, ne me calmant que lorsque, au détour d'un sentier, je tombe sur le bleu de la mer et l'haleine de ses algues.

En général, je longe le rivage, en quête du dérisoire trésor que j'attends depuis Mogador et que les fonds marins, je n'en doute pas, finiront par me livrer un jour. Seul avec les vagues qui ruminent leur éternité, me cherchant sur cette toile de sable piquée des détritus de l'humanité, une semelle de chaussure trouée, un bidon d'essence rouillé, des bouteilles vides, des morceaux de cordes, des planches éreintées et…

mes mots. De loin, les rochers ressemblent à de lourds chameaux, des vaches rousses, de vieux cerfs ou plus simplement des pierres tombales. Des cigognes marquent un détour pour protester contre mon intrusion ; des papillons traversent la plage pour aller se suicider dans la mer. De rares pêcheurs, coupés du monde, ne veulent pas même vous voir, n'attendant de révélation que du bout de leur canne.

Certains jours, des étudiants de la Loi sont là aussi pour, se débarrassant un court moment de leurs vêtements d'exil et de recueillement, courir le long du rivage en roulant les boucles de cheveux qui leur pendent aux oreilles. Il leur arrive aussi de barboter dans l'eau, excités et intimidés par les vagues, se gardant de se risquer au large, de peur de n'en pas revenir. Une pause dans le train-train de l'étude, prélevée sur l'interminable échange casuistique qu'ils entretiennent avec Dieu, auquel je ne peux m'empêcher de demander, en passant, de me conserver ces dignitaires parmi les hommes qui seraient à la fois mon vestige et ma promesse.

Des tronçons de paradis donc, entre deux accès de deuil ou de joie, sous la surveillance des corbeaux qui mettent toute la noirceur de leur être dans de sinistres croassements de vanité. Souvent le sentiment de marcher à rebours de la vie, me coulant dans la vaste volupté des sables, des vagues et des pensées perdues. Et quand la mer prend soudain la teinte d'une encre indélébile, l'éternité est exaucée, pour une seconde ou deux. Un de mes invités aura décelé, il est vrai, dans ce dérisoire bonheur l'extase de me sentir vivant dans une tombe.

*

J'ai donc choisi de me mettre hors du monde, pour mieux résister au tournis que donne ce morceau de terre et me décharger, d'une certaine manière, de toute responsabilité dans la marche du monde, n'en cherchant ni les plaisirs ni les honneurs, assumant ma solitude comme un sacerdoce au service du vent. Sensible au soupir de l'aube et au râle du soir, aux marmonnements des vagues et à leur exténuation sur le sable. Une vie poétique si vous voulez, désintéressée, laissant autant que possible les choses être ce qu'elles sont, peut-être parce qu'elles trouvent encore le mieux leur accomplissement dans une libre maturation et une libre mort. Mes rares intuitions philosophiques, je les ai reçues de ces dunes et de ce rivage, mes grandes décisions, je les ai prises dans ces décors, modestes et grandioses à la fois, propices aux ruminations sur le destin de cendres qui nous attend, mes meilleurs textes, je les ai couvés et conçus en ce lieu, avec le délicieux et désespérant vertige d'écrire sur du sable. Me contentant de nourritures parmi les plus rudimentaires, du pain et des radis pour le déjeuner, des dattes ou des amandes, un verre de vin par-ci, un verre de vin par-là, deux ou trois fruits de saison, du pain et des olives pour le dîner – une manière de me libérer du culte que les Philistins vouent à la bonne chère. À la longue, je me suis même accoutumé à mourir chaque jour avec le soleil qui, à travers un coin de fenêtre, sombre dans le beau linceul bleu du soir. Je sais désormais que je mourrai dans ces dunes.

*

Je coule des jours si heureux que j'aurais pu à la limite manquer au plus grandiloquent des devoirs d'un Mogadorien et mourir sans laisser de testament. Je serais parti comme je suis venu, discrètement, sans chahut, sans salves d'honneur ni cris d'horreur, avec l'illusion d'avoir vaincu mes démons. Le sable se recueillant pour m'accueillir, les vagues s'entrouvrant pour me recevoir. Un homme était de passage en ce monde qui ne sillonnera plus ces dunes ni ne parcourra ce rivage. Il considérait la mort comme le plus sûr des saluts, le silence recouvrant les remous poétiques de sa présence, sans plus de douleurs ni de regrets. D'autant qu'il ne prônait rien, ne se souciait de rien, pas même de ce qu'on le lise. D'autant qu'en cette contrée rancunière tout ce qu'il écrirait pouvait être retenu contre lui par sa postérité philistine. D'autant que, pour tout dire, je n'ai été vraiment sensible qu'à l'illumination bleue d'un regard qui s'embrase à votre arrivée et au recueillement vert d'un regard qui se désole de votre départ.

Pourtant, vous l'avez bel et bien entre les mains ce testament ! Les Mogadoriens, tous les gens du Maroc vous le diront, sont gens réservés et austères. Ils emportent volontiers leurs secrets dans la tombe, ils les gardent pour leur résurrection. Ils ne veulent pas plus tuer leur père que coucher avec leur mère, ils sont trop prudes et trop peureux pour prendre tant de risques pour si peu de plaisir. Ils connaissaient des cabales plus troubles pour contenir ou travestir leurs désirs et pour rien au monde, pas même un prestigieux prix littéraire, ils ne vous confieraient leurs secrets d'alcôve. Pourquoi alors un homme de Mogador consent-il à s'exhiber de la sorte en public, à quelle extrémité a-t-il donc été réduit pour publier le plus intime et ultime de ses papiers ?

Les raisons de livrer ce testament au grand public ne manquent pas. Il n'est que d'invoquer les menaces que les promoteurs immobiliers font peser sur mes dunes et sur mon rivage pour justifier ce léger exhibitionnisme littéraire. Depuis des années, ces croque-mort se sont mis à bâtir des tours pour aller écorcher le ciel et donner à leurs locataires des vues en biais sur la mer, et bientôt les dernières des bêtes auront disparu et les derniers des oiseaux seront partis. Je peux donc clamer que je ne suis sorti de ma réserve que pour tenter de sauver ce minuscule coin de nature. J'ai d'ailleurs pris ma meilleure plume, héritée de ma mère, mogadorienne de souche, de cœur et de veine littéraire, pour écrire aux pouvoirs publics ; j'ai ameuté la Société protectrice de la nature ; j'ai manifesté aux côtés de jeunes scouts. J'ai même soutenu le candidat écologique aux dernières élections municipales : ce dernier est bel et bien passé et aux promoteurs de l'ancien régime se sont ajoutés ceux du nouveau ! Cette déplorable mésaventure m'aura permis de mesurer l'ampleur de mon inadéquation – toute congénitale – au manège politique.

Car un véritable Mogadorien, incurablement puéril, ne comprend rien et ne comprendra jamais rien à la politique. Il reste allergique, je le reconnais piteusement, à toute forme de pouvoir, ne supportant ni de l'exercer ni de le subir. Il ne peut que se désoler de sa crédulité politique, marque distinctive, inscrite par le vent même dans sa sensibilité, surtout dans ce pays où les politiciens et leurs obséquieux attachés de presse ont promu la médiocrité intellectuelle au rang de vertu démocratique par excellence, mettant leur accablante gravité et leur sotte solennité à orchestrer la vanité même des choses. Dans le Mogador qui habite désormais mes souvenirs, on ne peut croire à la fois en Dieu, qu'il existe ou non, et se soumettre à l'autorité des hommes, encore moins quand ces braves gueux de terre prétendent détenir leurs rênes de lui ou parler en son nom. Il n'est pas de pouvoir légitime – clamera-t-on dans mon Mogador au nom de Dieu ! –, tout pouvoir requérant de la rouerie et recouvrant de la perversion. Il n'est pas de panthéon pour les politiciens, qu'un cercueil de crabes où ils passeront l'éternité à se déchirer.

Ces marmonnements risquent, je le sais bien, d'indigner les hautes consciences autocratiques et de heurter les plates consciences démocratiques. Mais je n'ai pas grand-chose à craindre puisque leurs protestations seront largement compensées par les rires que je provoquerai. L'humanité n'est pas près de basculer dans l'anarchie, elle est trop mièvre pour se secouer de ses peurs et de ses espoirs. Il se trouvera toujours des hommes pour dominer et d'autres pour se soumettre. Il se trouvera toujours aussi de pauvres épouvantails pour crier que les rois, leurs ministres et leurs conseillers sont nus. Sachez donc que des Mogadoriens dignes de leur ville et de ses vents ne renoncent pas à leurs manies et que l'écriture n'est au fond qu'une vieille manie mogadorienne que je continue de pratiquer sans grands remords ni grandes attentes, n'écrivant que parce que je ne trouve rien de mieux à faire qu'à ruminer les merveilleux leurres de ma présence sur terre...

✴

Cela dit, je ne peux décemment avoir écrit ce testament par manie ou dans le seul but de dénoncer dans la politique la source de toute dégénérescence et de toute corruption. Une raison plus dérisoire encore motive mon écriture. Rien ne saurait être vraiment important – autant le préciser – quand on a été bercé par le vent de Mogador, qu'on lui garde la tête ouverte en permanence, que votre méditation retombe inéluctablement dans les ornières de l'*Ecclésiaste*, quels que soient les textes auxquels vous vous risquez, et que votre romance renoue immanquablement avec le *Cantique des Cantiques*, quelles que soient les postures que vous prenez.

Une raison que vous allez trouver curieuse, voire saugrenue, une petite raison, dénuée de toute prétention intellectuelle. Une raison toute domestique, toute personnelle, qui ne changera rien au cours de l'histoire, encore moins à celui de mon existence. De ces motivations qui ne peuvent que m'exposer à la risée – encore une fois ! – des gens du divan. Une protestation si ridicule que j'hésite, vous le sentez bien, à l'énoncer. Pourtant, je ne peux conclure ma sinistre et merveilleuse vie sans vous la livrer. Je dois m'en décharger avant de gagner ma place aux côtés de mon cher père et de plonger avec lui dans *Le Livre de la Splendeur*. Donc :

Je proteste solennellement au nom de tous les Mogadoriens contre la méconnaissance universelle de leur génie et contre leur odieuse assimilation philistine à de vulgaires Marocains !

✴

C'est dans la nature des Philistins, me direz-vous pour me consoler, de mélanger torchons et serviettes et dans leur vocation de croiser genres et gènes pour mieux se griser de leur charabia et se convaincre de leur talent. Peut-être même ne savent-ils pas plus distinguer une mer d'un océan qu'ils ne savent assortir leurs remarques à leur public ou leurs cravates à leurs chemises. Je sais tout cela, je les ai longuement fréquentés, j'en sais encore plus sur eux que vous ne sauriez m'en conter. Leur attitude à l'égard des Mogadoriens – dont ils vous jureront qu'ils n'ont jamais entendu parler ! – n'en trahit pas moins un si mauvais goût que je ne peux m'empêcher de me déchaîner contre eux, même si je ne suis vraiment sensible qu'aux vibrations du vent et aux croassements des corbeaux. Le bon goût passe par un savant dosage de parole et de silence et ces gens-là ne savent tout simplement pas se taire ! Ils commentent, ils critiquent, ils braillent… et ils oublient l'essentiel. Ils ont beau se prétendre juifs, ils ne le sont plus depuis deux ou trois générations, ni eux ni leurs satanés rabbins, ne se maintenant vaille que vaille au-dessus de la mêlée des nations que grâce aux dividendes du génie juif des siècles passés. Ils achètent, ils vendent, ils rachètent, ils revendent. Sans cesse en quête de fonds, que ce soit l'argent qui provient du blanchissement du deuil et du remords ou l'exploitation de l'angoisse et de la sueur.

Ces gens-là sont indubitablement les héritiers des Philistins qui habitaient la contrée il y a trois mille ans, se livraient à toutes sortes de cultes plus éphémères les uns que les autres et ne redoutaient rien moins que d'avoir des hémorroïdes. Les personnages que réclament peut-être ces décors discordants de quartiers déshérités et de quartiers privilégiés, ces bourgs qui se prennent pour des villes et ces tours qui se prennent pour des résidences. Les traits dilatés par la veulerie ou relevés par la vanité, la voix sonnant terriblement creux pour menacer leurs proches ou provoquer leurs voisins. Une mentalité banaustique (prenez un dictionnaire, passez le doigt sur la langue et lancez-vous donc à la recherche de ce mot…) qui ne s'entendrait qu'aux choses concrètes, pratiquant la bourse à Tel-Aviv, New York et Hong Kong, sans cesse en quête ou en perte d'un marché.

Dans tous les cas, des personnages imaginaires que, dans ma réclusion et ma solitude, je désigne comme cibles à mes éclats mogadoriens, recrutant les plus accablants et les plus coriaces d'entre eux parmi les marchands les plus retors et les politiciens les plus véreux. Parmi les universitaires les plus acides aussi, l'intelligence transie, l'air à la fois contrit et complaisant, l'esprit chargé de lourdes et vénérables connaissances, pratiquant l'argutie philosophique avec l'art consommé de talmudistes doublés de cabalistes, derridiens sans avoir lu un mot de ce grand baratineur sur terre, post-modernistes sans avoir été un seul jour modernes. Ils passent leurs oisives journées à commenter le monde, déplorant au passage l'antisémitisme sournois des membres des académies norvégienne et suédoise qui persistent, d'une année sur l'autre, à ne point reconnaître les talents de leurs poètes nationaux – « une puissance poétique ! » –, de leurs chercheurs – « des génies de l'électronique ! » –, de leurs médecins – « des rebouteux miraculeux ! » – et de leurs économistes – « de grands commerçants ! ». Ces ternes académiciens devraient pourtant savoir, eux qui ne trouvent rien de mieux à faire pendant leur longue hibernation qu'à distribuer des prix, qu'en un demi-siècle ils ne leur ont décerné qu'un prix de littérature et deux ou trois prix de la paix chèrement payés – et jamais un prix entier, que des demi-prix, voire des tiers de prix ! Des incultes que ces mornes gens du Nord, pour ne point saisir la subtilité philistine de leurs œuvres littéraires et les promesses en germe dans leurs découvertes scientifiques. Plus désespérants encore que les Mogadoriens de mon engeance qui ne se risquent pas, les malheureux, à leur prodigieuse production sans se sentir irrémédiablement attardés sur leur langue de terre, battue par tous les vents de la vanité.

Vous vous demandez sûrement qui sont ces Philistins, vous brûlez même de le savoir. Ah ! si seulement je le savais moi-même ! Je m'en protégerais mieux, je me débarrasserais de l'odieuse sensation d'en devenir un représentant !

✶

Je viens d'une presqu'île marocaine qui piétine au seuil de l'Océan, ne se décidant pas à se suicider. Les gens des presqu'îles, vous devez le savoir, ne savent jamais de quel côté les vagues menacent de les recouvrir. Ils en ont le tournis, ils en deviennent paranoïaques. Ils voient partout des ennemis, partout des démons et quand ils se piquent de littérature, ils incriminent des Philistins.

Deux siècles plus tard, je me suis donc résolu à quitter la terre glissante de l'instable Mogador pour la terre promise de mes dunes en passant par les Champs-Élysées où un directeur de l'Alliance israélite universelle, qui n'était ni grec ni turc, ni palestinien ni marocain, m'initia au noble mensonge de la philosophie. Il trônait tout en haut d'un internat à sept étages donnant sur des portes entrebâillées et des fenêtres ouvertes. Un petit homme, d'une grande fébrilité, un extraordinaire sens de l'humour, totalement pris par ses travaux de recherche, sans grand intérêt pour nos troubles religieux et nos abois d'adolescents. Un petit homme d'Europe orientale, à moins que ce ne soit d'Europe centrale, pressé par les choses et bousculé par les pensées, sans grande patience pour autrui, qui continuait de débattre de grandes questions morales avec son interlocuteur pendant que vous lui serriez une main flasque et molle pour lui souhaiter un beau jour ou une belle nuit. Il avait écrit à l'époque deux ou trois ouvrages qui m'avaient à la fois séduit par leur malice religieuse et leur intelligence philosophique et dérangé par leur insistance morale. Derrière ses beaux prêches, je soupçonnais plus de petitesse que de générosité, peut-être parce que je vivais dans son proche entourage. De plus, il ne manquait pas une occasion, je ne sais trop pourquoi, d'incriminer la cécité intellectuelle des gens de Marrakech (il ne connaissait que Marrakech, il ne pouvait même se douter de l'existence d'une ville comme Mogador...), raillant leur prétendu engouement pour Freud. En quoi, il n'avait pas tort car, entre nous soit dit, que peuvent comprendre les gens des vallées et des sommets de l'Atlas, même dans les pires de leurs cauchemars européens, aux dessous cacaniens des occultes sciences viennoises ? S'aviseraient-ils de les pratiquer qu'ils ne réussiraient qu'à les caricaturer, renchérissant plus encore sur les coûts libidineux de l'impuissance et du génie. Mais le petit directeur prononçait son verdict avec tant d'exultation que je ressentais ma séparation de Mogador comme un avortement et assimilais ma propre trahison du père à une libération.

Aujourd'hui que je suis retourné à Mogador pour m'en séparer définitivement et que je me suis réconcilié avec le souvenir de mon père, je ne considère plus cette cécité intellectuelle comme un drame, surtout si elle présente l'insigne mérite de me préserver contre les babils poétiques, les prêches philosophiques et les exorcismes psychanalytiques de l'Occident. Désormais, mon drame est ailleurs, dans le cuisant souvenir de ce directeur qui passait pour un grand humaniste alors que nous souffrions, nous autres élèves, d'être sans visage dans un univers où les hommes ruminaient des commentaires à longueur de journées. Plus dramatique devait être, il est vrai, ma découverte qu'il n'était que le premier d'une longue série de petits hommes contrecarrés qui transmuent à la longue leur morgue et leur rancune en méchanceté. Plus dramatique surtout était le chamboulement parisien de mon alliance avec Dieu, bientôt suivi de sa résiliation en Israël où m'attendaient de troubles cabalistes plus illuminés que les plus délurés de mes doux rabbins mogadoriens...

*

Deux mille ans plus tard, mon père avait, lui, débarqué directement en Israël pour se remettre, malgré sa vulnérabilité cardiaque, à sarcler sa terre promise, planter des arbres et cueillir leurs fruits. Le vendredi, il avait droit à un sac gratuit de mandarines, d'oranges ou de pamplemousses. Il était fier de leur taille, de leur couleur et de leur goût, il l'était surtout d'être associé à leur production. Il changeait de lieu de travail avec les saisons, sans protester, sans rechigner, sans même songer à faire valoir ses droits de grand malade mogadorien. Il savait que le patron suprême, sous cette latitude, était au ciel et qu'on ne triche pas avec lui, ni consciemment ni inconsciemment. Il s'était laissé convaincre aussi qu'il n'est d'autre retraite pour les gens qui triment sur cette terre qu'au paradis et quand on le trouva trop vieux pour continuer de rouler des pierres et de s'accrocher à des échelles, on le renvoya à son *Livre de la Splendeur*.

Ma mère, elle, s'était mise valeureusement à trier les mandarines, les oranges et les pamplemousses que mon père cueillait et à confire les plus volumineuses d'entre elles. Sans rien attendre de l'instruction qu'elle avait reçue de l'Alliance israélite universelle, ni de Victor Hugo ni de Guy de Maupassant, guère cotés, bien sûr, sur le marché philistin des lettres. Puis elle se mit à vieillir, comme seules les mères vieillissent, ne se maintenant vaille que vaille que pour garantir, de ses conjurations et de ses prières, le bien-être de sa progéniture. Longtemps, elle n'aurait rien tant souhaité, me semble-t-il, que de traîner ses pieds malades jusqu'à la tombe de son père, s'excuser une fois encore de l'avoir abandonné aux vents et aux vagues de Mogador et revenir mourir entourée de ses enfants et petits-enfants.

Un jour, mon père partit à l'improviste, sans crier gare, sans nous laisser le temps de réaliser que nous étions vraiment, malgré les bouleversements philistins dans nos visions du monde et du respect des parents, de sa semence et de sa lignée. Sans rancœur ni rancune d'aucune sorte, sans récrimination, rendant grâce à son Créateur de l'avoir choisi, précisément lui, au terme de deux mille ans d'attente, pour assister, ne fût-ce qu'un jour, au lever et au coucher du soleil sur la terre de ses ancêtres. Sans grande nostalgie pour Mogador : « Cette ville de tarés, disait-il, où les courtiers se prenaient pour des dignitaires et les fous pour des prophètes. »

Il n'en est pas moins parti en Mogadorien, sans croire vraiment qu'on pouvait mourir d'une maladie imaginaire, répétant constamment ces mots pour s'épargner la déchéance suprême : « À vie propre, mort propre. »

Ma mère le trouva endormi, son *Livre de la Splendeur* ouvert sur la poitrine. Le médecin légiste ordonna une autopsie pour déterminer les causes de sa mort. La malheureuse invoqua sa conception du paradis et de la résurrection pour tenter de le soustraire au terrible sacrilège, m'ameutant pour plaider le caractère éminemment naturel de toute mort, en particulier la sienne : « Il est mort, dis-je, d'un baiser de Dieu. »

Le médecin me toisa de l'air hautain que prennent volontiers les Philistins pour se situer au-dessus des petites gens, de leurs craintes et de leurs croyances :

« Il est mort, vous dis-je, de la bouche de Dieu.

– Quelles preuves avez-vous ? se crut-il malin d'insister.

– Il est mort par un jour de grand vent, il avait son *Livre de la Splendeur* sur le cœur et tous ses collègues de la rue des Épices à Mogador, de même que tous ses voisins dans le quartier, vous diront qu'il méritait de mourir de la bouche de Dieu.

– Comment pouvez-vous raconter autant de sottises ?

– Il est mort, vous dis-je, de la bouche de Dieu, examinez donc ses lèvres, vous relèveriez les empreintes de celles de Dieu.

– Vous n'êtes pas même religieux, vous n'avez ni barbe ni calotte.

– Je n'en connaissais pas moins mon père, je ne m'entends pas moins à son Dieu. Il aura commandé un vent pour conduire son âme au ciel via Mogador. Il ne pouvait quitter ce monde sans se séparer de ses ancêtres. Connaissez-vous Mogador ? »

Le médecin dut s'incliner et signer son permis d'inhumer. Les Philistins se rendent toujours à mes arguments, ils ne savent ni ne peuvent discuter avec un Mogadorien. Malheureusement, mon père avait pris avec lui mes dernières chances de pénétrer les mystères de son *Livre de la Splendeur*, me laissant passablement orphelin de Dieu, sans plus d'espoir d'exaucer son vœu le plus cher en devenant... rabbin. Ainsi ne suis-je rien devenu, allant d'échec en échec, dissipant mes talents dans le vent et le sable de cette splendide terre qui ne se déroberait aux vieilles incantations pharisiennes que pour échouer dans la veulerie philistine à laquelle j'ai dû passer ma vie, bon gré, mal gré, m'acclimatant, troquant ma politesse intérieure arabe et mon sens de l'hospitalité berbère pour la désinvolture et la vergogne qui perlent en ce testament...

*

On ne me suit plus, on ne me comprend pas. Je vais donc essayer d'être plus clair, ne serait-ce que pour donner un semblant de dénouement à ce testament et à ma vie.

Sitôt en Israël, je perdis les derniers traits religieux qui avaient résisté tant bien que mal à mes houleuses années parisiennes. En quatre ou cinq ans, j'avais tenté toutes les études, tous les sacerdoces et toutes les bohèmes, m'étais initié à toutes les armes et à toutes les drogues, prêté à toutes les mascarades révolutionnaires et contre-révolutionnaires, exercé à toutes sortes de postures, en toutes saisons, avec toutes sortes de fleurs et de ronces. Partout où je passais, je laissais un rêve ou un mirage et repartais avec une désillusion. J'avais beau invoquer, pour couvrir mes frasques, le vent divin qui balaie Mogador en permanence on n'avait pas entendu parler de Mogador. En définitive, je dus me séparer de l'enfant, renonçant à ses velléités poétiques et à ses prétentions messianiques, m'assimilant, comme tous les autres, aux décors, aux tourments et aux mœurs de cette contrée surmenée. Certes, je n'étais pas de ses gens, ni de ses Juifs ni de ses Arabes, encore moins de ses Philistins, je n'étais ni de leurs goûts ni de leurs manières. J'étais passé par des contes berbères, des poèmes liturgiques judéo-maghrébins et des lettres françaises. Je n'en cherchais pas moins à me ranger sous les troubles récits et chants de ce pays où les mariages mixtes promettaient d'engendrer la plus plastique, la plus policée et la plus puissante des nations. Je me suis donc mis à son parler, à sa musique et à sa cuisine. Surtout, je me suis accoutumé à ses saisons qu'on dirait accordées aux humeurs mêmes de Dieu. Un interminable été, avec de lourdes chaleurs et des vents brûlants qui éreintent les hommes et les bêtes, déciment les champs, tourmentent les arbres et... menacent l'univers entier de désert : on l'endure stoïquement, accablé par sa persistance, se consolant à la perspective de connaître l'allégresse des premières pluies, quand elles soutirent de délicieuses haleines de soulagement à une terre désaltérée. Suit un court automne qui permet aux êtres et aux choses de recouvrer une certaine aménité, bien vite relayé par l'hiver qui promet-menace de gorger la terre d'eau, ne réussissant, dans les meilleures des années, qu'à combler le marais desséché qui borde ma réserve, assez du moins pour permettre aux oiseaux de marquer une pause dans leurs migrations. Puis une brève éclosion printanière, dans un chatoiement de couleurs et une flambée de senteurs, autorise toutes sortes de poésies.

La romance dans laquelle baigne cette terre possédée par un Dieu inconnu avait fini par me gagner, d'autant plus envoûtante qu'elle était triste et belle à la fois, miroitant tous les dérèglements et toutes les réalisations messianiques pour lesquels je me passionnais. Dommage seulement qu'elle n'ait cessé de passer aux Philistins, de plus en plus incultes, qui ne manquaient pas une occasion d'attenter au souvenir de mon père…

✶

Car ils investissaient tous les domaines. Les lettres d'abord, avec des personnages qui ressemblaient étrangement aux rabbins et aux mendiants de mon légendaire Mogador s'attardaient à de doucereuses visions, marmonnant des discours décousus, émaillés de citations bibliques, où ils trahissaient, à en croire leurs auteurs, une sensibilité mitée. Des récits sur d'horribles caisses noires littéraires où de vils et virils Orientaux pervertissaient la belle et tolérante terre d'Israël et le projet de civilisation que caressaient pour elle de braves pionniers et de probes chercheurs. Sur les ondes aussi, où l'humour, sans culture, basculait dans la vulgarité, sous la houlette de jeunes premiers qui misaient sur la platitude pour abêtir les hordes d'auditeurs et de téléspectateurs. Dans les universités où le philistinisme donnait à la recherche et à la pensée cette tournure marchande qui vous dépossède immanquablement de vos arguments. Plus je m'acclimatais et plus je sentais ma chair ramollir de paillardise, ma voix prendre des accents vulgaires, mon rire succomber à la veulerie…

Les grands-parents de mes Philistins s'étaient pourtant émus des décors pastoraux de la Palestine, des sobres marais qui recouvraient ses terres sauvages, de ses touchants tableaux bibliques ; ils avaient même caressé des velléités orientalistes, s'accoutrant en Bédouins, chaussant des sandales et s'entourant la tête du linge de la région. Ils étaient certes revenus sur ce coin de terre avec l'intention d'en rejudaïser les sites, un vieux testament dans l'âme, une plaie dans la mémoire et la sourde volonté d'en découdre avec un ciel qui les avait abandonnés au diable, ils n'en montraient pas moins des égards pour l'indigène et pour ses coutumes. Du moins, les plus valeureux d'entre eux, les plus généreux aussi. Malheureusement, leurs velléités ne passèrent pas à la seconde génération qui, montrant plus de hargne, se mit à violenter la terre, raturer les décors et décimer les esprits. Ses membres pestaient contre le climat et les moustiques, bouleversés par l'image que renvoyaient de leur proche passé les Juifs orientaux qu'ils se résignaient, bon gré, mal gré, à accueillir dans leurs rêves et dans leurs cauchemars. Venus en masse de leurs taudis dans les villes et de leurs villages dans les montagnes, ces derniers achevaient de compromettre l'image du bon Oriental naturel, passablement entamée, il est vrai, par la virulence de la résistance arabe à cette intrusion étrangère dans leur propre légende…

La troisième génération ne chercha même plus à maquiller son racisme anti-oriental. D'autant plus grégaire qu'elle avait perdu l'envergure intellectuelle et l'ambition culturelle de la première et s'était remise des complexes et désarrois de la seconde. D'autant plus caricaturale qu'il lui arrivait d'invoquer un judaïsme remis à l'heure – meurtrière – des batailles de Dieu et au goût – inexorablement philistin – du terroir, avec son horrible culte de pierres et de tombeaux sur l'autel desquels meurent, jour après jour, de jeunes et innocentes âmes. Quand ses membres découvrirent que les Orientaux ne présentaient décidément aucune des vertus que leurs parents et grands-parents leur avaient prêtées pour tenter de les repêcher de leur anachronisme, ni la bonté ni la tolérance, ni le bon sens ni la générosité, encore moins l'intelligence naturelle, ils eurent la lumineuse idée de leur concéder une nouvelle qualité, inventée de toutes pièces pour blanchir leurs éclats et excuser leurs emportements, ils leur attribuèrent… l'honneur. Un euphémisme bien sûr, comme toute chose qui présente une connotation morale chez les Philistins ! Si leurs grands-parents s'étaient départis de leurs manières bourgeoises pour tenter de réaliser les rêves que caressait leur grande culture pour l'humanité, ils se dépouillèrent pour leur part de toute culture et se mirent, sans manières et sans rêves, à meubler leurs petits intérieurs de reproductions de tableaux et de statues qu'ils ramènent des innombrables voyages qu'ils n'entreprennent pas tant pour élargir leurs horizons que pour se convaincre qu'ils sont encore les meilleurs sur terre.

✶

Et, pendant de longues années, je dus taire mes critiques pour ménager le cœur de mon père et m'épargner l'amertume contre laquelle il n'aura cessé de me mettre en garde de son vivant. Pourquoi protester contre une ségrégation qui ne sévit visiblement que dans mon esprit, que je n'invoque que pour compenser mes déboires et mes échecs et dans laquelle mes malaises chercheraient un exutoire ? Plutôt brider mes sentiments, leur donner une contenance occidentale, museler mes sens, mes entrailles, les pores de ma peau surtout, qui persistent, pervertis par de faux procès, à relever les mauvais regards et les mauvaises remarques. Plutôt brouiller cette sensibilité berbère qui devinerait les dessous mêmes des pensées chez les personnes les plus secrètes. Que comprend l'âne au gingembre ? Que comprend un Marrakchi à la philosophie ? Que peut comprendre un Mogadorien à la sagesse philistine ? Garde-toi surtout d'exprimer haut tes craintes et tes soupçons, tu ne réussirais qu'à ajouter des pleurnicheries orientales à tes carences occidentales. Regarde-toi donc, tu n'as vraiment rien d'un Oriental, écoute-toi, tu n'as presque rien d'un Oriental. Un Mogadorien tout au plus, bâtard des vents et des vagues, les traits, les regards et toutes les intonations d'un Berbère. Rentre dans le rang, étudie l'allemand, incline-toi devant le talent des Philistins. Tes enfants, nés en Philistie, pourront se mettre, eux, à la philosophie. Le génie réclame une longue couvaison. De plus, pauvre ingrat, les Philistins – tu le verrais si seulement tu le voulais – ne ménagent aucun effort pour redorer le blason culturel de tes pauvres Orientaux, poussant leur magnanimité jusqu'à s'attacher quelques dizaines de mauvais chercheurs et autant de politiciens, allouant sur les ondes deux ou trois heures hebdomadaires à leur grinçante musique, vantant leurs dons culinaires et surtout ! leur concédant une festivité où ils peuvent célébrer, comme ils l'entendent et comme ils le souhaitent, leur dignité perdue et recouvrée.

Ah ! les Philistins ont réussi là un coup de maître ! Ils se sont emparés de ma *mimouna,* délicieuse fête judéo-marocaine, et avec la collaboration de bailleurs de voix électorales marocaines, plus véreux que patriotes, ils vous l'ont convertie, en l'espace de quelques années, en une véritable mascarade, avec tous les atours et condiments qui faisaient dans l'Antiquité la renommée des beuveries philistines dans les villes de Gaza et d'Ashdod. Ils l'ont même couronnée « fête nationale des Juifs marocains », contribution éminente du judaïsme maghrébin à la joie de vivre philistine, m'acculant, bon gré, mal gré, à me reconnaître dans cette indignité. En effet, ne pouvant me désolidariser des célébrations sans passer pour un Marocain honteux, j'étais obligé de simuler l'orgueil paillard de ces mangeailles publiques, révulsé par toutes ces chairs qu'on rôtit dans les parcs, assourdi par le vacarme des cisailles et des tambourins, sidéré par ces danses du ventre qui ne présentent pas même les insinuations sensuelles des danseuses du Caire ou de Damas. Je bouillonnais intérieurement, contenant ma colère de voir les médias, en manque de considérations socio-religieuses, réduire ma malheureuse culture maghrébine à ces succulences – crêpes sucrées, dattes fourrées, cigares feuilletés, fruits déguisés… – dont les commentateurs égrenaient, d'année en année, les noms en guise d'hommage au mauvais goût.

Un cirque donc, où les masses marocaines montrent au monde entier qu'elles savent mieux soigner leurs bedaines que leurs esprits et où la gent politique philistine au grand complet, que ses délateurs disent en campagne électorale permanente, couronnée pour l'occasion de tarbouchs, se gave de tant d'abats et d'amandes qu'elle succombe immanquablement à une indigestion qui ranime ses légendaires hémorroïdes. Je mentionnerai, un peu à leur mérite, que depuis l'institution par les Philistins de la *mimouna* dans le calendrier israélien, ils n'ont cessé un seul jour de louer la délicatesse de mon palais et la solidité de mes entrailles, me représentant sans cesse avec des sandwichs débordant de saucisses et de tripes et dégoulinant de graisse et de sauce : un grand dégustateur de couscous sur terre ! Même mon père, incurablement indulgent à l'égard de tout être humain qui respirait l'air sacré de cette terre et qui, pour s'exprimer en hébreu, ne pouvait que prononcer des bribes de révélation, ne se reconnaissait ni en ces prouesses de la panse ni en ces danses du ventre auxquelles ses compatriotes – devenus Philistins ! – conviaient leurs pervertisseurs, couvrant le pays des clameurs de leurs chants et des odeurs de leurs grillades :

« Ça ne se passait pas ainsi, disait-il de cette voix douloureuse où perçait un désaveu, ni avant les Français ni après eux, jamais les gens, même aux moments de grande liesse, ne se départaient de leur pudeur et de leur sobriété naturelles, du moins il me semble. »

L'enfant en moi ne pouvait qu'évoquer les derniers jours de la Pâque que ma mère passait à ses fourneaux, préparant tous les mets que la cuisine juive avait concoctés au Maroc pour en honorer ses voisins musulmans. Le Pèlerin qui habitait de ce côté de la rue des Amandes et l'écrivain public qui habitait de l'autre côté, l'ex-associé de son père du temps de sa grandeur et son compagnon de cellule du temps de sa déchéance, le vigile soudanais du commissariat de police qui passait pour faire régner à lui seul l'ordre dans la ville, la splendide Dame de Pitié de Dieu qui habitait sous les remparts et jusqu'au pauvre gardien du jardin sur lequel donnaient nos fenêtres. Tous recevaient des plateaux chargés de plats cuisinés et de galettes azymes, auxquelles les Arabes prêtaient, me semble-t-il, des vertus miraculeuses, et tous attendaient la troisième étoile du dernier soir de fête pour retourner les plateaux chargés de bols de lait et de miel, d'épis d'orge et de blé, de bottes de menthe et de laurier et de toutes sortes de pâtisseries orientales. Et c'était probablement le malheureux gardien qui offrait ce qu'il avait de plus précieux au monde, des fleurs de son jardin qu'il se permettait de cueillir pour la circonstance.

C'était ma *mimouna*, celle de mon père et vraisemblablement aussi celle de son père. Peut-être une manière de rassurer nos hôtes arabes que, malgré notre commémoration de la sortie d'Égypte, nous n'étions pas près de quitter le Maroc, peut-être leur manière à eux de nous réitérer leur offre d'hospitalité. Les ethnologues n'en savent rien, les rabbins encore moins.

*

Décidément, je suis bien injuste à l'égard des Philistins, leur gardant rancune pour des blessures qu'ils n'auraient pas infligées, des manquements qu'ils n'auraient pas commis. Décidément, je ne veux pas reconnaître les services civilisateurs qu'ils ont rendus à la grande masse des Juifs maghrébins : ils les ont sortis de leurs mellahs et de leurs villages pour leur faire sauter des siècles entiers, de l'obscur Moyen Âge à ce maudit XXe siècle. Devant tant de rancune imméritée, ils ne peuvent que se déclarer désarmés – des lamentations de pleureuses, sans grande considération pour le mort qu'elles pleurent, pleurant pour pleurer, par habitude, par atavisme ! Car est-ce leur faute si la *mimouna* tourne immanquablement au souk du mauvais goût, si les ministres maghrébins se révèlent plutôt incompétents, sans envergure internationale ni vision stratégique, ne parlant pas même l'anglais, langue de commerce universel entre les hommes, déclamant leur piteux français colonial de l'Alliance israélite universelle, si la ségrégation positive n'a réussi à repêcher, à grand renfort de bourses d'études et de recherches, que de maigres universitaires qui souvent ne méritent pas leurs diplômes pour ne point parler de leurs postes ? N'ont-ils pas même, dans un geste de générosité multiculturaliste, intronisé de mauvais poètes, décerné des prix d'encouragement à de mauvais livres et, il y a quelques années encore, invité – que les derniers des Mogadoriens, derniers de mes lecteurs, ne me quittent donc pas en émettant leur dernier râle – une compagnie de *Gnaouas* pour la séance d'ouverture du prestigieux festival d'Israël.

Je ne raconte pas d'histoires, parole de Mogadorien, pas dans ce dernier testament, où je dois lutter en permanence contre moi-même pour ne pas céder à la calomnie, ni succomber au silence. De vrais *Gnaouas*, vous dis-je ! descendants des esclaves noirs qu'on avait amenés de Guinée pour construire Mogador et qui pendant des siècles avaient couru ses rues pour exorciser ses gens. Ils avaient seulement renoncé à leurs troubles pratiques noires pour de mauvaises pratiques artistiques : enduits de peinture de toutes les couleurs, ils se traînaient, dans un roulement assourdissant de tambours et de cisailles, sur une scène recouverte de toiles blanches sur lesquelles ils étaient censés imprimer *les écritures de leurs transes*. Devant la classe politique philistine au grand complet, leurs sociétés des arts et des lettres, leurs critiques tous terrains et… en l'absence de mon père qui devait se retourner dans sa tombe en maugréant contre les *Gnaouas* qui mettaient leurs cliquetis et leurs transes à sa chère terre promise !

Je veux bien qu'on range sous l'art décadent des Philistins les curiosités ethnologiques de peuples sans grande gloire artistique, je veux bien aussi de toutes ces œuvres aberrantes où la signature de l'auteur est encore la marque la plus intéressante. Les *Gnaouas*, eux, portaient atteinte au bon goût de mon regretté père et de ses comparses quincailliers de Mogador qui, sitôt qu'ils tombaient sur une de leurs sarabandes, s'écriaient : « Plutôt des pleureuses que ces exorcistes ! »

On les avait invités, j'en suis sûr, sans penser un instant que ces ménestrels me plongeraient de nouveau, après une longue période d'accalmie, dans l'ambiance de magie noire qu'ils instauraient à Mogador les soirs de grande détresse où les gens descendaient dans les rues pour… recevoir le Messie.

✳

Désespérant du mauvais goût de mes Philistins, de leurs mauvaises manières et de leurs mauvais rires, j'ai bien cherché, toutes ces années, une autre compagnie. C'est ainsi que j'ai échoué, pauvre malheureux, chez leurs modèles… américains. Ces derniers, immigrés en Israël, se montraient, il est vrai, plus indulgents, plus tolérants peut-être aussi, mettant une touche d'exotisme à votre présence parmi eux. J'étais leur spécialiste pour les affaires arabes, ne me posant pas tant des questions pour avoir des réponses que pour étudier mes réactions : « Les Juifs aussi étaient-ils tenus d'embrasser la main du roi au Maroc ? La polygamie était-elle pratique courante au Maroc ? Arafat est-il considéré comme un bel homme selon le canon arabe de la beauté ? » Ils tenaient leur sauvage, ils l'exhibaient, susurrant : « Il vient du Maroc. » Ils me caressaient même tendrement de leur regard philanthropique : « Quel exploit ! Sortir des gens du désert pour les promouvoir aux meilleurs postes… »

Il ne venait pas à l'esprit à ces nouveaux Philistins qu'à Mogador on pouvait être plus sensible et plus civilisé qu'à Tel-Aviv, encore moins qu'on y parlait un anglais plus châtié qu'à Londres ou New York. Je ne comprenais pas grand-chose, je dois l'avouer, à leurs conciliabules intellectuels et à leurs délibérations démocratiques. J'avais beau lire leurs livres et voir leurs séries télévisées, je ne saisissais toujours rien de leur sens du divin et de l'humain. Je ne comprenais pas leurs musiques, à l'exception peut-être du *blues* dans lequel je décelais de la nostalgie pour une âme, simplement une âme. Je ne comprenais pas leurs danses, à l'exception peut-être du *jazz* dans lequel je décelais des regrets pour un corps, simplement un corps. Je ne comprenais pas leurs commentaires philosophiques, surtout quand ils semblaient renchérir sur les tiraillements logiques d'un Wittgenstein. Je veux bien croire que j'étais victime d'une cécité analogue à celle qui empêcherait un sauvage d'Amazonie de comprendre un Européen. Mais peut-être aussi ont-ils poussé le jeu politique à des extrêmes démagogiques qui caricatureraient jusqu'à leur culte de la spontanéité. Peut-être l'*homo americanus* est-il vraiment le spécimen le plus évolué dans la mutation – technologique – qui guette l'humain. Dans tous les cas, ils étaient trop modernes pour moi, j'étais trop ancien pour eux. Ils étaient aussi trop plastiques pour moi, trop cinématographiques, avec une variété de génie pelliculaire qui me renvoie immanquablement à ma dérisoire et sobre presqu'île.

Néanmoins, je dois dire à leur crédit que j'étais accablé de la pire des tares qui peuvent s'abattre, outre la teigne et le trachome, sur un Mogadorien de souche : je ne pouvais prononcer plus de deux phrases en anglais sans me mettre à bégayer, cherchant désespérément les mots qui restitueraient le mieux les nuances berbères de mes sentiments et les connotations européennes de mes considérations. En désespoir de cause, je choisissais de me taire, et c'est ainsi qu'en anglais, j'ai toujours été un grand silencieux. Par antiaméricanisme primaire bien sûr, qui ne faisait qu'augmenter avec l'accumulation de toutes sortes d'heures de *Board* passées à suivre le chassé-croisé des mensonges et des louanges…

*

Cependant, mon ressentiment à l'égard des Philistins et de leurs héritiers devait se doubler avec les années de… gratitude ! Je leur étais de plus en plus reconnaissant d'avoir préservé ma merveilleuse condition de Juif errant en ne me concédant qu'un vulgaire statut d'immigré. Une puérile nostalgie de Mogador s'est alors coulée dans le vide laissé par ma nostalgie de la terre promise et mon désir de me lover entre les remparts de ma presqu'île natale n'a cessé de croître, la parcourir de long en large, matin et soir, retrouver ses senteurs de beurre rance et de nougat arabe, chercher la Dame de Pitié de Dieu…, réduire le monde à cette minuscule ville retirée du monde et de l'histoire. Peut-être le lot de tout immigré que les aléas sociaux et politiques arrachent à son terreau natal pour le plonger dans un désarroi de culture dont il ne comprendrait ni les dessus ni les dessous, pris totalement par ses nostalgies et ses déboires, attendant sans se l'avouer un rebondissement du destin qui le rétablirait dans le cours naturel de la vie qu'il aura quitté pour une illusion ou un mirage. Il parle une langue, pense dans une autre, en deçà des attentes qu'on a d'un indigène, avec un incorrigible accent qui le discrédite pour les postes sensibles et les missions délicates et le dissuade de se prononcer sur des questions que lui-même estime n'être ni de sa compétence ni de son ressort.

Dans mon cas, un quart de siècle plus tard, la persistance de mon ridicule accent me condamnait, quoi que je dise et fasse, à la marginalité, voire à la banalité. Un accent d'autant plus troublant et ambigu qu'il était français alors que je n'étais que du Maroc et que je m'étais laissé convaincre, sous la pression sociale et culturelle des Philistins, que les Français sont de grands incantateurs qui croient changer le monde en invoquant l'autre, ne se doutant pas que leurs incantations trahissent plus de niaiserie – sociologique, psychologique, morale – que de talent politique. Mon dernier abri, cette langue dans laquelle je tramais mes rêves et déposais mes remarques les plus intimes, s'écroulait irrésistiblement sous les assauts de l'anglais, m'enlevant toute couverture linguistique.

De cette manière, je vins à considérer que les gens du pays n'étaient peut-être pas plus philistins qu'ailleurs, qu'ils ne comprenaient tout simplement pas qu'une vie d'immigré dure toute une vie – au moins ! – et qu'elle est à la fois perdue et gagnée. Ils ne se doutaient pas qu'on n'a jamais fini de s'insérer dans des décors nouveaux et qu'on garde, quel que soit le palais où l'on vous loge, le souvenir des brindilles de vos nids d'hirondelle. De mon côté, je ne voulais peut-être pas comprendre que les immigrés sont partout des doublures méprisées par les acteurs qu'elles singent. À tout prendre, je ne me serais vraiment acclimaté qu'à mes dunes, parce qu'elles sont de sable et de broussailles, et à mes vagues, parce qu'elles marmonnent de vanité au pied de dangereuses et prometteuses falaises – à mon Royaume où les corbeaux ne cachent pas leur noirceur notariale…

*

Dans tous les cas, me répétais-je encore, les processus de philistinisation qui menacent ce pays sont irrémédiables. En un quart de siècle, n'avaient-ils pas gagné l'ensemble des couches laïques de la population, toutes origines confondues, des Polonais aux Marocains en passant par les Hongrois, les Bulgares, les Roumains et jusqu'aux Russes, dernièrement arrivés, pris dans le tournis commercial de cette contrée à en oublier leurs classiques ? De plus, n'assistait-on pas à la montée d'une aristocratie philistine qui s'accaparait tous les pouvoirs ? Partout des princes et des héritiers, dans toutes les mouvances, tous les partis et tous les cercles, la crème de la crème, poussant leur exaltation de la méritocratie à la caricature, sans grands remords, avec à leur tête une caste militaire versée dans toutes les sciences qui peuvent trahir son incurie, de la programmation au commandement, et une guilde d'intellectuels qui ne peuvent comprendre pourquoi le monde ne veut décidément plus compatir à leurs hémorroïdes.

Je voyais donc ma pauvre terre promise perdre progressivement son âme dans une société tendre et brutale à la fois, sensible et sourde, peureuse et vaillante. Un chahut populiste excité par un lourd vacarme militaire, avec des criailleries orientales et des pleurnicheries slaves. Une logique du marché qui interdit de toucher aux privilèges des riches pour ne pas contrarier leur génie mercantile et ralentir la croissance : plus on s'enrichira, déclaraient encore dernièrement d'éminents – et nobélisables ! – économistes, plus on entraînera les pauvres. Or depuis des décennies, les riches ne cessent de s'enrichir, les pauvres de piétiner, voire de dépérir. La misère des bourgades du désert, pour ne pas parler de Gaza, instruisant en permanence le procès même de la prospérité de Tel-Aviv. Ah ! les Philistins bâtissent bel et bien des autoroutes, de grands marchés, des stations balnéaires, mais sans trop se soucier des courses à la mort sur les routes, des farfouilleurs dans les poubelles, des dévergondages qui guettent dans les stations. C'est peut-être pire ailleurs, c'est sûrement meilleur ailleurs aussi. Je connais des sociétés plus clémentes et plus décentes que cette bourse aux âmes où la carte de crédit est encore la première de vos pièces d'identité. Une contrée multicolore, un marché incolore, avec des cités-résidences qui narguent des cités-dortoirs. Sans autres réalisations communautaires que… les ghettos de Bnei Brak et de Jérusalem où l'on veillerait l'éternel et merveilleux silence de Dieu. Peut-être aussi les vestiges des kibboutzim où s'éteindraient les derniers de mes braves socialistes. Dieu ! comme j'ai aimé la clandestinité divine sur terre des uns et l'acharnement humain sur terre des autres !

*

Ces dernières années, on a même cessé de se donner pour ministres de coriaces et savoureux Juifs avertis des méandres de l'histoire et de ses ruses ; on leur préfère désormais de vulgaires représentants de commerce et de rustres généraux, parmi les plus vaniteux, qui, déjà de leur vivant, ressemblent à la statue qu'on érigera d'eux dans ces musées où l'on coule l'oubli dans la cire et le plastique. Au reste, je ne me suis senti vraiment trahi par Dieu que lorsque ces épouvantails ont commencé d'accéder au pouvoir, peut-être parce qu'ils viennent d'une manière ou d'une autre d'Amérique, aussi incolores que ses habitants, l'esprit aussi pelliculaire, avec des gestes d'agents boursiers et des propos de personnages de second rôle dans des westerns, sans plus d'humour. Dans ma légendaire angoisse mogadorienne, je me suis même mis à craindre pour le sort de l'humanité entière : la bête politique américano-philistine ne serait-elle pas en train de prendre les commandes de l'humain, s'insinuant dans tous les domaines, pervertissant les esprits ? Le cinéma américain, le régime culinaire américain, l'accoutrement américain, l'esprit américain… les perspectives américaines.

Un jour que je recevais un spécimen de cette nouvelle civilisation dans mes dunes et que je tentais de le convaincre de la véracité du sable, j'ai naïvement laissé échapper que je croyais profondément au triomphe final du bien et qu'on ne meurt qu'étranglé par ses mensonges ou accablé par sa sincérité. Il avait grandi à New York du temps où le crime payait, il ne pouvait comprendre, il était trop politique pour saisir ces derniers spasmes de moralité, maîtrisant ses réactions, ne dévoilant jamais le fond de ses pensées, pas même à ses intimes, pas même à soi-même. Il était le plus grand et le plus roué des aventuriers universitaires sur terre, peut-être aussi le plus attachant, fervent partisan des *Great Books*, de Platon à Freud, qu'il n'avait pas lus ; il était l'incarnation du Philistin policé par les mœurs brutales de l'Amérique. Or je ne veux vraiment pas d'un État américain avec ses Mormons et ses ghettos, je n'ai pas quitté Mogador pour une cité philistine.

✳

Puis j'ai renoncé à soulager les cohortes sans cesse grandissantes de Philistins de la terrible poutre qui encombre leurs yeux et les empêche de reconnaître l'irrécusable et noble folie des Mogadoriens. Ils nous dédaignent, quoi qu'on fasse, un peu comme ils ont méprisé et continuent de mépriser les Arabes qui habitent la région – je crois même, je le répète, qu'ils ne se doutent pas même de notre existence. Dans ma détresse et mon impuissance, j'ai donc fini par succomber à une belle neurasthénie mogadorienne, accompagnée d'un délicieux délire de persécution. Et, en réaction, je me suis mis à assumer le pire des portraits qu'on pouvait se faire de moi : ils voulaient d'un Philistin qui a policé ses mœurs arabes, j'étais un Berbère qu'on avait dépossédé de ses mœurs juives. Je me comportais en sauvage, boudant les invitations, raillant les cérémonies, clamant partout : « Je descends de l'Atlas, je n'ai pas l'oreille philosophique, je n'ai pas de patience pour les nuances. »

Je prenais un malin plaisir à déstabiliser les plus militaristes et les plus incultes d'entre eux, programmant et simulant des éclats passionnels, protestant vivement contre les nombreuses atteintes à mon « honneur ». Puis je me suis mis à invoquer ouvertement mon attardement pour mieux contraindre mes interlocuteurs à se répéter, les poussant dans leurs retranchements intellectuels pour les voir se fourvoyer dans leurs contradictions et leurs bêtises. Je dois dire, à leur mérite bien sûr, qu'ils se laissaient vite convaincre de mes tares et de mes carences.

Mais mon état de santé ne commença vraiment à se dégrader, intimant en définitive à ma plume un texte aussi désespérant que ce testament, que du jour où mes braves Pharisiens se sont mis à leur tour à la politique pour tenter de contrer les Philistins. Ils ne savaient pas où ils s'embarquaient, ils ne savaient pas qu'ils devaient en perdre leur Dieu ! Ah ! ils se sont mis à la réclame avec autant de brio que leurs ennemis, ils n'ont reculé devant rien ! Ces dernières années, ils ont même sorti de je ne sais quel mellah un vieux cabaliste, vestige humain de cette grande magie du ciel qui enchantait mes rêves et mes illusions, pour l'atteler à une sacrilège campagne électorale ; le vieil homme s'est départi de sa sainteté pour transmuer des centaines de milliers d'amulettes en autant de voix électorales, invitant des foules en extase à voter pour un autre rabbin, encore plus trouble, dénué de toute culture philosophique et scientifique, qui débite des versets décousus sur l'air de sénilité d'une culture à la dérive et qui, plus grave que tout, ne connaît pas… Mogador.

Père, mon père, entends-tu ? le dernier de tes cabalistes a quitté son légendaire et merveilleux taudis parmi les signes pour une misérable villa dans un quartier résidentiel ! Il a renoncé à son *Livre de la Splendeur* pour la presse mondaine. Il a même ouvert un cabinet de consultations où il prescrit des miracles aux miséreux de la terre et aux troublés du ciel qui viennent hurler leurs vœux et leurs souhaits à ses oreilles bouchées et qu'il accueille en ricanant d'illumination. Père, mon père ! tes Pharisiens ont renoncé à leur immunité céleste pour de vulgaires prérogatives terrestres ! Plus grave, père, maintenant qu'ils ont bradé le monde à venir pour de misérables sièges ministériels et le dérisoire privilège d'allouer et de détourner des deniers publics, qu'ils tiennent à leur tour les rênes du pouvoir, qu'ils peuvent panser les blessures et cicatriser les plaies, je suis au regret de t'annoncer que je ne me reconnais ni en leurs rabbins – qui ne ressemblent plus à ceux de Mogador – ni en leurs ministres – qui n'ont pas la distinction des courtiers de Mogador. D'ailleurs, les litanies des uns ne sont plus celles de Mogador et les chantages des autres ne présentent pas ce cachet de sincérité, porté à la démence, des grands éclairés de Mogador. Je ne me reconnais encore ni dans leurs deuils ni dans leurs fêtes, ni dans leurs pleurs ni dans leurs ululements. Je peux dire, au risque de te décevoir, père, que je ne me reconnais que dans les vents de ma mémoire et les embruns de ses souvenirs et qu'entre le veule désabusement des nouveaux Philistins et la sourde hystérie des nouveaux Pharisiens, je prône, au risque de me retrouver dans un asile, la vanité de Mogador. Car je ne veux ni de la violence des premiers ni de la virulence des seconds, je ne veux même plus de revanche contre les premiers pour ne pas courir le risque d'accorder une gloire postiche aux seconds. Je ne veux encore ni de la poudre et des ordres des uns, ni des incantations et de l'encens des autres. Ni des pronostics stratégiques des uns, ni des cours d'instruction religieuse des autres.

Surtout les nouvelles générations de rabbins qui, la barbe élimée et la voix enrouée, s'arrogent le droit – divin ! – de m'incriminer pour mes désirs, mes passions et mes détresses, mettant tant de frénésie à me convaincre que leur Dieu existe, qu'ils en sont les porte-parole les mieux patentés, que le purgatoire m'attend, que je devine derrière leurs convictions un abîme de non-sens. De vulgaires idolâtres, père, pour s'imaginer que leur Dieu existe ! Ils ne connaîtraient pas vraiment l'émotion d'une rencontre avec l'inconnu, ils ne rencontreraient qu'un épouvantail. Ils continuent, dans le meilleur des cas, de veiller un Dieu mort et je me serais volontiers arrangé de cette vocation funéraire, par indulgence pour le passé des hommes et par souci pédagogique pour le vulgaire, si elle ne m'engageait par ses pratiques et ses menées politiques. Plutôt cheminer en hagard dans mes dunes, couvant en silence l'extinction prochaine de ma voix, qu'en combattant du Diable-Dieu sur ses champs de bataille.

Je ne veux donc pas de toute cette mélasse cabalistique, je ne veux plus même de tous ces prêches philosophiques, avec leurs salades sur l'impuissance de Dieu et la puissance de l'homme. Je ne peux croire, malgré mes éclats et mes sacrilèges, Dieu aussi débile. Je veux les sermons naturels des vents et des vagues sur la toute-puissance de Dieu et la toute-vanité de l'homme. Je ne veux pas de leur Dieu empaillé de dialogue ou d'altérité, je veux du Dieu que j'incarne ou manque d'incarner à mes moments d'extase et d'illumination. Ah ! il transpire certes dans le recueillement et dans la grâce, il n'existe pas pour autant. Sans cesser d'être l'artisan du monde, le maître de Justice aussi. Pauvre Dieu, je m'en vais te tailler une autre cabale pour te blanchir de leurs insanités, par fidélité au souvenir de mon père et pour te consoler d'être malmené à ce point par les hommes…

✴

Sûrement vous demandez-vous pourquoi je persiste à invoquer Dieu maintenant que j'ai perdu tout espoir de percer les secrets du *Livre de la Splendeur* de mon père. Je crois m'en être expliqué, je ne cesse de m'en expliquer dans ces lignes, je passerai probablement le restant de mes jours à m'en expliquer. Je pourrais prétendre que ce n'est pas moi qui m'attarde dans cette merveilleuse et terrible incantation, mais l'enfant qui continue d'habiter la ville fine et irréelle, un peu guindée, instable et étrange, qui se perpétue dans des souvenirs de marées et de vagues. Sans descendre vraiment des premiers courtiers du roi qui l'ont bâtie, ni même des derniers, et sans renier mon ascendance berbère, je porte quand même en moi ses bénédictions et ses malédictions, ses rêves et ses hantises. Je reste troublé par la versatilité de son vent qui me pousse deci et de-là en quête d'un impossible Royaume. De plus, je ne crois pas en l'homme, du moins en celui qui a érigé pour l'éternité le monument d'Auschwitz dans ma mémoire. Je ne cherche, Dieu m'est témoin, ni le bien de mon voisin ni sa paix, je cherche les miens. L'amour du prochain – j'en tire mon parti – aura lamentablement échoué, tournant d'une manière ou d'une autre à la persécution, l'inquisition, la rééducation. Les nazis n'étaient pas des bêtes, comme on tente de nous le faire croire, ni même des monstres, ils étaient les plus policés et les plus barbares des hommes, les plus tendres et les plus sanguinaires, les plus sensibles et les plus cruels.

Au reste, les personnes les plus nocives et les plus menaçantes dans mon entourage ont toujours été celles qui protestent avec le plus de véhémence de leur droit et de leur moralité, les plus déterminées dans leur volonté de changer le monde ou leur jardin, les plus loquaces aussi. Par contre, toutes celles qui s'arrangent tant bien que mal de leur scepticisme, voire de leur nihilisme, se sont toujours montrées parmi les plus indulgentes et les plus tolérantes. Je me trompe peut-être, je me trompe sûrement. J'ai contre moi, je le sais, toute l'humanité, ses sages, ses saints, ses oracles, ses militants, ses bonimenteurs, ses prêtres… Je veux pourtant persister dans mon erreur et continuer de me convaincre de mes lacunes, de mes carences, de mes troubles. Je ne doute pas que s'il est une vérité, quoi qu'on entende par ce terme, elle n'est que du côté de la raison et de la science. Je ne doute pas encore qu'on ne trouve du côté des religions qu'illusions, plus ou moins vitales, simulations, plus ou moins avouées, sottises, plus ou moins grosses – toutes les religions, y compris celles qui vous exaltent béatement l'homme. Des cris, poussés loin de ma réserve, se bousculent, il est vrai, au seuil de ma retraite et je donnerais beaucoup pour les calmer. Mais je n'ai jamais eu grand-chose à donner – que des bribes, par-ci, par-là, dont personne ne veut.

Je n'ai donc pas le choix, je ne peux qu'être heureux. J'ai certes de grands désirs et de grands souhaits, mais chaque fois que j'ai tenté de les assouvir ou de les exaucer, je me suis laissé déborder par eux et j'ai perdu le sens de Dieu. J'ai de grandes colères, mais chaque fois que je me suis laissé entraîner par elles, j'ai perdu le sens de Dieu. Car pour tout dire, je crois en Dieu et en plus d'un sens. D'abord au sens hégélien du terme : je crois en l'efficace de Dieu qui pousse les hommes possédés par lui à agir dans un sens ou un autre. Pour moi, c'est indubitable, irrécusable. Le communisme en est une preuve, le christianisme aussi, le judaïsme surtout. Le cours de l'histoire emprunte bel et bien le lit des concepts qui animent les hommes, leurs élites sinon les masses. Je crois même pouvoir, avec une bonne analyse conceptuelle, prédire l'avenir. En condamnant Hegel au purgatoire, les nouveaux intellectuels, de plus en plus paresseux et de plus en plus incultes, ont tout simplement privé l'humanité des meilleures de ses ressources philosophiques. Je crois aussi en Dieu au sens spinoziste du terme, quand il se mêle de la nature, qu'il pousse ses vents et roule ses vagues et qu'il prend la voix exclusive de la Raison. La lecture de l'hérétique d'Amsterdam me communique, n'en déplaise aux mauvais rabbins qui brouillent de leurs délirants prêches toute audition divine, l'expérience mystique du judaïsme la plus intelligente. Je crois encore en Dieu en anarchiste, comme instigateur d'un monde à venir où le mensonge serait exclu et la politique liquidée. Un monde où la puérilité passerait pour une marque d'innocence et un titre de noblesse poétique. Les paons des différentes religions vont peut-être crier au sacrilège et à l'aberration, j'endurerais stoïquement leurs railleries sur terre, les attendant dans le monde à venir, si toutefois ils y sont convoqués, pour régler nos disputes. Je suis désolé pour eux de ne trouver Dieu que dans ma misère, ma détresse et ma solitude : il est tellement plus attachant que dans leurs sanctuaires. Je crois encore en Dieu dans un troisième, un quatrième et… un millième sens. Peut-être complémentaires, peut-être contradictoires. Dans ma réclusion, je me permets tous les paradoxes, avec les hommes je m'interdis de les exhiber, par décence philosophique et responsabilité publique. Dans tous les cas, je ne cherche pas Dieu en l'autre, je ne crois pas en ce genre de balivernes.

Cela dit, je n'ai jamais prôné cette vision de Dieu, je ne la prône toujours pas. Je me connais assez pour ne pas me bercer d'illusions, prendre au sérieux mes contradictions et faire miroiter de vaines promesses. Je suis trop jaloux de ma solitude pour endurer un auditoire et trop anarchiste pour prêcher l'anarchie. Je me suis donc contenté de la pratiquer dans les limites de mes dunes, ne dérangeant personne, ne tolérant pas d'intrus. Je me suis contenté de bâtir mon monde à venir sur mes sables, n'entendant Dieu qu'en moi, ne le cherchant qu'en moi, ne l'incriminant qu'en moi. Seule ma mortalité me laisse penser que je ne suis pas divin, malgré mes passions pour les sables, mes marmonnements avec les vagues et mes étranges et puériles écritures. Grâce à elles peut-être.

*

Je suis donc né pharisien sur une petite presqu'île du sud marocain, je risque de mourir philistin dans un vaste *no man's land* du sans goût. Bientôt, les promoteurs investiront ma réserve et couleront des tonnes de béton sur les traces de mon passage en ce monde. Il ne me resterait, pour quelques jours ou quelques années et à travers un écran, que le cirque de leurs combats de coqs, de leurs concours de beauté et de leurs parades militaires. À moins que je ne me repente à mon tour et ne renoue avec le vent de Mogador, me montrant critique jusqu'au bout, étendant ma contestation au ciel et à la terre. Je me démarquerais de toute mièvrerie philosophique et me garderais contre tout étriquement de l'esprit. Je porterais ma voix de Dieu aux Chinois et aux Indiens, sans plus de complexes ni d'inhibitions, inscrivant mon hérésie, aussi incohérente et inconséquente soit-elle, dans la riche tradition de désillusion d'Israël. Tant de gens ont écrit tant de livres sur tant de choses que la littérature ne pâtira pas trop des considérations iconoclastes d'un gentil dément de Mogador. La prophétie n'est-elle pas depuis longtemps le lot des attardés et l'écriture ne sera-t-elle pas bientôt celui de puérils plagiaires ? Je m'insinuerais en lettres dans l'ennui d'être du parti du vent et des sables, n'attendant rien d'elles, pas même la gloire puisque ce testament va m'aliéner les artistes du philistinisme qui ne manqueront pas d'en dénoncer l'irresponsabilité – dans le meilleur des cas.

Voilà, j'ai fini, je suis prêt maintenant à vous suivre, mes braves Philistins, à subir vos railleries et à me soumettre à vos traitements. Je n'en serais peut-être pas plus normal, j'en serai sûrement plus tranquille. Il m'a fallu des années pour me convaincre de ma folie, des années pour m'en faire une raison, des années encore pour apprendre à en maîtriser les éclats. Ne m'en veuillez pas trop, je suis de Mogador, je cours après le vent et « nul homme n'est maître du vent » ; je devais laisser un testament. Peut-être m'accordera-t-on que je ne cherchais, dans un état d'esprit irascible et une situation culturelle trouble, qu'à être, contre toute raison, absolument anarchiste. J'aurai donc écrit « ce tas de songes et de niaiseries » pour le vent, au détour d'une dune, sous l'assaut d'une vague. Une manière aussi de continuer quand même à pratiquer la poésie. Ceux qui me connaissent de près prétendent que je suis étrange, sûrement aussi ceux qui tentent de me percer entre ces lignes. D'autant plus étrange que je ne m'incline devant aucun mystère, ne m'arrête à aucune illusion, ne montre aucune prédisposition pour la magie. De plus, je n'ai aucune indulgence pour les longs déballements littéraires et les petits détails intimes et ma patience intellectuelle se hérisse aux verbiages religieux et moraux. Je demande seulement aux académiciens suédois de ne pas m'embarrasser en couronnant ce mauvais pamphlet, ils s'attireraient les pires invectives de la plus venimeuse des classes intellectuelles au monde. Dans le cas où ils ne m'écouteraient pas, je ne pourrais, noblesse mogadorienne oblige, que me solidariser avec les protestations philistines de mes compatriotes, prétendre modestement que meilleurs et plus anxieux que moi attendent désespérément leur prix depuis des décennies et que, l'amour du pays primant tout autre, je me dois de le refuser pour ne pas être rangé – Dieu m'en préserve – parmi les délateurs de la terre promise…

Quant aux Pharisiens, j'en suis désolé pour vous, mais je suis vraiment le Messie désigné par Dieu pour ridiculiser ses bonimenteurs et pervertisseurs sur terre. Je suis, pour être plus précis, le dernier des

Messies, proche de la vérité du vent, avec un sens divin de la vanité : «Le Messie de Mogador». Après moi, il n'en viendra plus, j'en suis sûr et certain. On devra donc, bon gré, mal gré, m'homologuer comme faux-messie, reconnaissant que la fausseté est seule la marque la plus insigne du Messie. S'en présenterait-il tout de même de nouveaux après moi que je suis pour les reconnaître tous, surtout lorsqu'ils ont des allures de Philistins. Je suis aussi pour les interner...

*

Cela dit, je tiens à préciser que je prendrai les armes pour repousser quiconque menacerait d'investir mon nouveau royaume. Car, pour revenir au véritable creuset de mon humanité, le mystère de la méchanceté nazie réduit à néant toute utopie de paix. Je ne cherche d'échappatoire ni dans l'espoir ni dans le désespoir. Je reste en deuil pour l'éternité, condamné à assumer, pour l'éternité, un Dieu exterminé dans un camp de concentration. Adorno demandait si on pouvait écrire de la poésie après Auschwitz. Je me demande si on peut encore écrire de la théologie après Auschwitz. La réponse est négative. Dans les deux cas. Peut-être un testament.

Ami Bouganim

Quête de mémoire

Lumières du passé

RUTH TOLÉDANO ATTIAS

MEKNÈS-TOULOUSE
La mémoire enfouie

Héritiers de Juifs originaires d'Espagne ayant vécu l'exil après l'expulsion comme si l'Espagne avait été une patrie pour le peuple juif, les Juifs sépharades [1] du Maroc ont, à leur tour, connu les départs en masse tantôt vers Israël, tantôt vers le Canada ou la France. La régénération de l'État d'Israël ne pouvait manquer de provoquer un exode, il eut lieu. Il eut lieu sans que les Juifs implantés autour du bassin méditerranéen puissent évoquer leur mémoire ni leur passé dans les pays qui les avaient accueillis ; comme s'il ne s'était rien passé pendant cinq cents ans aussi bien sur le plan historique, culturel, intellectuel ou humain tout simplement, s'agissant de leur rencontre avec les populations autochtones. Cet exil qui s'obstine à ne pas dire son nom a provoqué dans la génération actuelle, celle qui a connu les départs ou l'exode si on veut bien le définir correctement, un phénomène qui pourrait s'apparenter à une pétrification de la mémoire. Depuis des années, ils s'interrogent sur l'opportunité qu'il y aurait à penser et à écrire leur histoire ou tout au moins à faire œuvre de mémoire et à faire entendre leur voix dans le concert de toutes les célébrations de la Mémoire. Mais il ne leur apparaissait toujours pas que le moment était opportun, qu'il valait mieux prendre du recul, mettre une certaine distance entre le récit et la pensée de leur vécu avant leur départ. Or ce vécu a pris la forme d'une page blanche ou d'un trou de mémoire. L'enjeu de cette réflexion consiste en une tentative d'élucidation d'une attitude paradoxale chez les Juifs sépharades : alors qu'ils sont parfaitement conscients d'être porteurs d'une Histoire, d'une Culture, d'une Civilisation, conscients d'avoir gardé presque intact l'héritage reçu depuis l'expulsion, il faut bien remarquer que, d'une manière générale, ils ont imposé un grand silence à leur mémoire. Or si cette histoire n'est pas écrite, elle n'est pourtant pas un mythe construit à partir de souvenirs réunis au gré d'une imagination fantaisiste. Il convient donc de s'interroger sur les raisons qui les ont conduits à garder le silence et à réprimer leur mémoire puis de chercher ce qu'ils y ont enfoui. Autrement dit, quel était donc le sol de cette mémoire ?

Si l'on tient compte du jugement selon lequel une « société sans écriture est une société sans histoire[2] », il semblerait, à première vue, que les Juifs sépharades n'ont pas d'histoire tant les documents publiés sont rares. Pourtant on ne peut affirmer qu'ils répondent à cette définition. D'abord parce qu'ils ont beaucoup écrit sans publier et que les traces sont conservées : manuscrits, traces géographiques, culturelles ; ensuite parce qu'ils sont liés par un ciment culturel très fort représenté par une vision du monde qui leur est propre, un schéma mental dans lequel ils se reconnaissent, une persistance dans l'être sépharade, un art de vivre, en somme ils sont porteurs d'une culture, une civilisation, une histoire.

On remarque, à l'évidence, qu'ils éprouvent une certaine répugnance à écrire et à publier le récit de leur histoire. Cela pourrait s'expliquer par le fait qu'ils ont vécu dans des pays où la transmission par voie orale était largement pratiquée et répandue. Cette répugnance pourrait exprimer également un refus de voir leur vie « sécularisée » alors qu'elle était conçue comme une vie sainte, reliée à la vie spirituelle. Dans une note de son livre Zakhor[3], Yerushalmi fait remarquer que l'historien Rotenstreich soulève ce problème clé quand il écrit que « l'émergence d'une conscience historique dans la pensée juive distend les liens de la tradition ».

On peut également, sans trop de risque, faire référence à l'esprit messianique qui animait ces communautés implantées autour du bassin méditerranéen, en particulier dans les pays musulmans. L'espérance messianique était si prégnante qu'elle rendait caduque, superflue, l'écriture d'une vie en exil. L'essentiel était ailleurs… du moins le croyaient-ils. Pour les descendants des Juifs originaires d'Espagne (les Mégourachim) comme pour ceux qui étaient là avant (les Tochavim), la renaissance de l'État d'Israël était, par conséquent, un signal très fort. Ce fut le point de départ d'un nouvel exode mais il se déclinait d'une manière toute particulière : c'était un exode qui n'était pas provoqué par le malheur. Les pays qui les avaient abrités ne les en avaient pas expulsés et ne menaçaient pas leur vie. Pourtant, ils partirent en masse. À la proclamation d'indépendance d'Israël, en mai 1948, beaucoup de ces Juifs prirent la décision de partir. La question ne pouvait pas se poser pour eux en d'autres termes : « puisque Dieu avait voulu qu'Israël renaisse, alors c'était le signal de la fin de l'exil/*galout*, c'était l'heure du retour». Dans leur esprit, la chose était claire : ils fêteraient *Roch hachana*/le nouvel an hébraïque en terre d'Israël, la parenthèse de l'exil était close. Pourquoi la fermaient-ils sans trop d'états d'âme ? De fait, ils n'ont pas vécu ces départs comme une souffrance, ils croyaient qu'ils étaient enfin délivrés de l'exil ! Alors il n'était pas question de faire une fixation sur le passé, seul l'avenir comptait. Il était encore moins question de se lamenter ou d'exprimer des regrets à l'égard du pays qui les avait accueillis puisque ce dernier ne représentait plus que la dernière étape sur la route de l'exil qui se finissait. Songez, ils partaient enfin pour... le pays où coulent le lait et le miel ! Ils songeaient encore moins à écrire le récit de leur vie passée. Ils sont donc partis, confiants en un avenir dont ils n'envisageaient pas le moindre contour existentiel, l'esprit messianique les propulsait vers une vie dont ils avaient la certitude qu'elle serait meilleure puisque tous les Juifs l'attendaient depuis presque deux mille ans. C'est à cette aune qu'il faudrait juger les événements ultérieurs en Israël. Leurs espérances allaient devenir des illusions à l'épreuve de la réalité et se défaire sur une fraternité fantomatique et inexistante.

Cependant, les Juifs «exilés» n'éprouvèrent pas, tous, le besoin impérieux de «retourner» en Israël. Mais, au lieu de rester dans le pays où ils étaient nés, ils partirent vers l'Europe notamment en France, ou en Amérique du Nord, surtout au Canada. Comment expliquer un tel phénomène ? Pourquoi eux aussi ont-ils été pris par la frénésie des départs ? Le plus étonnant est qu'ils **re**partirent vers des pays chrétiens alors que leurs ancêtres avaient été expulsés d'Espagne au nom d'un christianisme perverti par le fanatisme politico-religieux. Eux non plus n'ont pas écrit leur histoire. Comment expliquer leur silence ?

Pour eux comme pour ceux qui sont partis en Israël, cela pourrait s'expliquer par le fait que la mémoire de la Shoa était incommensurable avec celle de «l'exode» qui les frappait. La confrontation avec les malheurs de la Shoa leur intimait «l'ordre» du silence tant le décalage était grand entre ces événements. Il semblait totalement incongru d'évoquer l'exil alors que le malheur ne s'était pas abattu sur eux et qu'ils étaient en vie. La pudeur ou la simple décence leur interdisait d'exprimer des regrets sur une vie passée alors que rien ne les avait obligés à la quitter. Du moins pour ceux que les mouvements de décolonisation n'avaient pas poussé à partir dans la précipitation et l'affolement. Leur vie n'avait pas pris un tour tragique. Et cela les incitait encore moins à l'écrire... comme si l'écriture ne pouvait se justifier que par le malheur.

Mais alors, comment expliquer qu'ils éprouvaient un sentiment latent de n'avoir pas accompli un devoir vis-à-vis des générations passées et futures ? Comment expliquer le besoin toujours intériorisé, toujours refoulé de dire, de raconter leur vie passée dans ces pays ? Le besoin de toujours comparer leur vie antérieure à celle qu'ils avaient à présent ? Leur souci ne consistait pas à comparer leurs conditions de vie : pour la plupart d'entre eux, passé les premières difficultés de l'installation, la vie matérielle s'était améliorée. Ils n'avaient pas eu de problèmes à s'intégrer à la vie du pays, la France ou le Canada (la majorité des Juifs sépharades sont francophones). Mais la vie juive, celle qu'ils avaient eue avant, n'avait que peu de rapports avec celle qu'ils ont trouvée en France par exemple.

Quant à ceux qui étaient partis en Israël, ils étaient en butte avec une forme de coercition due à l'endoctrinement sioniste. Elle consistait à faire table rase de leur vie en diaspora, oublier tout se qui se rattachait à l'exil ; il était plus convenable de ne plus jamais penser ni parler de ce passé-là. Autrement dit, il leur était conseillé de tronquer leur mémoire et de museler leur esprit. La coercition ne s'exerçait pas par la force mais par l'autoritarisme méprisant pour une civilisation considérée comme inférieure. Histoire « méprisée » ou tout au moins dévalorisée qui les mettait dans une situation intenable vis-à-vis de leurs propres enfants : ils étaient pris en tenailles entre le souci de rendre compte de leur histoire, de leur culture et l'incitation à l'oublier. Elle se traduisait par une aliénation à l'égard de leur propre histoire et le désenchantement a succédé à l'espoir.

C'est alors que les Juifs sépharades en Israël ont pris la mesure d'un phénomène dont ils n'ont eu conscience qu'*a posteriori* : le pays d'où ils étaient partis était reconsidéré comme une patrie perdue. D'où leur désarroi et leurs interrogations. Ils eurent le sentiment qu'une énorme béance oblitérait leur être. Que le chemin qui mène à la comparaison entre deux étapes essentielles et capitales de leur vie marquait un point de rupture entre un avant et un après la vie dans le nouveau pays, l'exil étant considéré comme un épiphénomène d'une rupture dans leur être.

Si le silence représente la distance nécessaire à toute réflexion, il peut également signifier l'impossibilité ou la difficulté à exprimer ce qu'il tait. Il n'y a pas d'exil ni de départ sans souffrance ou arrachement à sa vie passée, sa maison, ses parents, ses amis, son environnement géographique et culturel. Cependant, il faut faire des efforts pour apaiser les affects afin de retrouver le sol de la mémoire. C'est la condition de possibilité de toute remémoration. Interroger la mémoire, non pour qu'elle restitue le passé mais pour qu'elle ouvre l'accès à l'Histoire des Juifs sépharades qui se sentent porteurs d'un héritage spirituel et intellectuel important, d'une vision du monde qui fait sens et qui reste pertinente. Il semble que le moment est venu d'en rendre raison ; il serait dommage qu'elle se perde dans les oubliettes de la bêtise et de l'aliénation.

Et le plus étrange est que la mémoire se dérobe car il n'est pas évident de penser le passé de toutes ces populations déplacées alors qu'aucun malheur n'avait provoqué leur exode, de « retrouver » la vie de ces quartiers juifs pleins de monde mais vidés de leurs anciens habitants sans que ces derniers soient morts, toutes ces écoles, ces synagogues vidées ou disparues alors que les personnes qui les peuplaient étaient encore en vie mais s'étaient comme absentées. Tout était là, rien n'avait été détruit mais les Juifs, eux, n'étaient plus là. Ni eux, ni leurs activités. Tout un mode de vie, une civilisation disparus subitement, comme suspendus sans qu'on s'autorise même à en parler, sans qu'on veuille même en laisser des traces, en somme une mémoire enfouie. Qu'est-ce qui pouvait donc témoigner de leur présence et de leur vie passée en dehors des cimetières ? Là était la question, obsédante, il faut bien le dire.

Pour ceux qui peuvent revenir sur les lieux, une expérience peut être tentée qui consiste, d'une certaine manière, à remettre la mémoire à l'endroit en faisant l'expérience du « vide ». La remémoration redémarre à partir du seul point commun entre l'avant et l'après : pendant que les nouveaux habitants dorment, les rues sont vides et le quartier reprend les mêmes apparences qu'avant. Dans cette apparence de vide, les souvenirs remontent à la surface. Alors, on peut s'imaginer que ceux qui dorment ne sont autres que ceux qui avaient fondé, vécu et animé ce quartier juif et retrouver alors dans sa mémoire la vie et les activités qui se déroulaient au rythme de la vie religieuse.

Et d'abord, les moments heureux : à l'occasion de la Bar-Mitsva, après l'office du matin célébré à la synagogue, on voyait défiler dans certaines rues un cortège d'un genre unique : entourant le jeune garçon, un orchestre déambulait dans les rues en chantant, en hébreu (et parfois en arabe), des chansons gaies. Violon, mandoline et tambourins animaient ce cortège suivi par la famille et les amis de l'adolescent, s'arrêtant à la porte des maisons des tantes et oncles où on leur servait des pâtisseries et du lait. Le cortège grossissait après chaque passage, puis il s'ébranlait jusqu'à la maison familiale où tout ce monde était invité à partager le repas de la fête. Parfois, l'orchestre était pris de court, le répertoire s'étant épuisé et la tournée pas encore finie tant les familles étaient grandes. Les improvisations étaient alors si cocasses que la joie et la bonne humeur en étaient redoublées.

Imagine-t-on un instant l'euphorie qui régnait dans ces rues à la veille de Pessah, au moment où, devant toutes les maisons du quartier, on brûlait le hamets. Et à la veille de Soucot quand on transportait les roseaux pour construire les cabanes sans parler des joutes d'eau mémorables de Chavouot.

La rue principale pompeusement appelée « boulevard » avait une particularité : tous les soirs, vers 17 heures, elle se transformait en un lieu de promenade et de rendez-vous pour toute la jeunesse juive : c'est là que s'organisaient les rencontres, les surprises-parties, les rares sorties à la campagne et les sorties au cinéma dans la ville européenne. On peut, aujourd'hui, rencontrer un phénomène identique à Figuera da Foz, ville balnéaire et port du Portugal, située à une quarantaine de kilomètres à l'ouest de Coimbra et à la même latitude que Tolède (Espagne). La rue se vide pour laisser place à une foule très dense de promeneurs qui remontent la rue et la redescendent plusieurs fois : les gens s'y retrouvent, s'y rencontrent, s'y parlent, c'est un lieu d'une convivialité rarissime.

Continuant à déambuler dans les rues, on ne peut manquer l'emplacement de toutes les synagogues. Il y en avait pratiquement dans toutes les rues. Parfois, c'était des maisons transformées en lieu de culte. Le plus souvent, elles avaient été fondées par des rabbins ou des notables de la communauté. Toujours pleines de monde, elles avaient chacune leur particularité : tantôt, c'est la qualité du prêche qui attirait les gens, tantôt l'officiant chantait si bien que l'ambiance à la synagogue était empreinte d'une grande ferveur; tantôt c'est l'organisation d'offices matinaux le samedi qui déterminait le choix pour une raison simple : il restait du temps pour les rencontres sportives intra-communautaires.

Les écoles n'avaient pas changé. Parfois, elles s'étaient agrandies, sans doute pour accueillir plus d'élèves.

C'est pourtant là que nous vécûmes, enfants, les moments les plus difficiles, les premiers matins où la place de nos ami(e)s était restée vide. La maîtresse ne disait rien. À la fin de la classe, nous nous précipitions vers leur maison. Elle était vide. Plus personne. Plus un objet. Nous ne nous étions aperçu(e) s de rien. Quand enfin les adultes se décidaient à nous parler, c'était pour nous annoncer sommairement que les familles étaient parties en Israël. Peu à peu, le vide se faisait autour de nous. Les ami(e) s disparaissaient ainsi que les cousins et les cousines, les grands-parents. Le monde s'effilochait autour de nous.

L'expulsion d'Espagne avait été vécue par les exilés comme un véritable cataclysme. Dans la conscience juive, elle a été comparée à la destruction du Temple. On en trouve référence dans beaucoup d'écrits rabbiniques postérieurs. Si l'Espagne avait été considérée comme une patrie, il est donc logique de penser que, pour tous les exilés, le départ fut un véritable arrachement. Les Juifs originaires d'Espagne emportèrent avec eux toute une manière de vivre dont on pourrait trouver des similitudes chez tous leurs descendants installés autour du bassin méditerranéen, en Europe du Nord ou en Amérique : mode de pensée, rituels synagogaux, mode de vie, solidarité et entraide sociale organisées et structurées en « amicales » ayant chacune une charge bien définie.

Les Juifs exilés qui ont été accueillis au sud de la Méditerranée et trouvé asile en terre arabe, dans les pays musulmans ont vécu, sauf exception, dans des conditions comparables à celles des populations autochtones. Si leur statut juridique était, jusqu'à l'indépendance, celui de protégés du roi ou *dhimmis*, il n'en demeure pas moins vrai que leur vie collective était organisée comme celle d'une « nation juive » en terre étrangère. En dehors de la juridiction relative au crime de sang,, ils géraient leurs tribunaux, leur vie culturelle et religieuse, leur éducation, leur enseignement, leur commerce. Leurs modes de vie et de pensée étaient respectés sans qu'il y ait eu la moindre guerre de religion ni de manifestation d'intolérance collective[4] à leur égard. Leur vie religieuse se déroulait sans heurt majeur qui aurait mis leur vie en péril, en dehors de la période almohade du XIIIe siècle et des deux années de règne de Moulay Hafid marquées par un fanatisme religieux insupportable au XVIIIe siècle au Maroc. Les vexations ou les humiliations étaient le fait d'abus locaux ou individuels. Une certaine forme d'arbitraire pouvait s'exercer ici ou là, de manière exceptionnelle, mais il ne semble pas qu'elle ait été le fait des gouvernants au sommet de l'État.

Les Juifs vivaient comme les autochtones, ni plus ni moins riches, ni plus ni moins libres. Au contraire, ils étaient plus instruits. Il n'y avait pas d'analphabètes parmi eux, tous connaissaient l'hébreu parfaitement (en dehors des femmes et cela jusqu'à l'arrivée de l'Alliance israélite universelle). Certains avaient gardé l'usage de l'espagnol depuis l'expulsion. Ils parlaient l'arabe et certains l'écrivaient. Ils apprirent le français ou les autres langues européennes avec les différentes vagues de colonisation européenne des XIXe et XXe siècles. On peut donc comprendre qu'ils aient considéré ces différents pays d'accueil comme une autre patrie.

Ils avaient développé une culture juive d'une réelle intensité : enseignement de tout le corpus des études juives : Torah écrite et Torah orale ou Talmud, Zohar, Cabbale ainsi que leurs commentaires. Poésie juive surtout celle de Yehouda Halévi [5], Ibn Gabirol [6], Ibn Ezra [7], etc. Toutes les œuvres des penseurs et philosophes juifs de l'Antiquité ou ceux de l'époque andalouse étaient enseignés. Beaucoup d'érudits ont produit des œuvres littéraires : poésie ou pensée juive. Très rares furent ceux qui purent les publier ou cherchèrent à le faire. Pour la plupart, leurs œuvres restèrent à l'état de manuscrits. Certains furent perdus au cours des départs. Quelques écrivains ou poètes se firent enterrer avec toute leur œuvre écrite, soit par humilité réelle ou supposée soit parce qu'ils ne voulaient pas dévoiler les « secrets » ou l'explication des « mystères » qu'elles contenaient. Beaucoup attendent d'être étudiés et peut-être publiés. La plupart de ces manuscrits sont d'inspiration kabbaliste, messianique. Certains font référence au code de conduite de la vie juive (*Halakha*) ou au code maïmonidien. On trouve également des *responsa* ou comptes rendus de décisions des tribunaux rabbiniques avec les discussions se rapportant aux points litigieux. Il est bien évident que leurs systèmes de références sont dans les œuvres des rabbins sépharades.

Beaucoup de manuscrits ont été recueillis et déposés soit à l'Institut Weizman à Réhovot en Israël, soit dans les fonds de bibliothèques de l'Université hébraïque de Jérusalem ou celle de Haïfa. Certains furent édités à compte d'auteur par les familles concernées.

Du point de vue économique, le niveau de vie des populations juives était, en moyenne, assez modeste à l'exception de quelques familles.

Du point de vue social, il faut remarquer que la délinquance restait un phénomène rare bien que les familles fussent très nombreuses. Un système d'entraides diverses fonctionnait à l'intérieur de chaque communauté. Ce système fonctionnait déjà dans les communautés juives sépharades avant l'expulsion d'Espagne puisque Yerushalmi [8] en rend compte dans ses études sépharades. Des charges sociales confiées à des familles avaient été transmises à leurs descendants et continuaient encore à fonctionner selon le même principe jusqu'à la fin du XXe siècle ; des amicales organisaient l'aide aux plus démunis, les aides ponctuelles, les aides aux soins médicaux ou pour les interventions chirurgicales, les préparations aux enterrements, les collectes hebdomadaires des produits de première nécessité pour les familles les plus pauvres. L'aide mutuelle était une réalité intrinsèque à chaque communauté juive. Si, comme partout, les plus riches bénéficiaient de beaucoup de considération, il n'en demeure pas moins vrai que l'érudition et la bonne éducation restaient les valeurs les plus sûres dans les relations à l'intérieur de la communauté.

Reste à évoquer la vie spirituelle et « artistique » à l'intérieur de ces communautés. Si ces deux adjectifs ont été rapprochés, c'est pour une raison qui tient à l'expression la plus fréquente de ces deux aspects dans la vie juive : le chant liturgique. Des poésies élégiaques ou *piyoutim* étaient chantées par des chorales animées par des hommes réunis en « amicales/*hévrot* » Ils étaient choisis pour leur belle voix et on leur enseignait dès le plus jeune âge les règles et les mesures de ce chant. Certaines mélodies très anciennes remontaient à l'époque précédant l'expulsion d'Espagne, d'autres étaient recomposées à partir de la musique pratiquée dans le milieu environnant : arabe (ou, pour les autres Juifs séphardes, turc, égyptien, yéménite, hollandais, grec ou bulgare…)

Tant que les communautés gardaient des liens étroits avec le rituel religieux, alors on observait les mêmes pratiques : les hommes de l'Amicale se réunissaient pour la lecture du *Zohar*, l'œuvre centrale de la mystique juive, à tour de rôle, dans la maison de chacun des membres. Puis ils se réunissaient avec les autres hommes de la Communauté pendant une période allant de la fin de Souccot jusqu'à Pourim, dans la nuit du Shabbat (du vendredi au samedi) au milieu de la nuit. Les nuits étant plus longues, ils chantaient des *piyoutim* pendant plusieurs heures, jusqu'au lever du soleil au moment où l'aube se lève. Les *piyoutim* sont des poèmes d'inspiration mystique ou cabaliste qui célèbrent l'amour de Dieu avec le peuple juif dont l'intention est de favoriser un rapprochement spirituel avec la Divinité. L'ambiance de ces « concerts » mystiques collectifs, quand on y avait assisté, était plutôt empreinte de ferveur et de joie et, d'une certaine manière, on pourrait dire qu'elle était éthérée,… aérienne. Ces séances de chants mystiques qui purifiaient l'âme à la recherche de Dieu s'appelaient des « *bakachot* », littéralement, des recherches. Il s'agit, à l'évidence, de la recherche de Dieu. Les poèmes les plus fréquemment chantés étaient ceux de Yehouda Halevy qui célébraient Dieu dans ses œuvres cosmiques et cherchaient à établir avec Lui une relation mystique en intériorisant la notion de Dieu par le biais de l'âme. Les « *bakachot* » sont encore célébrées dans les familles juives pratiquantes, pas forcément ultra-orthodoxes. Il semble qu'elles remontent à une tradition très ancienne.

Si pendant très longtemps après leur nouvel exode, les Juifs sépharades se sont refusés à faire œuvre de mémoire, il faut bien remarquer que le refus lui-même traduit un blocage qui s'est exprimé par un enfouissement de la mémoire se refusant à se laisser appréhender par un travail d'explicitation. C'est comme si la mémoire elle-même s'était exilée, décuplant le sentiment d'avoir manqué une étape importante dans la transmission, laissant aux générations qui ont suivi une très forte impression de rupture.

Ruth Tolédano Attias

NOTES

1. « Juifs sépharades » désigne les populations juives originaires d'Espagne ainsi que les catégories de population qui ont adopté et intégré les apports culturels, religieux et intellectuels qu'ils ont pratiqués dans le pays d'accueil.
2. Lucian Boia : *Pour une histoire de l'imaginaire.* Les Belles Lettres. 1998, p.50.
3. *Zakhor,* J.H.Yerushalmi, cf. note 27, p. 146.
4. Je souligne qu'il est question de phénomène collectif, non de manifestation individuelle d'intolérance qu'on pouvait observer ici ou là.
5. Poète et philosophe, né à Cordoue. 1035 environ-1141.
6. Poète et philosophe, 1020 env-1057. Auteur du *Fons* vitae.
7. Moïse : né à Grenade, poète, 1055-1035 ; et Abraham, son fils : poète, grammairien et philosophe, 1092-1167.
8. Historien américain. Auteur de *De la Cour d'Espagne au ghetto italien,* Fayard, 1987.

Le judaïsme perdu et retrouvé de Salonique

ERIKA PERAHIA ZEMOUR

SALONIQUE-HAÏFA-STRASBOURG-SALONIQUE
La mémoire reconstituée

La mémoire sépharade est ma mémoire. C'est l'essence même de la recherche que j'ai entreprise depuis plus de cinq ans. Une recherche qui me permet de renouer les liens avec le monde de mes grands-parents que je n'ai pas connu. J'essaie de me le représenter à travers les bribes d'histoires drôles glanées dans la littérature ou bien à l'aide de photos qui ont miraculeusement été retrouvées par mes parents au retour de la déportation. Parce que ma famille m'a légué une autre mémoire.

Le traumatisme de la Shoa s'est inconsciemment transmis à la seconde génération qui a géré la situation comme elle a pu et n'a pas posé de questions. Nous, la deuxième génération, nous avons grandi dans le manque des grands-parents, ceux qui transmettent aux petits-enfants l'histoire de la famille, la vie d'antan. Le passé de nos parents commençait aux camps. C'est seulement quand ils ont dû répondre aux questions de leurs petits-enfants qu'ils ont pu reconstituer leur vie et fait l'effort de retrouver l'histoire de ce monde révolu, le monde perdu de leurs parents. Mais il a aussi fallu attendre la troisième génération pour que la seconde génération prenne conscience de ce vide dans lequel elle avait grandi. L'effort contemporain de reconstruction du passé juif commence ainsi à une époque qui est témoin d'une brutale rupture dans la continuité de la vie juive, et qui voit s'accélérer chez les Juifs la perte de la mémoire du groupe. En ce sens – quand ce ne serait qu'à ce titre – l'histoire devient ce que jamais auparavant elle n'avait été : la foi des Juifs perdus [1], comme le constate Yerushalmi à propos de la mémoire du peuple juif.

Faisant partie de ces « Juifs perdus » j'ai entrepris un travail de recherche dans l'espoir de me situer par rapport à mes racines et d'apprivoiser le traumatisme de la Shoa en essayant de réduire la distance qui me sépare de la terrible expérience de mes parents, expérience qui, quoi que l'on dise, a été, au moins en ce qui me concerne, parfaitement transmissible.

Ce qui m'a incitée à entreprendre toute cette recherche fut le livre que mon père Léon Perahia a écrit sur ses souvenirs d'Auschwitz. En lisant son livre, j'ai trouvé qu'il avait une image très « héroïque » de sa communauté, et un très fort sentiment d'appartenance à la Grèce. Or, Salonique est redevenue grecque seulement en 1912. La culture judéo-espagnole de cette communauté était encore – juste avant la déportation des Juifs – prédominante dans cette ville. La langue maternelle du temps de mes parents – et même de mon temps – était le judéo-espagnol, et la génération de mon père fut la première génération de sépharades à apprendre le grec à l'école. L'idée, donc, que ces déportés se revendiquaient de la Grèce de manière ostentatoire et obstinée[2] m'a paru absurde et incroyable.

Je me suis mise alors en quête d'autres témoignages pour essayer de voir ce que les autres rescapés des camps disaient des Grecs, étant persuadée que mon père exagérait. Mais dans le livre de Primo Levi *Si c'est un homme,* j'ai retrouvé exactement la même image des Grecs et j'ai décidé qu'il y avait là matière à recherche. J'ai voulu comprendre ce qui a fait que Primo Levi dit des Grecs qu'ils constituaient au Lager *le groupe national le plus cohérent et de ce point de vue le plus évolué*[3].

En me posant la question « pourquoi est-il si important pour moi de prouver que les Grecs étaient *différents* ? », ma réflexion m'a conduit au récit de mon père et à sa vision de son groupe d'appartenance, vision apparemment partagée par les autres Juifs de Grèce. J'en ai déduit que l'enjeu de cette recherche concernait ma propre appartenance, la recherche de mes racines et ma propre définition par rapport à ma Grèce natale. À cela s'ajoute l'effritement, voire l'agonie du judéo-espagnol, langue qu'a véhiculée depuis des siècles la culture sépharade et qui s'éteint avec la génération de mes parents. Il s'agit de la mort annoncée de ma langue maternelle, ma culture. C'est exactement ce que dit, très poétiquement, Marcel Cohen : *No saves Antonio, lo ke es morirse en su lingua*[4].

Dans ce cadre de réflexion globale sur ma recherche, il y a encore un point que je signalerai : l'expérience du vide. En effet, au fil de mes lectures j'ai rencontré à plusieurs reprises ce sentiment d'avoir affaire au vide, à la vacuité rencontrée par ceux qui ont entrepris d'étudier et de penser la Shoa. Je voudrais apporter sur ce point ma propre expérience : Quand, en avril 1997, je suis allée à Auschwitz, j'ai eu droit à une visite guidée à la salle où se trouvent archivés tous les documents du musée du camp. On m'a expliqué que dans ces petits tiroirs se trouvent classées soit par nom, soit par numéro de déporté, les fiches de toutes les personnes sur lesquelles un quelconque document a été trouvé dans les archives du camp, par ailleurs détruites à 95 % par les nazis à l'évacuation du camp. Je me suis alors précipitée sur les tiroirs qui pourraient contenir les noms «Capon» (la famille de ma mère) et «Perahia». Ce n'est pas tant le fait d'y trouver les noms de mes parents qui m'a troublé. C'est de voir la quantité de fiches portant le nom des miens, là devant moi, fiches qui m'ont fait prendre conscience de l'étendue du désastre, de l'anéantissement de ma famille. Et cela sans compter tous ceux qui sont partis directement aux chambres à gaz – et donc pas comptabilisés – et tous les documents détruits. Je me trouvais dans le caveau familial.

Bien que la visite sur le site du camp fût pour moi un pèlerinage sur les lieux où mes parents ont vécu et survécu, ces petits tiroirs de fiches donnaient subitement corps à toutes les personnes disparues de ma famille.

Mon travail s'est articulé autour du comportement des déportés juifs de Grèce, la manière dont ils se représentaient leur groupe et comment les autres déportés les ont perçus.

L'analyse des témoignages des rescapés grecs m'a permis de supposer que, forts d'une longue tradition d'entraide, d'une différenciation par leur culture sépharade et d'un fort sentiment d'appartenance à un pays qui ne les a pas reniés, les Juifs de Grèce ont constitué un groupe *national* solidaire durant la déportation, dans le camp d'Auschwitz.

Cette image se reflète de façon différente à travers les témoignages des non-Grecs. J'ai constaté que la culture sépharade avait un parfum d'exotisme, les représentations sur la vie quasiment sans persécutions des Juifs de la Méditerranée et de l'essor commercial de Salonique, se traduisaient en un certain nombre de stéréotypes, et, aux yeux des déportés ashkénazes, le particularisme des déportés grecs n'était que la confirmation de ces stéréotypes.

En essayant de comprendre les tenants et aboutissants de l'identité nationale des Juifs de Grèce, je me suis trouvée confrontée à ce que j'appelle «le paradoxe grec,» qui a, à mon sens, deux facettes : d'un côté nous avons les Grecs chrétiens qui, malgré les quelques ressentiments envers leurs concitoyens juifs à Salonique, les soutiennent et les accueillent au sein de la nation, de l'autre nous avons les Juifs de Grèce (et notamment ceux de Salonique), qui s'approprient contre toute attente une culture qui n'est pas la leur, et se sentent membres à part entière de cette nation. La Grèce, qui pourtant opte en 1936 pour le fascisme, demeure en retrait et n'adopte pas les concepts raciaux hitlériens. Bernard Pierron, en essayant de comprendre cette situation paradoxale, conclut en écrivant : « en cette contradiction du pouvoir dictatorial grec réside sans doute toute l'originalité du génie hellène [5] ».

L'HISTOIRE DE LA PRÉSENCE DES JUIFS EN GRÈCE

La présence des Juifs en Grèce remonte en 85 avant J.-C. On les appelle les Romaniotes [6]. Leur langue maternelle est le grec et ils vivent dans les îles Ioniennes, à Athènes et au centre de la Grèce. Quand l'Empire ottoman succède à l'Empire byzantin, son système de reconnaissance d'une certaine autonomie religieuse et législative des diverses minorités encourage l'émigration des Juifs d'Europe persécutés par les Chrétiens, et plus particulièrement des Juifs d'Espagne, à la fin du XVe siècle. L'affluence de ces immigrés a été voulue, encouragée et acceptée par les Ottomans pour fortifier l'économie de l'Empire.

Les sépharades (du mot hébreu Sépharad = Espagne) se répandent vers la Hollande, la Provence ou l'Afrique du Nord, et surtout vers l'Orient, dans l'Empire ottoman. Ils s'installent dans les villes portuaires d'Istanbul, Izmir et Salonique, qui, à cette époque, est dépeuplée et ravagée par les attaques des pirates ou des croisés. Les vingt milles sépharades qui y débarquent parlent le castillan ou judéo-espagnol. Ayant été mêlés à la société chrétienne, ils constituent une véritable élite, ouverte aux idées modernes et aux connaissances profanes. Ils seront majoritaires dans cette ville dès le milieu du XVIe siècle et le resteront jusqu'en 1912, à l'annexion de Salonique par la Grèce [7]. À Salonique le castillan deviendra non seulement la langue commune de tous les Juifs (y compris les Romaniotes et les Ashkénazes) mais aussi de toute la population, musulmane et chrétienne. Les Juifs occupent toutes les classes sociales et exercent tous les métiers. Ils habitent dans le centre ville, du côté du port, et comme en Espagne avant 1480, les quartiers juifs ne sont pas ghettoïsés.

À partir de 1523, Salonique obtient la Charte de libération qui en fait une petite république dotée d'une quasi-souveraineté interne. Jusqu'au XIXe siècle, le Conseil des Rabbins collecte l'impôt pour l'Empire et fixe à chacun le montant de son dû. Le Conseil dispose d'un droit de justice interne. Les immigrants fondent, à leur usage propre, dix importantes synagogues qui s'ajoutent aux trois existantes à leur arrivée. Chaque synagogue, outre le lieu propre du culte, comporte une école, un tribunal, des sociétés charitables. Pour toutes les communautés de la diaspora ibérique, le type organique de l'organisation communale est fixé depuis 1432 par le synode de Valladolid. L'origine de toute autorité réside dans l'assemblée générale des contribuables qui prend ses décisions à la majorité et délègue ses pouvoirs à un conseil administratif. Chacune des synagogues légifère pour son compte, élabore un nombre de décisions qui se traduisent par des textes précis et clairs. Ces décisions constituent une véritable jurisprudence sans cesse mise à jour, couvrant tous les domaines de la vie privée et publique.

Jusqu'à la fin du XVIIe siècle, Salonique est un important centre industriel de draperie et un centre culturel où convergent les marranes lettrés issus des universités espagnoles et portugaises. La puissance commerciale de Salonique devient même politique pour un moment. À la suite d'un autodafé imposé par le pape qui envoie au bûcher des Juifs et des marranes d'Ancône, en 1565, Salonique entraîne pendant un temps les autres communautés sépharades de l'Empire turc à boycotter le port d'Ancône, dont le plus gros du trafic se fait avec l'Orient. Pendant un temps, sous l'impulsion de Salonique, et pour la seule fois dans l'histoire de l'Europe, une communauté juive aura osé riposter à la persécution.

Le dépérissement économique de Salonique suit la décadence de Venise, après la prise de Candie par les Turcs, en 1669. Le dépérissement culturel commence à la même époque. C'est l'arrivée des Juifs livournais, souvent sépharades, voire marranes, mais très italianisés, au cours du XVIIIe siècle, qui réveille l'activité de la ville. Ils font pénétrer l'Occident moderne, laïque, technique et économique dans la Salonique sépharade orientalisée. Ils sont fondateurs de banques modernes, créateurs des industries nouvelles, fondent et encouragent écoles et journaux laïques et aussi l'édification d'écoles grecques. Grâce aux livres et aux journaux (105 titres créés jusqu'en 1930), le judéo-espagnol redevient une langue à part entière. Le français qui se répand est la langue commerciale et surtout celle de la culture. C'est le résultat de l'action de l'Alliance israélite universelle qui a créé des écoles pour garçons et filles, toutes confessions confondues. En 1912, lors de l'annexion de Salonique par la Grèce, la ville compte 170 000 habitants, dont 56 % de sépharades, 20 % de Turcs (dont la moitié sont des Deunmès[8]), 20 % de Grecs, 4 % de Serbes, Bulgares, etc.

La communauté juive de Salonique est dotée d'un système complet d'œuvres d'assistance. Les sépharades de Salonique ont une longue habitude des donations annuelles allouées aux bonnes œuvres. Ce système est l'héritage de la communauté sépharade de la haute époque et il fut préservé et développé par les générations qui ont suivi. Bien que la majeure partie de la communauté soit indigente, et que la masse à secourir soit considérable, tous les œuvres d'entraide ont exercé leur activité sans interruption, jusqu'à l'extermination, y compris pendant la durée des déportations. Il m'a paru extrêmement important de montrer la longue tradition d'entraide, bien ancrée dans les mentalités, qui existait au sein de la communauté. Il est vrai que Émile Durkheim, dans *Le Suicide*, définit les Juifs comme « une petite société compacte et cohérente ayant d'elle-même et de son unité un très vif sentiment ». Cependant, même si cette profusion d'organismes charitables n'est pas vraiment exceptionnelle au sein des communautés juives en général, le fait que les Saloniciens le ressentent de cette manière les aide à se sentir différents et exceptionnellement solidaires. Il m'est avis que cette tradition a joué un grand rôle dans l'attitude de ces mêmes Juifs quand ils se sont trouvés complètement démunis dans le camp d'Auschwitz. Leur solidarité a pu jouer, malgré les conditions du camp étudiées précisément pour pousser les individus à se désolidariser de leurs identités.

Durant les guerres balkaniques et la Première Guerre mondiale, beaucoup de sépharades quittent la ville, et une nouvelle diaspora commence vers l'Occident. Mais c'est le grand incendie du centre ville, en août 1917, laissant plus de 50 000 Juifs sinistrés, qui occasionne une grande vague d'émigration vers la France, les États-Unis, l'Italie et l'Angleterre. Ceux qui ne peuvent partir à l'étranger partent vers les villes de l'intérieur, surtout vers Athènes, qui devient le centre économique et politique de la Grèce.

Après 1912, le gouvernement grec décide de mener une politique projuive pour contrecarrer la propagande de l'Autriche-Hongrie, de la Bulgarie et de la Serbie, hostiles à l'annexion de Salonique par la Grèce. L'effectif total des Juifs de Grèce va s'accroître de façon sensible. La Communauté salonicienne devient la Communauté pilote du judaïsme, puisque par son importance elle acquiert réellement le droit à la parole dans le domaine politique. La conséquence de ce phénomène est avant tout le vote à la Chambre d'une importante législation destinée à entériner l'existence de toutes les communautés de Grèce et à officialiser les statuts particuliers[9]. Une série des mesures économiques et sociales en faveur des Juifs de la ville est mise en place. C'est grâce aux initiatives des Juifs de Salonique qu'à partir de 1920 le statut des communautés juives sera systématiquement codifié alors que déjà, depuis quelques années, des députés juifs siègent aux côtés de leurs concitoyens orthodoxes au parlement athénien [10].

Mais en 1922, avec l'échange des populations entre la Grèce et la Turquie, arrive à Salonique une énorme vague de réfugiés grecs de l'Asie Mineure et le paysage de la ville est complètement bouleversé. La volonté du gouvernement d'helléniser la ville est manifeste. Les 100000 Grecs de Thrace et d'Anatolie, avec les 75000 sinistrés de l'incendie de 1917, constituent une masse énorme de sans-logis pour qui on bâtit des habitations, des magasins, des ateliers. En 1932, un pogrom a lieu dans un quartier ouvrier juif de Salonique, provoqué par une organisation fasciste, et pousse au départ 10000 Juifs vers la Palestine. Les mesures autoritaires, durant la dictature de Metaxas (1936-1941), mettent fin à toute agitation populaire, y compris d'inspiration antisémite.

L'hellénisation de Salonique, qui débute avec la modification du cadre de vie après le grand incendie de 1917, se poursuit par l'obligation de tenir les livres de comptes en grec (loi de 1920 mais révisée par le traité de Sèvres), la suppression du samedi comme jour chômé et l'instauration du repos dominical (1929) et enfin, en septembre 1936, la loi qui rend obligatoire l'enseignement du grec

La montée générale du fascisme en Europe, d'une part, qui se traduit en Grèce par le coup d'État du général Metaxas en 1936 et la propagande hitlérienne qui faisait des adeptes en Grèce comme ailleurs, et d'autre part, l'arrivée massive des réfugiés d'Asie Mineure, sont pour Bernard Pierron les raisons des quelques lois votées qui vont à l'encontre de ce que le gouvernement avait promis aux Juifs de Salonique [11].

Mais le régime fascisant du général Metaxas est pétri de contradictions. Cette situation se traduit en paradoxe, que j'appelle « le paradoxe grec » :

En pleine montée du nazisme dans toute l'Europe, avec au gouvernement un dictateur fasciste, grand ami de Mussolini, et participant aux grands congrès fascistes où se débattent les questions des lois raciales, la Grèce tient un langage officiel philosémite, censure la presse qui prend les Juifs de Salonique comme cible, et pour finir, en 1940 rejette l'ultimatum lancé par son voisin et « ami » italien qui réclamait le libre passage de ses troupes et jette l'armée grecque dans une lutte victorieuse[12] de six mois sur les montagnes de l'Épire du Nord. D'après B. Pierron, il faut voir, derrière ce reniement des amitiés anciennes et des convictions personnelles du général, les pressions exercées par le roi Georges II, la quasi-unanimité du peuple pour cette politique et la dépendance économique de la Grèce vis-à-vis de la Grande-Bretagne [13].

Décrivant la situation dans la Grèce d'avant-guerre, Pierron dit : « ce fut un État fascisant, policier, centralisé où se multiplièrent les organisations paramilitaires qui devaient servir de cadre aux mouvements d'extrême droite dont la Grèce eut tant à pâtir dans la suite de son histoire». Cependant l'antisémitisme ne fut jamais érigé en doctrine d'État et s'il y eut quelques manifestations de discrimination raciale, aucune mesure législative, loi ou décret, visant à isoler les Israélites du reste de la population ne fut adoptée.

Les Juifs saloniciens et l'aptitude de leurs dirigeants à s'acharner à défendre les droits menacés de leurs coreligionnaires sont assez connus pour que nous puissions concevoir que la condition des Juifs de la capitale macédonienne s'était quand même quelque peu améliorée après l'instauration de la dictature. La communauté manifeste et manifestera jusqu'en 1941 sa reconnaissance par une participation active à la vie du pays, un engagement total dans les affaires nationales voire des dons généreux pour les organismes de l'État [14]. La Grèce est impliquée dans la Seconde Guerre mondiale en octobre 1940, quand les Italiens envahissent l'Albanie et demandent aux Grecs de capituler. Le dictateur Metaxas ne s'incline pas, et envoie l'armée grecque défendre la frontière nord. Quatre mille Juifs de Salonique y sont incorporés. Les Grecs brisent le front italien et refoulent l'agresseur jusqu'au centre de l'Albanie. L'héroïsme des soldats juifs est fort remarqué. C'est ainsi que de tous les déportés juifs d'Europe, les Juifs de Grèce sont les seuls à pouvoir s'enorgueillir d'une victoire sur l'Axe.

En avril 1941, des forces allemandes arrivent et brisent la résistance grecque. L'Italie occupe la plus grande partie du territoire grec et les Allemands occupent la Macédoine et l'Ouest de la Thrace, territoire qu'ils concèdent à leurs alliés, les Bulgares. Les Allemands installent un gouvernement fantoche à Athènes, dont la juridiction s'étend à la fois sur la zone allemande, la zone bulgare et la zone italienne. La famine qui règne intensifie la Résistance qui reçoit l'appui à la fois des Britanniques et des Russes. Les collaborateurs grecs ne parviennent pas à s'assurer l'appui du peuple, en dépit de dures représailles exercées par les Allemands contre les résistants [15].

Les Allemands entrent à Salonique le 8 avril 1941 mais la division tripartite de la Grèce fait que les nazis hésitent à appliquer, même dans leur zone d'influence, les «lois raciales» de Nuremberg. Leurs partenaires bulgares et italiens sont très réticents sur ce point. Par ailleurs, les agents nazis qui ont entrepris l'extermination des Juifs préfèrent une action coordonnée de toutes les forces d'occupation. Par conséquent, les nazis se « contentent » de prendre des mesures qui ont rarement dépassé le niveau de la persécution individuelle.

En juillet 1942 a lieu la première action spectaculaire contre les Juifs : tous les hommes âgés de 18 à 45 ans sont sommés de se rassembler sur une grande place de la ville. Les hommes sont recensés et envoyés aux travaux forcés. La cohésion du noyau familial est brisée et c'est l'effondrement moral dans la Communauté. Le Conseil de la communauté réussit à négocier une rançon contre le retour des Juifs des travaux forcés, rançon qui est astronomique et qui épuise le restant de la richesse communale.

En février 1943, D. Wislicenny et Aloïs Brünner sont dépêchés à Salonique pour mettre en place les lois raciales et organiser la déportation des Juifs. Trois ghettos sont créés et les Juifs sont obligés d'y emménager. Le dimanche, 14 mars, les Allemands ordonnent au Grand Rabbin Koretz [16], président du Conseil depuis décembre, de convoquer tous les internés du ghetto du Baron Hirsch pour leur annoncer leur départ pour Cracovie, en Pologne, où ils travailleront, ensemble avec les Juifs se trouvant là-bas. Le Rabbin enjoint aux jeunes gens de ne pas chercher à s'enfuir et de partir avec leurs parents pour les aider et les soutenir. On distribue des chèques en monnaie polonaise à chaque famille qui doit en contrepartie déposer bijoux et or aux autorités allemandes. À partir du 15 mars, on déporte à Auschwitz-Birkenau, tour à tour, tous les Juifs de Salonique après les avoir bouclés dans le ghetto du Baron Hirsch, se trouvant tout près de la gare.

Ainsi, 45 659 Juifs ont été déportés directement de Salonique pour Birkenau et 441 pour Bergen-Belsen, en tout 46 100, dont environ 2 000 venant d'autres villes de la Grèce du nord. 95 % de la population juive s'est laissée déporter, et ce, en 1943, bien après le début de l'application de la « solution finale » au reste de l'Europe. La déportation des Juifs du reste de la Grèce a eu lieu après la capitulation de l'Italie, en 1944. Il y a eu environ un millier de rescapés des camps. La plupart sont revenus à Salonique. Ceux qui se sont installés à Athènes ou sont partis pour la Palestine l'ont fait parce qu'ils ne pouvaient vivre dans une ville vidée de son âme.

Là commence la mémoire transmise, la mémoire sur laquelle nous butons quand nous cherchons nos racines. Thessaloniki est une ville peuplée de fantômes, où seul un œil averti discerne les vestiges de sa grandeur.

Peu sont les gens qui connaissent encore que tel bâtiment – rescapé de la manie modernisatrice des constructeurs – fut bâti par un architecte juif salonicien dans les années 1900 ou que tel hôpital était avant-guerre l'Hôpital Hirsch, ou encore que le bâtiment qu'abrite aujourd'hui le « musée de la Présence juive à Salonique » abritait les bureaux du journal juif « L'indépendant ». Néanmoins, comme je disais au début, il y a eu une prise de conscience. Dans les années quatre-vingt-dix beaucoup de survivants ont parlé. Beaucoup ont entendu. La société a reconnu la souffrance des déportés est nous avons pu commencer à envisager l'avenir.

Une fois l'héritage de la Shoa apprivoisé, les autres mémoires reprennent leurs droits.

Je me rends compte, par exemple, que mon père avait pour chaque circonstance un dicton ou une histoire drôle de Djoha (le caractère correspondant au Turc Hodja) appropriée à raconter, qui contenait toujours une morale. J'ai ainsi reçu une éducation truffée de la sagesse de mes aïeux et transmise dans la langue de ceux-ci. Ces histoires sont parfois extrêmement édifiantes et à mon tour je les ai racontées à mes enfants.

C'est ainsi que ces fantômes continuent à être présents dans notre vie et nous obligent à entreprendre un travail personnel pour préserver la langue judéo-espagnole et la civilisation qu'elle véhicule. Je parle d'un travail parce que, mis à part ces dictons et ces histoires qui nous viennent naturellement dans la langue dans laquelle nous les avons entendues, le judéo-espagnol n'est pas vraiment notre langue maternelle. Il se trouve que d'une part, nos parents cherchant à nous protéger d'une répétition de l'histoire nous ont élevés en nous parlant la langue grecque, de manière à nous assimiler à la société environnante, et, d'autre part, nous, nous refusions de parler autre chose que la langue de nos camarades de classe. Le résultat est qu'aujourd'hui, bien que nous comprenions parfaitement cette langue, nous cherchons nos mots quand il s'agit de la parler. Il nous faut donc travailler pour pouvoir parler la langue que l'on pourrait appeler « maternelle » – puisqu'elle est la langue de nos parents - mais qu'elle nous échappe quand il s'agit de l'utiliser.

La Communauté juive de Thessaloniki, dans cette prise de conscience, retrouve son capital culturel. Sortie de sa torpeur, elle tente de redevenir un pôle du sépharadisme et fait un effort à caractère pédagogique au profit du large public. Deux Musées qui retracent l'Histoire et la Présence Juive à Thessaloniki, des congrès sur le judéo-espagnol [17] rapprochant ceux qui parlent et étudient cette langue, une activité éditoriale soutenue, montrent que la Communauté non seulement survit, mais vit.

Erika Perahia Zemour

P.-S. : Le musée de la Présence juive à Salonique ouvrira ses portes très prochainement. Tout don ou prêt d'objets, œuvres d'art, livres, etc., concernant les Juifs de Salonique pourra enrichir notre collection et sera le bienvenu. Vous pouvez écrire à l'attention de Mme E. Zemour, Communauté juive de Thessaloniki, 24 rue Tsimiski, 54624, Thessaloniki, Grèce.

NOTES

1. Yerushalmi, *Zakhor*, p. 103.
2. Ana Novac, dans son livre *J'avais 14 ans à Auschwitz,* p. 174, écrit sur l'arrivée des Sépharades de l'île de Rhodes – qui par ailleurs avait une culture fondamentalement italienne – : *Un transport d'Italiennes vient de débarquer. « Nous sommes des Grecques de Rhodes », nous expliquent-elles jusqu'à l'exaspération, mais qu'est-ce que cela change ? Italiennes ou Grecques !*
3. Levi (P.), *Si c'est un homme,* p. 103.
4. Cohen (Marcel), *Lettre à Antonio Saura*, édit. bilingue (français – judéo-espagnol), 1997, édit. L'Échoppe, 83 p. « *Tu ne peux pas savoir Antonio, ce qu'est mourir en sa langue.* », p. 47.
5. Pierron (B.), *Juifs et chrétiens de la Grèce moderne, Histoire des relations intercommunautaires de 1821 à 1945*, Paris, L'Harmattan, 1996, 271 p. (préface de Haïm Vidal Séphiha), p. 254.
6. C'est ainsi que l'on a nommé les Juifs hellénisés, vivant dans ce que l'on appelait « la deuxième Rome », c'est-à-dire, l'Empire byzantin.
7. Informations recueillies dans le livre *The Jews of Greece, an Essay* de Nikos Stavroulakis. Athens, 1990, Ed. Talos Press, 128 p.
8. Les Deunmès sont des Juifs islamisés à la suite du mouvement messianique de Shabetaï Sevi qui a remué l'Empire ottoman au XVIIe siècle.
9. Pierron (B.), *op. cit.*, p. 117.
10. Pierron (B.), *op. cit.*, p. 124.
11. Pierron (B.), *op. cit.*, p. 167.
12. À cette guerre contre l'armée de Mussolini, participent 4000 soldats juifs qui se font remarquer pour leur héroïsme. Il faut noter que servir sous les drapeaux d'un État, était une grande première pour les Juifs de Salonique.

13. Pierron (B.), *op. cit.*, p. 207.
14. Pierron (B.), *op. cit.*, p. 214.
15. Davidowicz (Lucy), *La guerre contre les Juifs*, p. 638-639.
16. Hirsch Koretz est un rabbin ashkénaze de Pologne, qui a fait ses études à Vienne et a reçu son Ph. D. pour son étude fondée sur une analyse comparative des descriptions traditionnelles de l'enfer.
17. Le troisième congrès a eu lieu les 16 et 17 avril 2000.

Ma mémoire sépharade

André Elbaz

MAZAGAN-LONDRES-MONTRÉAL-PARIS
La mémoire empathique

«L'art est parfois ce maillon qui permet à deux chaînes –
l'individuelle et la transgénérationnelle –
de retrouver quelque chose du lien qui les unit»

Où est-il ton monde sépharade ? me questionnent souvent ceux qui ne connaissent de mon travail que la partie consacrée depuis trente-cinq ans à la mémoire de la Shoa et aux désastres de la modernité.

Et qui n'associerait comme eux le terme *Sépharade* à l'acuité des odeurs, à la saveur des épices, aux mets raffinés, à la musique andalouse, à la vivacité des couleurs, au soleil, à l'océan ? La zone qui relie mon être à la dimension sensorielle de l'enfance englobe bien ces senteurs et ces goûts, ce sens de l'hospitalité, du shabbat, des jours de fêtes...

Dans la plénitude de ces sensations, que pouvait-on toutefois percevoir d'une spécificité sépharade ? Que savions-nous de nos aïeux et de leur origine ? Qu'avait-on appris à mes parents de l'Espagne, du Portugal, du fait même que «sépharade» signifiait *espagnol* comme «ashkénaze» veut dire *allemand* ? Que nous avait-on transmis ? Que nous avait-on expliqué de l'Histoire ?

La mémoire que je voudrais tenter de cerner ici, celle qui s'est peu à peu construite en moi, celle qui se relie à mon œuvre picturale, ne concerne pas tant la nostalgie des rituels de l'univers judéo-marocain que la découverte progressive d'autres aspects occultés de notre identité. Comme si, dans l'ordre individuel comme dans l'ordre collectif, il m'avait fallu patiemment déchiffrer une origine, l'interpréter, la reconstruire.

Par-delà les souvenirs merveilleux de l'enfance, ma mémoire sépharade m'apparaît aujourd'hui comme une tentative, toujours inachevée, de reconstituer une version cohérente d'une histoire mal transmise.

1. UNE DOUBLE IMAGE DE L'HISTOIRE

Avant toute autre exploration, il me faut évoquer le décalage entre ce qui nous était inculqué par l'école dans les années quarante et ce que, par bribes, nous recevions de nos parents.

Au préalable, il me faut prévenir le lecteur que mon expérience marocaine est celle d'un enfant né dans une petite ville du sud marocain. Ce dont je vais parler ici, lié à la singularité d'une histoire, ne prétend aucunement traiter de la mémoire sépharade en général.

Je suis né en 1934. Mes parents n'avaient pu bénéficier de la formation des écoles de l'Alliance, la seule à laquelle ils auraient pu avoir droit. Ma langue maternelle est le judéo-arabe marocain, c'était notre langue vernaculaire. Nous nous en servions à la maison et dans la cour de récréation. Quant à l'école de mon enfance, elle instaurait et glorifiait la France dans nos mémoires. Nous partagions avec les Africains du continent noir les mêmes aïeux gaulois, et cette filiation s'effectuait dans la seule langue désormais importante à maîtriser, le français. De même, jusqu'au débarquement américain au Maroc en novembre 1942, nous fûmes tous les enfants de Pétain. Tous les matins, dans toutes les classes de toutes les écoles, Africains blancs, Africains noirs, Musulmans et Juifs, face à la carte postale sépia punaisée au-dessus du bureau des instituteurs, nous chantions l'hymne composé pour Sa Grandeur, *Maréchal, nous voilà devant toi, le sauveur de la France.*

Anecdote.

> *Notre maître qui faisait de la résistance à sa façon, je m'en apercevrai plus tard, avait ajouté un* s *à* sauveur. *Tous les matins, il nous faisait chanter :* « nous voilà devant toi, <u>les</u> sauveurs de la France ». *Comme pour nous induire dans des responsabilités à venir !*
> *Le même instituteur qui nous enseignait l'histoire nous enseigna la vie de Jeanne d'Arc, et comme il était aussi notre maître de chant, il nous apprit à chanter « La Marseillaise », « Auprès de ma blonde », « Les compagnons de la Sombre aimeuse » qui perdit tout son charme quelques années plus tard, après mon arrivée en France, en devenant la Sambre et Meuse.*

Mais au fait que nous était-il transmis de l'histoire de notre communauté, que nous était-il expliqué des Croisades, de l'Inquisition ? Rien. Aucune information non plus sur les violences à l'origine de la venue de nos ancêtres au Maroc. Aucune évocation, à l'école, du rapport entre les Chrétiens – les « *Nazaréens* » – et nous. Quant à l'arrivée des Français au Maroc, le seul récit qui nous en était donné dans ma famille nous venait de mon père.

Sensible à notre éducation, mon père nous avait, dès notre jeune âge, transmis que nous étions les descendants de Juifs espagnols, de la partie de la communauté qui avait fui l'Espagne au XVe siècle pour s'établir dans ce pays musulman où ils devinrent des *dhimmis,* contraints de payer pour être protégés. Jusqu'à mon grand-père, il leur avait fallu porter *djellabas* et *sheshs* noirs pour être distingués des autres autochtones vêtus de blanc. Quant aux rabbins, ils devaient, eux, telles des femmes, porter des foulards bleus à pois rouges, ou à pois blancs.

Anecdote
De l'Espagne, il ne restait à mes parents qu'un relent de la langue, dont ils usaient pour nous tenir au secret de certains de leurs échanges.

Quant au Portugal, la communauté juive de mon enfance ne pouvait l'ignorer. Notre ville portait un nom portugais, Mazagan, et le quartier juif se situait au sein de remparts élevés au XVe siècle par les Portugais pour se protéger des Islamistes hostiles à la présence chrétienne.

Anecdote
À propos de cette cité, aujourd'hui El Jadida, je me souviens de la joie qu'avait eue mon père quand il avait acheté, après la Seconde Guerre mondiale, l'une des trois maisons mitoyennes de la superbe salle d'armes qui, lors du long siège imposé aux Portugais par les musulmans, avait été transformée en Citerne (pour recueillir l'eau de pluie). Notre maison avec jardin sur terrasse, ancienne demeure classée monument historique, surplombait la citerne dont les arcades, fleuron du tourisme marocain, envahiront à mon insu plusieurs des œuvres que je dessinerai pour mon film sur le ghetto de Varsovie, réalisé à partir de l'oratorio de Schöenberg A survivor from Warsaw. *Nous l'habitâmes jusqu'aux années soixante… C'est à partir de 1972 qu'elle fut, ainsi que les deux propriétés voisines appartenant à d'autres Juifs, complètement désossée. Probablement par des voisins ou par des citadins qui emportèrent tout ce qui pouvait servir ou se vendre.*

Je suis retourné au Maroc en 1993, avec plusieurs de mes sœurs, pour y enterrer notre mère qui venait de décéder. La semaine de deuil terminée, nous sommes retournés dans la ville de notre enfance et, clefs en mains, nous nous sommes dirigés vers notre quartier, pour retrouver notre maison. À notre grande surprise, toute une façade de la rue avait disparu. Un mur haut et large avait été élevé par la municipalité et les devantures des trois maisons avaient disparu. C'était comme un cauchemar. Il ne restait que la porte d'entrée de la Citerne Portugaise que les touristes venaient visiter…

Aucune lettre à aucun membre de la famille n'avait jamais été envoyée, ni pour nous signaler la construction d'un tel mur, ni pour nous informer d'une incompréhensible expulsion. Ainsi (racontai-je à mes enfants à mon retour en France), il nous fallait trouver normal de découvrir, à l'automne où nous perdions notre mère, que nous avions aussi perdu la maison de notre enfance.

Mais revenons au décalage entre les récits de l'école et ceux de notre environnement. Pendant que la classe nous ancrait dans une France lointaine et désirable, mon père – qui à l'époque ne lisait que des traductions judéo-arabes dans des livres imprimés en caractères hébraïques – revenait souvent sur les *Croisades* en Palestine, sur les *Inquisitions* en Espagne et au Portugal, et sur les hommes de l'Église qui torturaient Juifs et Musulmans par milliers avant de les assassiner par le feu. Ses histoires nous évoquaient les enfants chrétiens de Mazagan qui, lorsqu'ils nous poursuivaient dans la rue, criaient que nous avions tué *Jésu Criss.* (C'est comme ça que nous l'entendions, car nous, « Jésus Christ », nous ignorions ce que c'était ! On n'en parlait même pas dans nos livres d'histoire !). Pleurait-il, mon père, quand il évoquait les prêtres qui, sur les bûchers, promettaient la vie sauve aux Juifs et aux Musulmans s'ils abjuraient leur foi, mais qui les étranglaient ou les garrottaient sans pitié avant de livrer leurs corps sans vie à la proie des flammes ? Il nous parlait aussi des *marranes* qui, pendant ce temps, au risque de la mort, pratiquaient leur religion dans des cachettes souterraines.

Que comprenais-je, à six, à huit, à dix ans, de ces terribles histoires qui deviendraient un jour l'un des sujets que j'allais m'imposer dans mon travail ? Il m'apparaît aujourd'hui, avec le recul, que ce refoulé de l'Histoire, telle que l'école nous l'enseignait, confronté aux récits de mon père, a dû contribuer à la singularité de ma mémoire et à la marque qui s'en est transférée dans mon travail.

Anecdote

Lors de ces longues veillées, l'une de mes tantes, quand elle en avait assez de pleurer sur le malheur des Juifs et des Musulmans, tout en reniflant dans son mouchoir, interpellait mon père : « Lyahou, lui disait-elle, tu nous as assez fait pleurer avec les malheurs des Juifs et des Arabes. Raconte-nous un peu les malheurs des Nazaréens. » Alors mon père prenait Les Misérables *ou* Le Comte de Monte Cristo, *deux de ses livres préférés en judéo-arabe, et nous faisait retrouver les malheurs de Cosette qui lui rappelaient les épreuves de son enfance, ou les malheurs d'Edmond Dantès « qui lui aussi, comme nos ancêtres, avait, le pauvre, perdu son identité ». « Oui,* ajoutait ma tante, *mais, lui, dans les souterrains du château d'If ! »...*

2. MÉMOIRE COLLECTIVE ET MÉMOIRE SINGULIÈRE

En ce temps-là, si l'enfant que j'étais se sentait juif, il ne se savait pas *sépharade*. J'étais certes en contact avec une transmission dont, par rapport à mon frère aîné qui aimait l'étude et les textes sacrés, je ne pressentais toutefois guère l'immense richesse. Le cancre que j'étais, peu préoccupé d'un quelconque héritage, rechignait pour aller au cours d'hébreu ou à la synagogue.

Anecdote

Ma chance est d'avoir eu un père passionnant, créatif, disponible pour chacun de ses enfants. Il est, jusqu'à l'après-guerre, le seul photographe professionnel de la ville. À cette époque où les cartes d'identité deviennent obligatoires, son studio sera, pendant des années, l'un des rares lieux où des hommes et des femmes des trois communautés se côtoient. Notables, jeunes mariés, communiants... Les prostituées de la ville, qui doivent avoir chacune une carte d'identité et une carte de santé, s'arrêtent après leur visite médicale et se font photographier par mon père. Ces jours-là, pour qu'elles n'aient pas à rencontrer les militaires des trois garnisons, mon père travaille à porte fermée. Quant aux musiciens de l'orchestre andalou qu'il dirige, ils viennent souvent répéter à la maison. Mes soirées se passent avec eux sous les palmiers de la terrasse. Les jours de fêtes, j'ai le privilège de les accompagner et de partager leur humour et leurs rires... Comme mon père est également mohel *(circonciseur), je le vois inscrire dans l'Alliance les nouveau-nés à leur huitième jour. Et pour couronner le tout, il a hérité de sa mère des dons de guérisseur. Nous le voyons soigner la gale et la teigne avec les médicaments qu'il concocte, guérir une gangrène, un cas de lèpre. Grâce à l'une de ses préparations – pharmaceutiques celles-ci –, bien des personnes atteintes de calculs néphrétiques rejettent leur pierre et évitent de justesse une opération chirurgicale.*

Mes acquis me viennent du mode de vie de mon père et d'une enfance bercée par ses contes, ses histoires, ses lectures. Il m'est apparu depuis peu que c'est au cours des années quarante qu'il évoqua tant de fois les moments forts de son enfance. Il nous racontait souvent *Le Galilée* – ce navire de guerre français, qui, le 7 août 1907, avait bombardé Casablanca, sa ville. C'est ce jour-là que les *insoumis* au Sultan, *Nas el Shiba*, qui refusaient une présence chrétienne en terre d'Islam, avaient envahi d'abord le quartier juif, brûlant tout sur leur passage. Ils volaient, violaient, kidnappaient. Après avoir défoncé la porte de la maison de mon grand-père, ils s'étaient emparés de son fils aîné, Hanania. Bouleversé, mon père nous racontait à nouveau comment, au cours de cette terrible et inoubliable journée, Nessim, son père, s'était lancé à la poursuite des cavaliers, et comment lui, sa sœur et sa mère avaient fui la ville en feu. Lors de cette course sur le chemin de l'exil, sa sœur et lui durent abandonner leur mère tenue pour morte et rejoindre, dans le désespoir le plus total, la colonne des adultes et des enfants aussi affamés qu'eux.

Mon père avait neuf ans en 1907…

Il n'est pas insignifiant, dans mon histoire, de préciser que c'est ce même jour, dans une autre ville, mais dans une confusion identique, semée par les cavaliers des mêmes tribus, que ma grand-mère maternelle, dans les hurlements dus à la peur, perdait ses eaux, donnant naissance à la fillette qui, vingt-sept ans plus tard, allait me mettre au monde…

Ainsi, dans les terribles années quarante, mon père, à son insu, reprenait quotidiennement son récit qui, telle une litanie, prenait corps, nuit après nuit, dans nos mémoires d'enfants – cependant qu'en Europe, de nouvelles mariées, des jeunes qui venaient juste de faire leur bar-mitsva, des femmes enceintes, des mères, des nourrissons, des enfants, des parents, des familles, des générations de Juifs étaient lâchement massacrés. Mais à l'époque qui le savait ? Nous ne recevions aucune information. Le mot Vichy revenait dans des discussions de mon père avec ses amis, mais je ne comprenais rien. Je ne comprenais pas pourquoi les Juifs avaient été renvoyés des collèges, des lycées, des facultés, de la fonction publique. Et si nous devons au roi Mohamed V de n'avoir pas eu à porter l'étoile jaune, c'est aux Américains débarqués au Maroc dès novembre 1942, un an et demi avant le débarquement en France, que nous devons de n'avoir pas eu à rejoindre (c'était programmé) les Juifs européens dans les camps d'extermination. Jamais nous, les Juifs du Maroc, n'avons vraiment rendu hommage aux États-Unis de nous avoir délivrés des nazis. Ignorant l'ampleur du mal, nous ne savions pas de quoi nous étions libérés.

Je sais aujourd'hui que je dois aux récits de mon père mon besoin de m'exprimer par l'art. Ce n'est qu'après le décès de ma mère, lors de la rédaction d'un texte d'une centaine de pages sur mon enfance au Maroc, que j'ai véritablement pris la mesure de cette transmission symbolique.

Toutefois, il me faut signaler que, pas plus que je ne me réfère aux Annales ou à l'Iconographie lorsque je dessine ou peins, je ne me sens (directement) relié à aucun de ces souvenirs. Il me semble que se mobilisent en moi, lorsque je travaille, des ressources qui seraient plutôt de l'ordre d'une mémoire collective.

Interrogation
Épineuse question que de vouloir cerner par quel imaginaire, lié à quelle mémoire, j'ai eu, à partir d'un certain moment, à travailler sur la Seconde Guerre mondiale, quand on sait que ni ma famille ni moi n'en avons subi les affres.

Pour éclairer ce cheminement, il me faut évoquer mon premier voyage en Israël où j'ai pris véritablement conscience, à l'âge de trente ans, en même temps que de mon appartenance juive, de la scission qui s'était établie, au sein de mon peuple, entre ashkénazes et sépharades...

3. LA DÉCOUVERTE DE LA NOTION DE « SÉPHARADE »

Au préalable, pour montrer comment une histoire personnelle croise la mémoire collective, il me faut dire quelques mots de mon itinéraire – entre mon départ à vingt ans pour Paris en 1954 et ce voyage en Israël, dix ans plus tard, à partir de Londres.

Anecdote
Dès mon enfance, je suis attiré par tous les lieux de mémoire qui représentent l'Occident, le cinéma et plus particulièrement le théâtre. À quinze ans, je quitte ma ville pour une nouvelle vie. Interne au lycée Gouraud à Rabat, tout m'éloigne du judaïsme, de la cashrout, *du shabbat. J'entre de plain-pied dans la culture française. Je vis comme vivent les autres internes ; je suis intégré à leur culture. J'étudie les arts graphiques et le théâtre. À vingt ans, après deux tournées avec la Comédie-Française, je mets en scène un Labiche pour lequel j'ai créé des décors, repars pour une troisième tournée avec ma troupe, quitte le Maroc pour Paris.*

À Paris, mon monde se partage entre la peinture et le théâtre. Je m'estime satisfait d'être tous les soirs sur les planches de la Comédie-Française même si je ne fais que de la figuration, et j'ai le plaisir de voir que les sociétaires rencontrés au cours des précédentes tournées me gardent leur amitié.

Entre Alma-Marceau, Montparnasse et Saint-Germain, la question de mon appartenance ne se pose pas. Tous les soirs, je suis sur les planches où je côtoie Aimé Clariond, Louis Seigner, Jean Davy, Denise Gence, Jean Meyer, Julien Bertheau, et tant d'autres... Le jour, je dessine et peins. J'habite l'une des rues perpendiculaires au musée d'Art moderne qui devient mon école d'Art. Que sais-je alors de la guerre ou de l'Inquisition ? De l'histoire de l'Occident ou de la Chrétienté ? Des sépharades ou des ashkénazes ? Je n'ai aucune raison de me préoccuper de ces questions.

Anecdote

En 1961, lors de la Seconde Biennale de Paris, la Mission Culturelle Française m'invite à faire une série d'expositions au Maroc. Mes expositions sont chaleureusement accueillies et je deviens l'un des jeunes précurseurs de la peinture marocaine. Je suis à cette époque le premier Juif marocain à ne se consacrer qu'à la peinture.

Après un séjour de trois ans dans mon pays natal, au cours duquel je peins, expose, enseigne aux Beaux-Arts, je retourne habiter Londres. J'ai la chance d'y avoir des collectionneurs qui vont me permettre de poursuivre mon travail. Mais, avec le temps, la lumière de l'Île-de-France et celle de Casablanca me manquent. C'est dans ce contexte que, de Grèce où je passe des vacances, je prends un bateau pour me rendre en Israël. Depuis mon enfance, j'avais rêvé de ce voyage.

Je me souviens parfaitement de la proclamation de l'État d'Israël. J'avais quatorze ans en mai 1948. L'événement avait occasionné une véritable mue en moi. Comme si d'un coup s'étaient apaisés, même si je n'aurais pas su le formuler, toute la victimisation *de mon enfance, les conflits avec les jeunes musulmans, l'angoisse de mes treize premières années dans un quartier arabe, la peur de mon père transmise à travers ses récits.*

Parti du Pirée, je quittai la Grèce, sa musique, le sirtakis, les vestiges d'une civilisation aux œuvres d'art mutilées, aux magnifiques temples en ruine, aux théâtres posés sur les flancs des collines. Le bateau nous débarqua au port de Haïfa un vendredi soir vers l'heure de la prière. J'éprouvai subitement l'envie de retrouver un goût de mon enfance, d'entendre la mélodie des prières et cette façon si particulière de prononcer les mots. Ce que ni mon père ni mes aïeux n'avaient pu faire, j'allais, moi, leur descendant, le faire pour eux. Prier une veille de shabbat en Terre Sainte !

Mais, dans cette fin d'après-midi, la ville est déjà vide, les magasins fermés. Un homme de grande taille, coiffé d'un vaste chapeau, blond, barbu, tout habillé de noir, apparaît, marchant d'un pas rapide. Je l'arrête et lui demande, avec la politesse due à un homme en tenue shabbatique, de m'indiquer une synagogue sépharade. « Pourquoi sépharade ? » me répond-il, affable, et il m'invite à plusieurs reprises à aller avec lui dans sa *synagogue. Après l'avoir beaucoup remercié, je précise que je veux une synagogue sépharade parce que je suis marocain. Tout à coup, le mot* marocain *semble le hérisser.* Lèkh lé azazel, *me lance-t-il, brusquement hostile,* va au diable !

À quelques jours de Kippour, quel accueil, quelle *rahmanout* ! Quelle invitation ! Était-ce possible que ce premier Juif croisé en Terre Sainte n'ait pu voir en moi que le bouc chargé de malédictions envoyé par le *Cohen Hagadol*, le prêtre du Temple de Jérusalem, à *Azazel* dans les sables du désert, à partir du moment où je lui précisai quelle était ma terre natale ?

Anecdote
À l'évocation de cet événement, surgit une image de mon enfance. Quand, pendant la guerre, on venait à manquer de verres à boire, je me souviens que mon père en fabriquait à partir de bouteilles vides. Il versait de l'eau jusqu'au niveau où il voulait son verre, il recouvrait cette eau d'une fine couche d'huile, puis il introduisait une tige en fer chauffée à blanc. Quand, en contact avec cette tige, l'huile chauffait à son tour, on entendait claquer le verre, et la bouteille – d'un coup sec – se brisait en deux. La partie basse limée devenait le verre et l'on ne se préoccupait plus de la partie haute.

Ce Juif rencontré à Haïfa me révélait la cassure que le fer chaud du nazisme avait introduite dans le *maïm*, l'eau, de la communauté juive. La prise de conscience de cette cassure ne faisait que commencer. Car plus je voyageais, plus je rencontrais des sépharades qui me parlaient comme si je détenais un pouvoir sur leur avenir. Ils me racontaient l'histoire de leur immigration, leurs espoirs, leurs désillusions. Une appartenance dont j'avais tout ignoré jusqu'alors m'était subitement attribuée. Ainsi je découvrais, sans y avoir été préparé, qu'il existait deux peuples juifs, deux poids et deux mesures.

Anecdote
Ce fameux vendredi soir, après avoir prié dans une synagogue sépharade, je ne pus trouver qu'un café-bar en guise de restaurant ; comme repas, on ne put me servir qu'une bière. À peine l'avais-je entamée qu'une jeune fille me demanda l'autorisation de partager ma table et me demanda de lui offrir une bière. Comme elle ne parlait pas le français et moi pas l'hébreu, nous échangeâmes en marocain. J'eus droit au récit de son allyah avec ses parents, en même temps que de celle d'autres berbères de l'Atlas. Elle me raconta longuement leur impossible intégration, le manque de travail, l'extrême pauvreté, cause de sa prostitution. Enfin, pour sauver l'honneur des siens, elle me demanda de l'épouser…

Plus je voyageais en Israël, plus je rencontrais les gens de ma communauté, et plus il me fallait, dans mon incapacité de réparer, contenir les histoires désolantes que j'entendais. Je n'avais même pas, pour les recueillir, la métaphorique partie de la bouteille galvanisée à laquelle ma mémoire aurait dû servir de réceptacle, de fond et de bouchon. Et plus je visitais le pays, plus je prenais conscience que j'avais derrière moi trente ans d'insouciance. Ce voyage et ces rencontres furent à l'origine d'une forte série de dessins à l'encre de Chine jamais encore exposés. Mais une découverte encore plus violente m'attendait en Israël.

Ce que je vis à Yad Vachem n'avait rien de commun avec ce que je venais de quitter en Grèce où, malgré la violence des iconoclastes, les colonnes des temples détruits continuent à s'élever vers le ciel, où les théâtres ne cessent de perpétuer les lieux où furent clamés les mythes fondateurs.

À Yad Vachem, point de stèles, ni de dalles. Point de beauté, point de canon grec, point de théâtre au flanc des collines, point de mythes pour initier l'être ou le préserver. Non, à Yad Vachem, ce n'était que la présence de l'absence. Absence des corps, absence des tombes. Photos de charniers, de militaires sur-armés tenant en joue des enfants en bas âge, des parents sans défense. Photos de soldats hilares, ciseaux en mains, sur le point de couper la barbe de beaux rabbins aux yeux clairs. Ici la tragédie n'était pas du spectacle. Le silence, ce jour-là, dans la crypte de Yad Vachem, je l'ai rencontré physiquement. Ce silence est le cri que je sens toujours en moi. Il m'accompagne.

Brusquement, peindre n'eut plus le même sens à mes yeux.

Anecdote

Après trois semaines en Israël – pour éloigner ce qu'avait pu être pour les Juifs sans défense l'Europe du temps de mon enfance – il me fut nécessaire de retourner dans les îles grecques. Je fis alors, au quartier juif de Corfou, une rencontre décisive quant à la constitution de mon cheminement et de ma mémoire : la rencontre de Juifs grecs, survivants des camps nazis. Si le Juif à barbe blonde rencontré à Haïfa en cette veille de Kippour 1964 alors que je cherchais le chemin d'un temple avait choisi de m'envoyer le Azazel, *à Corfou, ces oubliés (à l'époque) de la mémoire de la Shoa, ces survivants sépharades, ont béni Dieu qu'il ait existé hors d'Europe des Juifs qui n'aient pas été les victimes de la férocité nazie. Tous les survivants juifs que je rencontrai à Corfou ce jour-là répétaient l'un après l'autre* Barouch Hachem, Dieu soit loué, il existe des Juifs qui n'ont pas souffert !

Ce fut comme si chacun de ces survivants grecs, en me restituant symboliquement le droit d'exister, inscrivait au cœur de mon être une nouvelle sensibilité. Indépendamment de toute préméditation, c'est bien cette sensibilité qui allait me faire peindre, sitôt de retour à Londres en août 1964, cette partie de la tragédie de notre siècle. Tout s'est passé en effet comme si l'acceptation par ces Grecs de mon être sépharade – et de son histoire – avait frayé en moi un accès à la mémoire juive dans sa globalité.

4. LA MÉMOIRE, UNE TAPISSERIE COMPOSÉE DE MULTIPLES FILS...

Anecdote

À Londres, une fois dans mon atelier, alors que j'espérais retrouver ma palette colorée et mes abstractions picturales, une métamorphose très surprenante s'est produite dans mon travail. Chaque fois que j'entreprenais de peindre un paysage grec, apparaissaient sous mes pinceaux ou mes plumes des visages qui me regardaient, qui questionnaient. J'avais beau changer de thème, ces visages revenaient encore. Devant ce phénomène qui insistait, je dus me rendre à l'évidence : il me fallait assumer le sujet.

Cette transformation de mon œuvre ne se fit pas d'un coup. Je pense que là encore le refoulé associé à la méconnaissance de l'Histoire a joué son rôle. En effet, de même que la réaction de mes coreligionnaires ashkénazes en Israël avait déclenché en moi, à partir d'un violent effet de morcellement, l'urgence de trouver dans l'Art une fonction symbolique de réunification, de même, quelques mois plus tard, la réaction de mes compatriotes musulmans n'a pas manqué de renforcer une orientation qui m'avait tout d'abord pris au dépourvu.

Anecdote

Pour les médias marocains, je suis à l'époque un peintre abstrait lyrique, reconnu comme l'un des précurseurs de la peinture moderne. En compagnie de quatre ou cinq collègues, nous représentons le Maroc dans plusieurs expositions nationales et internationales. Mais, en 1965, il se trouve que l'une de mes toiles londoniennes exposée à Rabat et à Casa parmi d'autres collages, dessins et peintures, représente un personnage bras en l'air, une étoile jaune au revers de sa veste. Aux yeux de plusieurs visiteurs musulmans, et particulièrement auprès de certains mes amis, collègues ou journalistes, je deviens aussitôt un sioniste. *L'histoire des Juifs avec l'étoile jaune avait été un tel tabou au Maroc qu'elle ne peut s'associer qu'au sionisme. Aussi suis-je accueilli par mes amis, quand chaque soir je les retrouve, par : « Voilà le sioniste qui arrive ! » C'est à cette époque qu'il m'est annoncé, au cours d'une réunion, que je ne peux trouver place dans l'union des artistes marocains qui se constitue.*

Cette mise à distance brutale et inattendue fut l'un des éléments décisifs qui m'amena à quitter le Maroc et à explorer davantage le thème nouveau qui s'imposait à moi.

Mais au fond qui étais-je ? Tout devenait compliqué. Pour les Marocains j'étais juif et même sioniste, pour les ashkénazes rencontrés en France, sépharade, en Israël, *noir*, pour les Québécois de Montréal, *maudit jouèf*, et pour certains Juifs new-yorkais aux États-Unis, en 1968, je ne pouvais être que *français*.

Anecdote
En juin 1968, Madame Bruneau, la directrice de la Cité internationale des arts où je loge et peins depuis trois ans, m'obtient une bourse américaine qui me permet, à travers treize États, de visiter des musées, des écoles d'art, et de rencontrer des artistes et des architectes de renommée mondiale. Après six magnifiques semaines de voyage, je rends visite aux amis new-yorkais d'un collectionneur anglais. Je passe sur l'extraordinaire appartement qu'ils habitent dans un de ces grands buildings de la Ve Avenue, et sur l'incroyable collection d'œuvres d'art qui est la leur. Au cours du repas, le maître de maison me demande si je suis français. À cause de votre accent, *ajoute-t-il. Mes hôtes ne peuvent en aucun cas admettre que je suis marocain.* – Et pourquoi ne le serais-je pas ? – Parce que les Marocains ont la teigne et le trachome. *– Pourquoi ces deux plaies vous permettraient-elles seules de me distinguer comme Juif marocain ? Il me répond :* le Joint, pour ses campagnes – photos à l'appui –, nous montre que les Juifs marocains sont tous teigneux et trachomateux ! Si les Juifs sont en aussi bonne santé que vous le dites, je cesse dès demain mes donations au Joint ! »

Toutes ces anecdotes, parcelles de mon histoire, constituent, à travers le temps et les rencontres, une partie de la fresque en mosaïque de ma mémoire sépharade.

Quant à mon travail sur l'Espagne et le Portugal, commencé en 1985, qui a donné lieu pour le cinquième centenaire de l'Inquisition en 1992 à un portfolio de vingt sérigraphies *De feu et d'exil*, ce n'est pas – contrairement à ce qui m'a parfois été suggéré – à une mémoire « sépharade » que je le relierai, mais plutôt à l'engagement d'un artiste qui a choisi de s'impliquer dans l'histoire tragique imposée aux Juifs. Il s'agit pour moi, concernant une grande partie de mon travail depuis mon retour de Grèce, de cette mémoire globale dont j'ai précédemment parlé. Lorsque l'on prend conscience que la permissivité de tuer et d'assassiner, sanctifiée par des papes et par l'Église, fut donnée aux rois et aux reines, on comprend que les Croisades et l'Inquisition se sont inscrites dans l'ensemble de l'histoire subie par les Juifs et les Musulmans, que ces événements anciens font partie intégrante de ceux qui ont conduit à la Shoa et, depuis, aux innombrables convulsions de cette fin de siècle.

Comme j'ai déjà eu l'occasion de le développer, si la prise de conscience de ma sépharadité s'est faite ultérieurement à celle de ma judéité, mon travail de peintre cherche surtout à unifier ces deux dimensions de mon être pour appréhender la signification des événements de notre époque – événements et signification qui ne touchent bien évidemment pas les seuls Juifs.

QUESTIONNEMENT

La mémoire finalement ne serait-elle pas cet invisible qui se rencontre aussi dans l'encre des encriers, chez des écrivains ou chez des artistes tels que Goya, Picasso et tant d'expressionnistes allemands ? Sinon, comment expliquer autrement que la sublimation puisse rejoindre l'histoire ? Le rôle de l'artiste n'est pas de reproduire la scène mais de la transcender. Dans mes dessins sur l'Inquisition, j'ai senti une nécessité de bâillonner certaines victimes (alors que je n'avais encore rien lu sur cette époque). Or il s'avéra que j'avais imaginé juste : parmi les Juifs et les musulmans qu'on emmenait aux bûchers, certains, pour qu'ils ne puissent ni hurler ni prier en hébreu ou en arabe, étaient bâillonnés sur le chemin de leur supplice.

Combien de nos aïeux ont-ils subi cette déchéance, pour que j'aie eu, cinq siècles plus tard, besoin de l'extirper de moi et de la fixer ? Ne pourrait-il y avoir de cet insu-là dans une mémoire ?

Anecdote

Parce que, en tant que war artist, comme on dit, *j'ai consciemment opté pour travailler sur les thèmes de l'oppression, du silence imposé, de l'Inquisition, de la guerre, et – le plus inapprochable de notre temps – de la mémoire de la Shoa, il me fallait trouver des formes et des matériaux qui me permettent de renouveler l'indicible et le non montrable que je veux donner à voir, à penser autrement.*

Mes recherches, ces trente-cinq dernières années, m'ont progressivement conduit, après mes dessins à partir de la suie noire sécrétée par la combustion des mèches des bougies (le noir de fumée d'où est tirée l'encre de Chine), aux synthèses actuelles à partir d'un nouveau médium qui réunit le végétal, le minéral, le feu et l'eau.

Depuis 1986, ce médium constitué de fibres végétales, appelé aussi « matière noble », *situe mon travail actuel entre* l'arté pauvéra *et le* minimalisme.

J'ai voulu mon travail pour marquer les tragédies que les humains traversent. Relais qui met en contact avec des *temps* et des *lieux* que la pensée seule ne parvient pas à appréhender.

Lors des récentes tempêtes, les tornades qui ont foudroyé les campagnes françaises ont légitimement bouleversé les amoureux des arbres et des forêts. Devant le déracinement de tant de millions de pins ou de chênes, que d'amis ai-je entendu dire avec tristesse que leurs enfants ne verront pas ces arbres plantés avec tant d'amour, parfois depuis des siècles.

Cette mémoire patiemment exprimée dans mon œuvre s'associe à sa façon à la mémoire de mon épouse ashkénaze et à celle de nos enfants, dont tant d'aïeux n'ont survécu ni aux camps de la mort ni aux chambres à gaz.

André Elbaz

La rentrée en France des Juifs d'Algérie ou le retour en avant

JOËLLE BAHLOUL

CONSTANTINE-NICE-PARIS-BLOOMINGTON
La mémoire utopique

Les sciences sociales contemporaines et leur projection dans l'opinion publique ont traditionnellement appréhendé les processus de migration humaine en Europe en termes de mouvement entre un lieu et un autre, limitant la complexité de la migration du point de vue à la fois géographique et culturel. Ces deux lieux sont en général : 1) le lieu d'origine géographique des migrants, défini comme lieu de leur origine sociale, culturelle et historique ; et 2) le lieu de destination de leur migration, défini comme pays d'« accueil », d'étrangeté et d'adaptation socioculturelle. Dans le cadre de ces conceptions prédéterminées, des recherches récentes ont exploré, entre autres aspects de la question, les phénomènes de « *retour* » des migrants dans leur pays d'origine, soulignant en cela le caractère temporaire de leur séjour en pays d'« accueil », et l'enracinement de leur identité et de leur expérience sociale dans le pays d'origine [1]. Dans de nombreux discours de nature sociologique, les migrants en Europe sont caractérisés comme « étrangers », analytiquement construits dans « l'ailleurs, hors des frontières symboliques de l'objet idéologique que constitue l'identité européenne [2]. Cette conception limitée du processus migratoire, qui me semble en fait paraphraser les idéologies nationales, ignore le caractère évolutif de l'expérience de la migration. Celle-ci en effet ne se limite pas à un simple mouvement physique et géographique, mais continue en fait à transformer la vie sociale des migrants pendant des années, sinon des générations. En particulier, la culture des migrants semble constamment prête à produire des formes d'interprétation de l'événement inscrites dans la mémoire et l'identité culturelles. En d'autres termes, le processus migratoire constitue une expérience sociale de « longue durée ». D'autre part, cette approche des migrations humaines met l'accent sur la dimension *imaginaire* et symbolique de l'expérience migratoire par laquelle les migrants ne répondent pas seulement à des contingences politiques et économiques dans leur décision d'émigrer, dans leur choix du pays d'accueil, et dans leur organisation de l'itinéraire migratoire, mais élaborent en même temps des concepts imaginés de la notion de « communauté », et de celle du « chez nous ». Si le processus migratoire se déploie en effet comme phénomène de « longue durée », il doit aussi supposer l'existence de plus de *deux* « lieux [3] » géographiques. En d'autres termes, les migrations humaines se constituent aussi sous forme de « topographies » imaginaires multidimensionnelles. Je ne fais pas ici allusion uniquement à des scénarios migratoires qui incluraient plusieurs lieux de transit précédant la destination finale. Il s'agit aussi d'itinéraires imaginaires incluant plusieurs lieux comme destinations finales *potentielles*. Un exemple ethnographique significatif nous est fourni par l'expérience juive nord-africaine des migrations entourant la décolonisation du Maghreb. Bien qu'une grande partie de ces populations ait émigré vers l'Europe occidentale et les Amériques, Israël est souvent resté un lieu de destination important pour ceux qui ne l'avaient pourtant pas choisi dans leur projet initial de migration. Cette forme « imaginaire » d'affiliation identitaire est inscrite dans une diversité de pratiques sociales, religieuses et culturelles, du voyage de vacances estivales aux célébrations rituelles, en passant par la consommation obligée de produits alimentaires de fabrication israélienne lors des fêtes religieuses. En dernier ressort, ce qui est en jeu dans ces formes complexes d'expression de l'identité culturelle, religieuse ou historique, est la *construction symbolique de l'itinéraire migratoire*. De ce point de vue, la migration se déploie réellement comme un « fait social total » [4], engageant la totalité de l'organisation sociale des migrants, de leur structures mentales et de leur identité mutante. C'est dans cette perspective que l'imaginaire du retour doit être appréhendé en ce qui concerne l'expérience juive nord-africaine de la migration vers la France, *étape européenne ultime*. Il va de soi que, dans le cas historique qui nous intéresse, cet « imaginaire de la migration et du retour » ne peut s'envisager que dans la perspective de la décolonisation et des mutations sociales que celle-ci a provoquées.

Considérons le cas des Juifs d'Algérie. Soumis au statut musulman de la *dhimma* entre le VIIIe et le XIXe siècle, ces minorités juives en terre maghrébine ont connu l'émancipation politique, sociale et économique avec la conquête française et la colonisation de leur société ancestrale.

Cette émancipation a culminé en 1870, lorsque les Juifs d'Algérie acquirent la citoyenneté française en masse et ont été dès lors progressivement et laborieusement intégrés dans la société européenne, ou au moins au début, dans sa version virtuelle. Ce n'est en fait qu'après la Seconde Guerre mondiale que les Juifs d'Algérie ont été pleinement intégrés dans la communauté « européenne » de l'Algérie coloniale, après avoir connu une sérieuse régression pendant le gouvernement de Vichy, lorsque le statut spécial qui leur fut attribué annula les droits politiques acquis par le décret Crémieux. Ce scénario historique et politique eut de nombreuses implications sociales et culturelles. En premier lieu et à l'instar d'autres communautés juives maghrébines, les Juifs d'Algérie ont perçu le colonialisme comme un processus leur permettant d'acquérir leur émancipation sociale et politique, et donc significatif de la fin de leur assujettissement au système de la *dhimma*. Cette perception n'a été altérée ni par les barrières politiques et sociales dressées par de fréquentes explosions d'antisémitisme, notamment dans la période de l'entre-guerres, ni par les réticences de certains leaders religieux qui voyaient la francisation comme une menace essentielle au maintien de la religiosité chez les Juifs d'Algérie. En réalité, ces Juifs ont vu dans le colonialisme une chance d'accéder à la société civile et d'acquérir des droits fondamentaux du citoyen, tels qu'ils savaient que la France républicaine leur offrirait. Durant la période du colonialisme finissant, dans les années cinquante, les Juifs ne se sont solidarisés, en tant que communauté, ni avec la cause nationaliste arabe indépendantiste, ni avec le pouvoir colonial faiblissant. Ils furent une communauté de l'entre-deux, et tout ce qu'ils désiraient était de rester français et de continuer à être considérés comme des « Européens » à part entière, après avoir développé tant d'efforts, durant plusieurs générations, à s'« européaniser », donc se moderniser. Ainsi pour les Juifs d'Algérie, le scénario naturel de la fin de la guerre d'indépendance fut d'émigrer en masse vers la France, sachant qu'ils n'avaient aucune place dans l'Algérie indépendante, en dépit des sollicitudes de certains leaders nationalistes arabes modérés les encourageant timidement à rester.

Durant les quelque trois décennies de mon observation ethnographique des Juifs d'origine algérienne en France, j'ai souvent été surprise d'entendre ce qui m'apparut souvent comme une contradiction idéologique et symbolique. Mes informateurs exprimaient, *publiquement*, à la fois un désir marqué d'être reconnus comme français à part entière, une allégeance sans faille à l'idéologie républicaine dans sa version française, et en même temps ils fabriquaient, *dans le privé*, un attachement à leurs racines culturelles maghrébines, notamment exprimé dans diverses pratiques rituelles et dans leur mémoire collective. Ce qui m'apparaissait alors comme un paradoxe symbolique s'exprimait, entre autres, dans la manière dont les gens racontaient leurs expériences de la migration. La *métaphore du retour* s'est affirmée de manière particulièrement marquée dans les années suivant le grand départ. On parlait alors, dans le même état d'esprit, de l'« exode » qu'avait constitué l'émigration judéo-algérienne des années 1960 à 1962, et dans lequel ils étaient « rentrés » en France en masse. Nombre d'entre eux n'avaient en fait jamais visité le paysage français avant de quitter l'Algérie « définitivement », sinon à travers la littérature, le cinéma, la cuisine et la presse. Pour bon nombre d'entre eux, la partie initiale du scénario migratoire était organisée en forme de vacances estivales dans une station balnéaire, de Méditerranée de préférence. La croisière méditerranéenne donnait le sentiment d'un départ pas tout à fait accompli, comme si un retour en Algérie avait encore pu se produire, après les vacances et lors de la rentrée des classes… Aussi, la rationalisation des vacances de l'autre côté de la Méditerranée permettait de camoufler les vraies intentions de départ, et de protéger les familles des dangers que l'OAS (Organisation de l'armée secrète) faisait peser sur les Français « désertant » l'Algérie. On doit ici souligner le sentiment des Juifs d'Algérie selon lequel, après avoir été destitués de la nationalité française par le gouvernement de Vichy, le grand départ des années soixante vers la France métropolitaine constituait une forme de *retour pratique et symbolique* vers un parent qui les avait abandonnés. D'où l'usage du terme de « métropole » pour désigner la France dans le discours migratoire, un terme clairement marqué dans la terminologie de parenté. On peut aussi tenter de placer ce discours du « retour » vers la France dans le cadre de l'imagination religieuse, et créer l'analogie entre le grand exode des années soixante et celui des anciens esclaves hébreux de Pharaon. Après tout dans les deux cas, c'est une terre de l'aliénation qui est laissée, pour rejoindre celle de la libération.

Peut-on donc considérer ces migrants juifs maghrébins comme des gens du retour, ou « rapatriés », comme ils furent désignés dans la terminologie officielle, et comme nombre d'entre eux se sont désignés eux-mêmes ? Si l'usage de la terminologie du retour est purement métaphorique, quelle est donc la signification sociale, politique, et culturelle de cette métaphore ? Dans la perspective anthropologique que j'ai adoptée, c'est la fonction symbolique de ce retour pratique et métaphorique qui m'apparaît essentielle. Elle a une relation directe avec l'expérience juive maghrébine du colonialisme et de son déclin. La migration de ces Juifs anciennement colonisés doit se comprendre dans ce contexte historique et idéologique : tout se passe comme si l'expérience coloniale les avait déjà préparés à l'expérience migratoire, comme si l'itinéraire, l'organisation et le choix géographique s'était formé au cours des générations, dans la manière dont on rationalisait l'expérience coloniale, et le statut de chaque communauté impliquée dans le processus.

Historiquement, et depuis la fin du XIXe siècle, les Juifs d'Algérie ont eu un statut colonial différent de celui de leurs voisins musulmans, sauf dans certaines localités retranchées et dans les couches les plus basses de l'échelle sociale. Dans ce sens, ils n'ont été ni colonisés ni colonisateurs dans le sens traditionnel de ces deux termes. L'expérience juive algérienne du colonialisme s'est développée dans le cadre d'une relation triangulaire leur accordant un statut de l'entre-deux, entre d'un côté, la communauté française/européenne et le pouvoir politique et culturel qu'elle représentait, et de l'autre, la société arabo-musulmane indigène. Il y a dans cette situation historique une remise en cause du scénario dualiste de la relation coloniale proposé par Memmi et qui se résumait à une relation de domination entre colonisateur et colonisé [5]. D'un point de vue culturel et religieux, le processus de domination coloniale fut très profond pour les Juifs, qui, pour accéder à la francité, durent abandonner une grande partie de leurs traditions religieuses, leurs langues judéo-arabes indigènes, et un grand nombre de pratiques culturelles ancestrales. Il est certain que, dans de nombreuses situations, cette forme de domination ne fut pas forcée, mais elle exigeait néanmoins le sacrifice du patrimoine socioculturel qui définit l'identité juive au Maghreb pendant des siècles. En fin de compte, elle engendra la dépossession culturelle, par laquelle ces Juifs n'ont maintenant plus qu'une langue, mais qui n'est pas la leur [6].

L'une des erreurs de reconstitution historique résultant de la classification des Juifs d'Algérie dans la catégorie des gens du retour est la désignation de ces communautés par le terme de « colons ». Dans l'Algérie coloniale, cette catégorie était composée de gens d'origine française réelle (et non imaginée), et qui avaient immigré en Algérie (ou leurs ancêtres) pendant la période coloniale et avaient exploité la terre et ses habitants indigènes. Ils étaient en principe des exploitants agricoles, une catégorie qui comprenait un nombre infime de Juifs, dans l'histoire desquels la propriété de la terre et son exploitation fermière n'avaient pratiquement pas existé pendant des siècles. Dans la terminologie vernaculaire des Arabes algériens, le terme « colon » était en principe utilisé pour désigner des Français, et non pas des Juifs. Il constituait donc, dans la représentation indigène de la société coloniale, l'antithèse des communautés juive et musulmane, même si, encore une fois, on trouvait un petit nombre de Juifs parmi les fermiers colons.

Sur le plan historique donc, les Juifs d'Algérie ne furent ni colons ni réellement des émigrants du retour. Si cela avait été le cas, ils auraient développé des formes de représentation de la France comme un « chez-soi ». Or, paradoxalement, ils considéraient la France comme une « mère-patrie » (d'où le terme « rapatriés »), et même temps comme un lieu de l'exil culturel. Depuis leur arrivée en France dans le début des années soixante, ils développèrent de nombreuses pratiques de la mémoire culturelle de l'Algérie natale, soulignant ainsi l'aspect multidimensionnel de leur conception du « chez-soi ». Le répertoire musical d'Enrico Macias, chanteur juif originaire de Constantine et très populaire chez ses coreligionnaires d'Algérie, notamment dans les années suivant l'exode, montre la profondeur de l'ambiguïté de ces conceptions populaires. Sa chanson « J'ai quitté mon pays » fut à son époque un succès emblématique, et que je qualifierai de succès *ethnique*. Dans les représentations initiales, la chanson et surtout ses paroles « j'ai quitté mon pays, j'ai quitté ma mer bleue… » provoquaient des déversements d'émotion collective chez leur public, de majorité « pied-noir », indiquant clairement la localisation du concept « mon pays ». Dans le même état d'esprit, une autre chanson du répertoire Macias identifiait son interprète et son public comme originaires d'« ailleurs », et impliquait l'expérience migratoire. « Je suis l'oriental, car je suis sentimental », les mots tracent des frontières à la fois géopolitiques et culturelles, sinon idéologiques. Dans la représentation occidentale (c'est-à-dire européenne), la culture orientale est déterminée comme culture des sentiments et des émotions (dont les émotions du public de Macias rendaient compte de manière spectaculaire), en opposition à la culture rationnelle occidentale à laquelle les Juifs d'Algérie se sont si profondément identifiés. Et comme pour se défendre d'avoir suggéré que les Français sont dénués de facultés émotionnelles, Macias chantait quelques années plus tard une autre chanson tout aussi populaire proclamant que « les gens du Nord ont dans le cœur le soleil qu'ils n'ont pas dehors ». C'est tout un programme géo-idéologique qui est à l'œuvre ici, une expression identitaire de la mémoire collective de l'expérience de la migration, et la définition des identités respectives du registre « France » et du registre « juif originaire du Maghreb ».

Cette expression publique d'une certaine nostalgie pour l'Algérie natale n'indique pas forcément que celle-ci soit perçue comme le pays du chez-soi. Elle ne témoigne pas non plus du fait que les Juifs originaires d'Algérie se sentent complètement chez eux en France, bien qu'ils soient pour la plupart complètement intégrés dans la société française. Ce qui apparaît comme un paradoxe symbolique entre la nostalgie de « là-bas » et l'identification à l'« ici » traduit en fait la complexité du processus identitaire chez les minorités déracinées et méta-territoriales, dispersées sur plusieurs territoires à la fois géographiques et historiques. C'est d'une identité géographiquement éclatée que cette mémoire dispersée fait état, une identité du contingent et de l'immédiat, constamment repensée en fonction des changements historiques inscrits dans le destin des gens [7]. Le discours métaphorique du retour en France n'est pas non plus contradictoire avec cette dialectique du sentiment du « chez-soi ». Il constitue certainement une affirmation d'ordre politique : celle du désir d'être considérés comme parfaitement intégrés dans la culture politique française, celle que domine l'idéal républicain d'une citoyenneté sans barrières religieuses, ethniques, linguistiques, ou culturelles. C'est un *retour en avant* qui est envisagé dans cette dialectique, un retour progressiste.

Joëlle Bahloul

NOTES

1. Brettell C., « Leaving, Remaining and Returning : Some Thoughts on the Multifaceted Portuguese Migratory System », in *Portuguese Migration in Global Perspective*, David Higgs ed., Toronto : The MultiCultural History Society of Ontario, 1990, p. 61-80; Gmelch G. « Return Migration », in *Annual Review of Anthropology*, 1986, 9 : 135-159.
2. Voir « Approches des communautés étrangères en France », dossier de la revue *Terrain*, n° 7, octobre 1986; *L'Europe entre Cultures et Nations*, sous la direction de D. Fabre,

Paris : Éditions de la Maison des sciences de l'homme, Collection « Ethnologie de la France », 1996.

3. Nora Pierre (ed.), *Les Lieux de mémoire*, Paris, Gallimard, 1986.
4. Mauss Marcel, *Sociologie et anthropologie*, Paris, Presses universitaires de France, 1950.
5. Memmi, Albert, *Portrait du colonisé*, précédé du *Portrait du colonisateur*, Paris, Bibliothèque Payot, 1973.
6. Derrida, Jacques, *Le monolinguisme de l'autre*, Paris, Éditions Galilée, 1996, p. 13.
7. Bien que fonctionnant dans des directions géographiques totalement inverses, le retour des Juifs marocains au Maroc semble répondre à des usages sociaux relativement similaires. Après avoir immigré en Israël ou en France dans les années 1950 et 1960, certains de ces Juifs ont visité, dans les dernières années, leur pays d'origine soit dans un cadre touristique soit dans le but de s'y réinstaller, tandis que d'autres membres de leur famille résident encore en Europe ou en Israël. C'est ici aussi une communauté au fonctionnement social de dimension globale, et plus encore que non-territoriale, elle constitue en fait une réalité sociale multi-territoriale. (Voir à ce sujet les travaux d'André Lévy, « To Morocco and Back : Tourism and Pilgrimage among Moroccan-Born Israelis », in *Grasping Land*, ed. E. Ben-Ari et Y. Bilu, S.U.N.Y. Press, 1997, p. 25-46.)

Construire un monde nouveau

Un entretien avec André Chouraqui

Pardès : Dans votre ouvrage – *L'amour fort comme la mort* – vous écrivez : « Dès ma naissance, mes grands-parents me parlaient en arabe… Mes sœurs et mes parents s'adressaient à moi en français… Anita, la jeune bonne qui s'occupait de moi ne connaissait qu'une seule langue, l'espagnol… Mes rabbins enfin m'inculquaient, dans les synagogues et les Talmud-Tora, l'hébreu de la Bible et de plus l'araméen des Talmuds et de la Cabbale… » À la lumière de ce vécu pourrait-on dire que la mémoire sépharade est le fruit de ce métissage ?

A.C. : Comment vous dire ? Ce métissage lui est constitutif. Là où nous vivions, ces quatre langues étaient présentes mais, plus que cela, avec la présence des chrétiens et des musulmans c'est comme si le monde entier était concentré. C'est cette caractéristique qui différencie fortement notre expérience de celle de l'Europe. Tout était ouvert. Les mentalités étaient ouvertes, beaucoup plus ouvertes qu'elles ne l'ont été en Europe du fait des persécutions, du génocide, de toutes les horreurs que l'Europe a connues.

Pardès : Quelle est la part ou le trait dominant de chacune des trois composantes religieuses dans cette mémoire ?

A.C. : Il y avait plus que trois composantes. J'en compte sept : quatre langues et trois religions avec en plus la civilisation française, très différente des précédentes. C'est cette civilisation qui nous a coupés de nos racines. Vous avez remarqué qu'en Algérie, j'étais plus juif et arabe que les générations plus récentes. Cela signifie que la civilisation française avait achevé ce qu'elle avait commencé et qu'elle n'avait pas tout à fait réussi, en ce qui me concerne, parce que j'ai connu mon grand-père Abraham Meyer (dont j'ai publié les lettres) et parce que mon père était à cheval entre deux ordres de civilisations. Ainsi n'ai-je pas été tout à fait coupé de mes racines que ces générations avait déjà abandonnées complètement et dont elles n'avaient même pas la connaissance, mais qu'elles ont retrouvées, apparemment sans les avoir connues... Ce sont les gènes, les gènes sont plus forts que la mémoire.

Pardès : Y a-t-il un trait dominant de cette mémoire ?

A.C. : Ça dépend de la personne, de son milieu, de son degré d'éducation, de son intérêt et de ses aspirations. C'est comme si il y avait ces sept notes à partir desquelles composer un univers. Tout peut en sortir, l'athéisme, l'agnosticisme, le christianisme, l'islam. Tout est là dedans. Tout dépend de la façon dont la personne réagit. Et nous avons chez les Juifs d'Afrique du Nord toute la gamme des possibilités contenues dans ces racines bibliques.

Pardès : Pourrait-on décrire votre itinéraire comme une démarche vers l'Occident jusqu'à frayer, de façon très proche, avec le christianisme à travers lequel vous redécouvrez vos racines judaïques et, par la suite, le sionisme et paradoxalement l'héritage de l'Orient ?

A.C. : Ce n'est pas paradoxal. Le Tétragramme, c'est concomitant avec le taoïsme et certaines formes de bouddhisme. J'aborde cette question dans mon livre sur *Les dix commandements aujourd'hui* (Robert Laffont).

Pardès : En quoi la traversée de la Seconde Guerre mondiale et de la Shoa a-t-elle représenté pour vous un tournant ? Votre traduction de *L'Introduction aux devoirs des cœurs* de Bahya Ibn Paquda, durant cette période, donne en effet le signal de votre conversion spirituelle...

A.C. : C'est un chef d'œuvre extraordinaire. J'ai vécu toute ma vie avec ce livre-là dans ma tête, sous ma plume. C'est comme les dix commandements, on peut tout trouver là-dedans, d'ailleurs le livre comporte dix chapitres. Bahya est le seul exemple d'un docteur vraiment universel parce qu'il est le docteur par excellence de la judéité. Il n'y a pas un mot de Bahya qui pourrait être repoussé par un musulman ou par un chrétien. Si on cherchait un docteur pour l'œcuménisme universaliste vers lequel on va, je proposerais Bahya, le monde qui cherche une telle universalité pourrait la trouver dans Bahya. C'est encore plus vrai en Israël dont l'œcuménicité s'est encore accrue avec l'arrivée des

Éthiopiens et des Russes. Le monde entier s'y trouve rassemblé. Les rabbins font malheureusement le rêve de convertir ce monde-là au judaïsme de l'exil mais je crains qu'ils ne se trompent de pays et de siècle. Certes, ils ont régenté les communautés juives du monde entier et ont réussi un exploit unique dans l'histoire universelle en sauvant durant vingt siècles une culture, une langue, un peuple par la force de l'esprit. Mais cela se paie aujourd'hui parce qu'ils ne se rendent pas compte que le retour en Israël supprime cet héritage. Cet héritage nous a sauvé mais, s'il continue ainsi, il nous assassine. Ce judaïsme qui était passé par le ghetto, recrée le ghetto une fois revenu en Israël, alors qu'Israël c'est fait pour délivrer du ghetto et permettre au judaïsme de cesser d'être synonyme de malheur.

Pardès : Les sépharades, pour la plupart, notamment en Israël, ont perdu leur tradition religieuse et ont adopté la tradition ashkénaze. Peut-on retrouver sa propre mémoire et cette découverte peut-elle influencer l'histoire d'Israël ?

A.C. : Ça va être une lutte entre les différents courants, l'histoire d'Israël est parfaitement imprévisible parce que ses composantes sont tellement multiples et les forces, contradictoires. On ne peut pas savoir qui va triompher. Moi, j'aimerais bien donner ce qu'il me reste à vivre, quelques années encore, pour revenir dans trois cents ans passer un quart d'heure et voir ce qui résultera de cette multiplicité, de ce mélange incroyable : l'univers entier, l'histoire toute entière sont condensés dans un mouchoir de poche.

Pour revenir à Bahya sa traduction m'a fait voir le monde autrement que celui que voyait nos ancêtres les Gaulois. Mais surtout ce qui m'a fait changer d'optique, c'est que j'étais dans la résistance. Au départ, nous y étions trente-trois camarades. À l'arrivée, il y avait vingt-neuf morts et quatre survivants : vingt-neuf copains morts. C'est par miracle que j'ai survécu car je vivais sous mon identité réelle que je ne cherchais pas à cacher.

Pardès : La rencontre avec la Shoa et Bahya a donc été décisive dans votre conversion spirituelle ?

A.C. : C'est la vie qui l'a été car dans les mêmes circonstances d'autres ont réagi différemment. Certains sont partis s'installer au Canada, d'autres aux États-Unis ou en Argentine…

Pardès : Vous avez été dans votre enfance au carrefour de plusieurs langues qui furent en fait les langues parlées par les sépharades. Ces langues drainent plusieurs cultures. Est-ce que cette expérience a décidé de votre désir de traduire ? Comment la neutralité qui, selon vous, est la condition morale de l'acte de traduire, a-t-elle été possible ? Comment définissez-vous votre position de traducteur, l'identité nouvelle qui s'est forgée dans ce travail de traduction ? « Traduire affecte non seulement une langue étrangère et son auteur, mais encore deux cultures en présence : l'acte de traduire les marie nécessairement. » « On a défini l'action du Messie comme visant à rapprocher les lointains. Si cette définition est exacte, la traduction est, en soi, une œuvre d'essence messianique et, comme telle, étrangère à la nature de l'homme. »

A. C. : Ce qui a déterminé mon plaisir de traduire, c'est une expérience de l'enfance lorsque mon père m'emmenait à la synagogue où j'entendais l'hébreu et où nous utilisions les traductions françaises. Je me rendais compte que celles-ci ne collaient pas et c'est ce qui a éveillé en moi le goût de traduire. Je voulais aussi laisser quelque chose de moi au cas où je mourrais durant la guerre. J'ai trouvé Bahya dans une librairie pillée. J'y ai pris l'édition d'Amsterdam en hébreu et j'en suis tombé amoureux. J'ai eu une chance formidable, c'était d'avoir près de moi dans le maquis Georges Vajda, le grand savant des études juives. Dans le livre de Bahya il y avait une centaine de versets bibliques. J'ai commencé la traduction de la Bible à travers Bahya…

Pardès : Les sépharades héritent de la mémoire de plusieurs cultures et de plusieurs langues. Mais n'y a-t-il pas une mémoire qui leur est propre et laquelle ? Vous laissez entendre dans vos mémoires que c'est l'expérience d'Israël qui a fait la différence en vous remémorant la dimension hébraïque oubliée. Est-ce dans la rencontre d'Israël que vous avez redécouvert votre mémoire sépharade et sa pertinence ?

A.C. : Chacun de nous est différent. C'est vrai que j'ai été imprégné par cette culture mais quelqu'un qui aurait eu la même expérience aurait pu réagir tout à fait autrement. C'est évident que la rencontre avec Israël a été déterminante pour ma vie puisque j'ai tout quitté pour le rejoindre. J'y suis parti à une époque où personne ne pensait que c'était un choix raisonnable. C'est une histoire d'amour. C'est là-bas où toute mon œuvre s'est élaborée.

Pardès : Comment cette découverte vous a-t-elle fait voir rétroactivement l'expérience historique et identitaire du monde sépharade ? Est-ce que votre projet d'écrire un livre d'histoire sur les Juifs d'Afrique du Nord date de votre rencontre avec Israël ? Comment l'expérience israélienne modifie-t-elle votre perception de la place du monde sépharade dans le peuple juif à la lumière notamment de ce que l'on a appelé le « Second Israël » : « je le faisais avec d'autant plus d'ardeur que ces sujets se trouvaient à peu près exclus des champs de la recherche littéraire ou scientifique de l'époque. ». Comment votre expérience israélienne retentit-elle sur votre rapport au monde sépharade ?

A.C. : J'ai écrit cette histoire parce qu'il n'y avait aucun livre sur ce thème, aucun, et j'ai voulu connaître mon passé. Je l'ai fait comme tout ce que j'ai fait, parce qu'il n'y avait pas de livre sur ça. Je me suis donc mis à écrire. Je ne crois pas qu'il y ait de spécificité sépharade. C'est un ashkénaze, l'historien Baer, qui est le meilleur connaisseur de la mémoire sépharade… Je connais aussi des sépharades qui sont plus germaniques que des ashkénazes.

Pour moi le problème est avant tout un problème historique. Le problème ne découle pas du fait que les sépharades sont sépharades mais de ce que les masses se sont vues privées de leurs élites.

Parlons de l'expérience israélienne, un jour, un petit Marocain me demande : « pourquoi sommes-nous inférieurs ? Parce que nous sommes des sépharades ou parce qu'on est des Marocains ? » C'était ni pour ça ni pour ça, ils étaient inférieurs parce que les conditions sociales étaient différentes pour eux. Et épingler cela au racisme anti-marocain ou au racisme anti-sépharade, c'est faux.

Les « sépharades », pour employer votre langage exportaient les pauvres Marocains, les pauvres Algériens et les pauvres Tunisiens en Israël et eux allaient sur les bords de la Tamise, de la Seine ou de l'Hudson. C'est ça qui a déséquilibré la situation. Les autres communautés représentées en Israël sont venues avec leurs élites. Les sépharades, eux, avaient le choix de venir en Israël ou d'aller prospérer sur les bords de la Seine. Il a fallu qu'Israël rééquilibre les choses, c'est en train d'être fait.

Pardès : N'y a-t-il vraiment que « la masse » qui soit arrivée en Israël ?

A.C. : Quand je suis arrivé dans les années cinquante, j'étais le seul qui avait son bac. C'est ça qui a induit en erreur les israéliens qui ont pensé que les sépharades étaient des arriérés mentaux. Et ça, c'est venu du fait de l'histoire. Moi, je ne jette la pierre à personne. Les élites ont préféré trouver des emplois dans les pays occidentaux, plutôt que de venir planter des arbres en Israël.

Pardès : En Israël, vous avez été sollicité par Ben Gourion en tant que sépharade à prendre part à la vie politique, vous avez été vice-maire de Jérusalem. Qu'est-ce que cette expérience vous a appris de la condition du monde sépharade et de son avenir dans la société israëlienne ?

A.C. : Ben Gourion est venu vers moi, m'a sollicité après Wadi Sahlib. Wadi Sahlib (émeutes sépharades à Haïfa en 1954) a été pour lui une surprise extraordinaire, c'était une révélation du problème. Il est venu vers moi, comme il serait allé vers n'importe qui. Il cherchait justement des gens. Non seulement Ben Gourion, mais tout le personnel politique d'Israël voulait utiliser cette « perle rare » nord-africaine qui savait lire et écrire, parce qu'on en était là, n'est-ce pas ? Et j'ai refusé systématiquement parce que j'ai choisi Israël pour écrire. On m'avait tout proposé du poste de ministre à celui de président de l'État. De la même façon j'aurais refusé d'être joueur de football… Ce n'était pas ma voie et je ne le regrette absolument pas.

Pardès : Qu'est ce que votre expérience en tant que vice-maire de Jérusalem, vous a appris notamment sur la condition du monde sépharade et de son avenir dans la société israélienne ?

A.C. : Nos problèmes sont surtout des problèmes sociaux. En fait, l'intégration des Juifs d'Afrique du Nord a été une réussite extraordinaire. J'avais des voisins à Abou Tor. Le père était malade, il était coiffeur. La mère avait douze enfants. Pourquoi je vous raconte tout cela ? Pour vous dire que ces enfants occupent tous aujourd'hui des positions prédominantes dans la société israëlienne. C'est une situation générale. Aujourd'hui ils comptent plusieurs ministres au gouvernement.

Ce ne sont pas des sépharades, ce sont des êtres humains. C'est en tant qu'être humain qu'il faut regarder tout homme. La réussite d'Israël est un exemple en soi. C'est en tant que sépharade que je vous le dis.

Regardez ces photos. Voilà ma famille, cinq enfants et huit petits-enfants, voilà ma maison que j'ai construite et voilà le paysage dans lequel je vis. Ma femme est ashkénaze et mes enfants sont ce qu'ils sont, ce qu'il veulent être, je ne leur ai imposé ni la Bible ni le Coran ni les Évangiles. Et je me réjouis de ce qu'ils sont. La meilleur réponse, c'est pour nous de construire, avec le nouvel Israël, un monde nouveau.

Propos recueillis par Hélène Acoca Trigano

Les gardiens

NAÏM KATTAN

NOUVELLE

Comme tous les matins, Heskel déverrouilla la porte, avança dans la pénombre d'une salle baignant dans l'humidité de deux jours de pluie ininterrompue. Plumeau à la main, il procéda à épousseter systématiquement la téba, les bancs, les chaises. Il ouvrit l'arche, passa un tissu sur les sefers torah. Il s'assit, attendant à la teba l'arrivée de Choumel, moins matinal que lui. Encore une journée où il n'y aura pas de minyan.

Cela faisait dix ans que, chaque jour, il ouvrait les portes, guettant l'arrivée des dix hommes, ultime convoi de Dieu, mais personne ne mettait plus les pieds dans cette enceinte. Sauf le shabbat où Choumel et lui faisaient la ronde des maisons, sortant du lit des hommes de plus en plus réticents qui, assis face à l'arche, ouvraient nonchalamment les siddourim, contemplant, comme des enfants, des caractères qu'ils ne savaient plus déchiffrer. Ils écoutaient distraitement Heskel et Choumel réciter, à tour de rôle, la paracha, la haftara et les bénédictions, se levant pour énoncer les mots du kaddich appris par cœur.

À moitié assoupi, Heskel attendait que son compagnon, comme d'habitude, poussât bruyamment la porte, proclamant une présence acharnée, entêtée, quasi miraculeuse. Se sachant attendu, il ne s'excusait pas du retard : sept heures, huit ou neuf heures, quelle différence, puisqu'il n'y aura pas de minyan. Il passera la matinée avec Heskel qui, ayant épuisé tous les mots, n'avait plus rien à dire, ni à lui ni à personne.

– J'ai reçu une lettre de Londres, dit Choumel, exhibant une feuille où des phrases tapées à la machine en caractères latins se terminaient par un scribouillage en souki, un arabe transcrit en lettres hébraïques, que son frère aîné Abraham, l'un des derniers à détenir le code, s'entêtait à utiliser. Ce n'était plus son fils qui réitérait l'appel sous sa dictée mais sa fille. Nous t'attendons, mon oncle, viens nous rejoindre, toute ta famille est à Londres, ta chambre est prête et tu n'as plus personne à

Bagdad. « C'est vrai, soupira-t-il. Ma chambre est prête comme ma tombe. » Ils ne comprennent rien.

Heskel, quant à lui, recevait des appels pressants de New York. Lui aussi voulait être enterré dans la terre d'Abraham, d'Ezekiel et de Daniel. Comment pourrait-il avoir une vie ailleurs ? À Jérusalem, peut-être, à la rigueur. Mais New York, Londres ? Qui enterrerait les livres ? Ses ossements pourraient un jour être transportés auprès de ses ancêtres. Fallait-il pour autant laisser les livres et le cimetière à l'abandon ?

Il avait vingt ans quand, en 1951, ses frères, ses cousins, les uns après les autres s'étaient inscrits, dans la nouvelle synagogue Meir Toeg, à Battawiyeen, pour partir. Abandonnant propriétés et mémoire, ils s'en allaient pour une vieille terre et une nouvelle vie. Les journaux de Bagdad abondaient alors en histoires d'horreurs sur Israël, comme si, tels des criminels, ils allaient s'engouffrer dans une vaste prison toute neuve.

– Abraham ne comprend pas ma volonté de rester ici pour mourir comme un chien, un inconnu, avec personne pour m'enterrer.

– C'est comme ma sœur Saïda. Ils passent l'hiver en Floride, m'envoient des photos de belles maisons, de filles et de petites filles en maillot, allongées sur le sable. Je te les ai déjà montrées.

Saïda ! C'était aussi le nom de sa cousine. Elle lui était destinée et il attendait qu'elle eût atteint l'âge de quinze ans pour l'annonce des fiançailles. Elle souriait tout le temps. Elle venait d'avoir quinze ans quand la famille décida de s'inscrire pour le départ, comme tous les autres. Les vendredis soir, les veilles de shabbat, elle prit l'habitude de s'asseoir à côté de lui et, pourtant, il refusa de s'inscrire. Il lui demanda de rester. Comment ? seule, alors que personne ne restait ? Ils étaient tous partis. Plus de femmes ! Il n'allait tout de même pas se marier avec une fille de famille inconnue, lui, petit-fils de rabbin. Il attendait la délivrance, ignorant d'où et quand elle viendrait. Il s'abandonnait aux mains de Dieu.

Les Juifs partaient en masse. Les rues Souk Henouni et Abou Sifaine où s'entassaient les familles les moins fortunées se vidaient, suivies par les quartiers de Senak et d'Akoulia et finalement de Battawiyeen où la nouvelle bourgeoisie s'était installée. Là, la synagogue Meir Toeg servait de bureau de *taskite*, l'abolition de la nationalité. Taskite ! C'était l'échec, la chute. Comment casser une nationalité qui avait survécu à toutes les autres ? Peut-on ainsi, d'un simple coup de plume, effacer des siècles ? Il ne s'interrogeait pas car, pour lui, tout événement était un fait de destin.

Après le *taskite*, il ne restait plus que dix mille Juifs, quelques synagogues, une école : Frank Iny. Quelques commerçants s'associaient avec des musulmans qui, en fait, leur servaient de prête-noms pour obtenir licences et permis. Ils ne pouvaient gagner leur vie que dans une semi-clandestinité. Ceux qui possédaient maisons, édifices de commerce et terrains traînaient la patte, attendaient. Quoi ? Le Roi fut assassiné et un nouveau gouvernement s'installa. Ceux qui restaient, trop peu nombreux, respiraient car les bouleversements politiques les reléguaient momentanément dans l'oubli. Ils continuaient à partir un à un, non plus en Israël, transitant par Chypre, mais ailleurs, de par le monde selon la bonne volonté des ambassades étrangères. À Téhéran ou en Turquie, lieux de passage pour Israël. D'autres s'envolaient plus loin, à Londres, à New York, Montréal ou San Paolo.

Pendant des années Heskel accepta des emplois subalternes : aide-comptable, secrétaire, vendeur et puis, au fur et à mesure que la communauté s'évanouissait, on lui offrit des fonctions qui lui semblaient surprenantes : professeur de mathématiques et d'hébreu dans la seule école juive qui restait ou chamach dans la synagogue. À sa famille qui le réclamait, il répondait qu'il n'avait point l'intention de grossir la masse stagnante dans les *maabarot* d'Israël, ni de prendre la place toute prête à Londres. Si tout le monde partait, c'en serait fini des Juifs. Ils vivraient ailleurs, mais ce ne serait plus la même chose.

Pour mieux remplir sa fonction de chamach, il s'était mis à la lecture de la Torah, lisant la paracha de la semaine avant que le hazan ne la chante du haut de la teba. Le vieux rabbin Aghassi lui disait que, tant qu'il restait dix Juifs, la place du rabbin était parmi eux pour guider la lecture, leur permettre de la poursuivre. « Je suis trop vieux, disait-il, pour vivre sous d'autres cieux. La lumière vient toujours de là-haut mais moi je ne peux la voir que sur des visages et j'ai passé l'âge pour changer» Un shabbat, il ne se présenta pas à la synagogue ; il s'était éteint dans son lit. Le hazan prit la suite. Les écoles étaient fermées et les portes des synagogues furent scellées. Plus tard, même la synagogue Meir Toeg devint un restaurant libanais.

Le hazan Chalom Obadia finit par obtenir son visa pour Londres. « Je suis aussi mohel, disait-il, et il n'y a plus de naissances. » Dans la quarantaine, il pouvait encore trouver une femme et fonder une famille.

Heskel avait gardé la petite maison de ses parents à Ulwiyah. Les années passaient. Il apprit à faire la cuisine et le ménage. Sa promotion était ininterrompue. De chamach il devient hazan puis mouallem, moreh, un enseignant, mais jamais il n'oserait porter le titre de hakham même s'il était le substitut d'un rabbin. Seul dans la synagogue, il avait du mal à réunir un minyan, même le shabbat.

Quand le nouveau maître du pays, Saddam, lança un appel aux Juifs à retourner dans leur pays et le publia dans divers journaux d'Europe et d'Amérique, personne ne sembla avoir entendu sa voix. Heskel n'y croyait pas et n'attendait plus de renforts.

Shabbat après shabbat, le siddur à la main, un des rares assidus, Choumel, prenait place devant la teba. Le gouvernement ayant décidé de subvenir aux besoins du culte, chaque mois un émissaire du pouvoir venait remettre à Heskel un montant pour sa propre subsistance et pour faire vivre le temple. Le montant pourrait être augmenté s'il se faisait assister par un adjoint. C'est alors qu'il fit sa proposition à Choumel. Plus jeune, ce dernier appartenait à une famille de quatre garçons et trois filles qui partaient au fur et à mesure de la liquidation des affaires de son père. Celui-ci fut le dernier à prendre l'avion. Pendant des années, ses associations avec des musulmans avaient été assorties de cadeaux et de commissions occultes. Il disposait d'un réseau d'amis, de connaissances dans divers milieux gouvernementaux. C'est à Choumel, le benjamin des enfants, que revenait la tâche d'ultime gardien des propriétés et de dernier liquidateur avant de partir ensuite à son tour. À peine son père absent, les «amis», lui tournèrent le dos, les uns à la suite des autres, prétendant tout ignorer des biens de son père. Celui-ci lui adressait des lettres par l'intermédiaire d'un cousin à Londres, les liens postaux entre l'Irak et Israël n'existant pas, et lui communiquait, à mots couverts, des instructions qu'il ne réussissait plus à suivre. Quel métier exercer? Assistant de son père, il exécutait ses ordres sans jamais en comprendre ni assimiler les complexités.

Avant son départ, son père lui confia la tâche de réciter le kaddich, à la date du décès de ses grands-parents. C'est ainsi qu'il prit l'habitude d'assister au service. Jusqu'au moment où Heskel lui proposa d'être son aide. Cela arriva à point nommé car les fonds laissés par son père s'épuisaient même si ses besoins étaient minimes. Recevant de moins en moins de lettres de ses frères, sœurs ou neveux, il apprit avec des semaines de retard le décès de ses parents, installés dans un appartement au bord de la mer à Nathanya.

Heskel lui confia qu'ils n'avaient ni l'un ni l'autre besoin d'héritage, qu'ils étaient les derniers gardiens d'incommensurables biens qui ne figuraient sur aucun registre, dont il n'y avait aucune trace dans les documents officiels. Seuls dans la synagogue, quand il faisait encore clair à la fin du service du shabbat, ils reculaient l'heure de retour et Heskel se mettait alors à réciter les histoires de ses oncles, de ses cousins et de ses Shanghai, à Mandalay, à Hamadan et au Caire. Il faisait rarement allusion à Israël d'où ses neveux et ses cousins, ne pouvant envoyer directement leurs lettres, s'abstenaient de toute correspondance.

Londres était son unique lien avec le monde alors que pour Choumel c'était New York qui servait de relais avec un univers qui s'éloignait, se dissipait dans la brume. Les histoires que son père avait l'habitude de lui raconter remontaient alors à la surface : des oncles, des cousins partis à l'aventure, ayant fait fortune à Bombay, à Singapour et à Téhéran. Tant de voix se taisaient sans laisser de traces. Les Juifs de Babylone vivaient alors une dispersion voulue, recherchant les parcours nomades, sans jamais oublier cependant le port d'attache. Ils revenaient pour y chercher femme et laissaient de l'argent pour la construction d'écoles et de dispensaires.

Temps révolus ! Maintenant, ceux qui ne partaient pas, mouraient et le minyan se réduisait à sa plus simple expression. Heskel et Choumel passaient des heures à se raconter les mêmes histoires sachant que l'un et l'autre avaient autant de plaisir à en faire le récit qu'à les écouter à nouveau. Ils passaient leurs journées à la synagogue, ne rentrant que pour se coucher. Une vieille femme musulmane, Nassifa, passait les matinées à balayer et à épousseter. Ils s'exerçaient l'un et l'autre à réciter la paracha de la semaine. Il leur arrivait de consulter, dans la petite salle où s'entassaient les livres, un commentaire de Rachi ou une explication du Rambam, mettant des heures à en déchiffrer les pages, en restaient là quand ils ne s'entendaient pas sur le sens. Sans arbitre, ils demeuraient les seuls maîtres des mots même lorsqu'ils n'en comprenaient pas le sens.

Avant qu'il n'entre au service de la synagogue, Choumel attendait un miracle : l'entrée en scène d'une femme belle, de bonne famille, en possession d'un bon caractère et d'une dot substantielle. Sa mère et ses sœurs n'étaient plus là pour chercher l'oiseau rare et les dallalates, les faiseuses de mariages, ne s'occupaient plus des hommes qui n'avaient pas de projet de départ. Dans le temps, il avait suivi un de ses camarades d'études à une maison clandestine discrète où il avait le choix entre une demi-douzaine de pensionnaires. Il payait son droit à la demi-heure de lit et s'en allait. Cela le confirmait dans sa virilité, sa qualité d'homme ne devant se manifester que la nuit des noces, de sorte qu'au cours des années la visite hebdomadaire était devenue un rituel, ni nécessité physique ni satisfaction de désir, à peine un témoignage de masculinité qu'il se donnait à lui-même. L'essentiel serait pour d'autres lendemains, pour un avenir proche qui s'éloignait sans qu'il s'en aperçoive.

Lors de son entrée au service de la synagogue, il espaça les visites, ressentant à la fois un malaise et un manque d'appétit, jusqu'au jour où, sur le point de sonner à la porte, il surprit Heskel qui en sortait. Au lieu de le soulager, le miroir qui lui était tendu lui fit ressentir un dégoût de lui-même. Il n'en dit mot à son compagnon qui d'ailleurs était aussi discret que lui. Ce n'était qu'une fonction physique que l'on accomplissait loin des regards. Il ne se souvenait plus quand il avait mis fin à ces visites. Ce n'était point par honte, mais, se trouvant au bout d'une route indéfinie, perdu dans le brouillard, il décida de rebrousser chemin.

Le shabbat, le minyan était assuré même si on devait retarder le début du service à cause des retardataires. Heskel était toujours le premier à arriver car, en plus d'être matinal, il n'habitait pas loin. Jamais il n'eut l'idée d'inviter Choumel chez lui et celui-ci n'osait pas lui suggérer de passer la soirée en sa compagnie. Souvent, les jours de semaines, en l'absence du minyan, ils n'ouvraient les portes du temple que l'après-midi. Heskel prit alors l'habitude de réciter les psaumes et Choumel reprenait les mêmes mots en chantonnant à voix basse. C'était ce dernier qui commençait la lecture d'Ezekiel à voix haute. Heskel le corrigeait à l'occasion et, à la fin d'une page, ils s'arrêtaient, gardaient le silence puis, l'un ou l'autre, sans traduire le texte, faisait le récit de la vie du prophète, reprenant ses mots de consolation de même que ses invectives, se les appropriant comme si le porte-parole de Dieu dont Heskel portait le nom (Heskel étant une déformation d'Ezekiel) était leur proche, assis à côté, conversant dans le dialecte des Juifs qui restaient. Ils reprenaient alors de plus belle les histoires familiales, restaient jusqu'à tard dans l'après-midi à en réunir les membres dispersés, évoquant les plus illustres fils de la communauté, les Chamach, les Kedourie, les Sasson qui étaient tous revenus pour chercher dans la ville natale des compagnes de vie.

Après Ezekiel, ce fut le tour de Daniel, un autre fils de Babylone et ensuite Isaïe, Jérémie et puis Esther. Ils en poursuivaient les histoires par celles des fils de Bagdad dont les noms étaient restés. Les visages inconnus étaient éclairés par une mémoire présente. Ils ne se sentaient plus seuls car la foule des disparus venait de partout les rejoindre, renouant avec le lieu de tous les commencements. D'Ezekiel aux Zilkha et de Daniel aux Dangour, ils étaient entourés de personnages vivants et il dépendait d'eux de leur donner la parole, revenant fréquemment à Samuel (qui se disait Choumel), à David et à Salomon, les prenant à témoins. Brefs, ils n'étaient jamais seuls.

D'un accord tacite, ils évitaient de parler d'Israël où, dans sa grande masse, la communauté avait choisi de retourner au bout de vingt-cinq siècles d'exil. Le vendredi après-midi, ils faisaient le porte-à-porte rappelant aux derniers membres l'exigence du minyan pour la lecture de la Torah du lendemain. Ceux-ci récitaient le kaddich de mémoire à l'unisson mais aucun d'eux n'était capable de déchiffrer le texte de la Torah.

Un après-midi, Heskel et Choumel évoquèrent dans l'émerveillement, le marchandage d'Abraham avec Dieu sur le nombre de justes nécessaires pour sauver la cité. Heskel disait que même s'il ne restait que cent, que cinquante personnes, la synagogue resterait debout ne fût-ce que pour perpétuer la lecture du Nom. Choumel le raillait, mettant en question la qualité de juste qu'il attribuait à ceux qui restaient, et son compagnon le reprenait, sans le réprimander : Qui était-il pour décider du caractère de ceux qui venaient semaine après semaine redire le Nom et chanter sa gloire ? Ils rappelaient par leur présence celle du Créateur qui fait revivre les morts. « Tu le répète tous les shabbat. Nous ne sommes pas les derniers car les autres sont encore là et nous en sommes les témoins. » Choumel se reprenait alors : « Nous ne partirons pas et nous serons au cœur de la foule jusqu'à la tombe. Une foule innombrable qui ne peut pas mourir, disparaître si une voix, fût-elle unique, solitaire s'élève du fond de la terre, pour attester qu'en ce lieu, sur cette partie du royaume, un homme n'a jamais pris congé, rappelant sans relâche la présence perpétuelle du Nom. »

Naïm Kattan

Voies de mémoire

Le pèlerinage du Maarabi à Sarcelles

Un pèlerinage transposé du judaïsme tunisien

LAURENCE PODSELVER

La mémoire reconstruite

«Cette flamme allumée depuis cinq siècles, menaçait de s'éteindre et nous avons pu maintenir sa lumière [1].»

Dans le sud tunisien, à une trentaine de kilomètres à l'ouest de Gabès, on devait ce jour de décembre célébrer dans l'oasis d'El Hamma l'anniversaire de la mort du Rebbi Yossef El Maarabi. Les collines désertiques, les étendues ocre alentour et la tache sombre des palmiers paraissaient figées dans la lumière froide du soleil d'hiver. Le mausolée était fermé, de la terrasse voisine on découvrait, au milieu d'une terre noircie par les feux anciens des pèlerins, un tombeau, un amas de pierre aujourd'hui cimenté et auréolé d'une structure métallique en forme de tente. Un voyageur [2] en 1928 avait estimé à trois mille le nombre des pèlerins, se rendant le premier jour du mois hébraïque de Tevet, au cœur de l'hiver, à El Hamma. Souvent comme aujourd'hui depuis l'exil des juifs tunisiens la place est vide. Alors que les Juifs de Djerba, qui sont restés dans l'île, devaient se rendre ce 24 décembre 1999 à El Hamma, le gouvernement tunisien jugea plus sage de remettre à plus tard l'événement. La période du ramadan et les bombardements américains sur quelques lieux stratégiques en Irak avaient eu raison du calendrier des célébrations juives. Restaient les voix des musulmans pour raconter la cohabitation antérieure, la «fête des Juifs» et de leur «marabout» [3].

À Paris la hilloula, la célébration de la «montée de l'âme du Rebbi» avait bien lieu même si l'on était loin du tombeau et de la lumière du sud. Sur le boulevard de Belleville un autocar portant un calicot blanc et bleu orné d'une étoile de David annonçait la destination : «pèlerinage à Sarcelles». Malgré le vent, le froid et le ciel menaçant, des femmes étaient assises à la terrasse d'un café. En jouant du daburka, les musiciens donnèrent le signe du départ et l'on se bouscula pour monter dans le bus, l'anxiété l'emportant sur le plaisir de se retrouver. De Belleville à Sarcelles le chemin n'est pas long, il a pourtant une histoire de migration[4]. Dans la fin des années soixante de nombreuses familles mal logées avaient quitté ce quartier populaire parisien pour s'installer dans les grands ensembles. Depuis, les Juifs d'Afrique du Nord et les Tunisiens, plus particulièrement, ont fait de cette banlieue un centre de la vie juive dans laquelle il est aujourd'hui possible, sans trop de difficultés, de vivre « selon la tradition » et la « Torah » et où s'est transposé le pèlerinage d'El Hamma.

En quelques années le destin des Juifs tunisiens avait été marqué par l'exil, les installations successives et l'éclatement des familles. Cette diaspora, comme tant d'autres, reconstituait sa mémoire au moyen des associations d'originaires et d'une Société d'histoire des Juifs de Tunisie. Mais parallèlement à cette recherche du passé, les Juifs tunisiens avaient maintenu un lien avec leur terre d'origine. Pour certains, les vacances en Tunisie et l'extraordinaire développement du tourisme balnéaire avaient incité un grand nombre à revenir, même temporairement, au pays. Partageant leurs vacances entre la Tunisie et Israël, ces deux destinations marquaient à la fois leur nostalgie et leurs hésitations.

Sur un registre plus religieux mais non dénué du plaisir des voyages et de la plage, les agences de voyages combinaient pèlerinages et bains de mer. Ainsi, les séjours balnéaires à Djerba comprenaient la visite des synagogues et, selon la date, le pèlerinage à la Ghriba. Voyage et pèlerinage étant souvent intimement liés, l'un devenait l'autre, et les frontières du sacré et du profane s'effaçaient pour laisser la place à une célébration générale comprenant bien des aspects de la vie d'avant. Retourner à la Goulette, à sidi bou Saïd chez le vendeur de beignets ou au café de Paris prend alors une telle densité nostalgique que le retour sur les lieux du passé se fait rituel. Quant au pèlerinage, il offre les plaisirs du passé, les bains de mer, les soirées de musique orientale ainsi que la réappropriation d'un monde religieux oublié. Il devient un nouvel objet de consommation mais cette caractéristique que l'on attribuerait au développement d'un tourisme s'emparant du religieux comme d'un nouveau produit ne paraît pas si nouveau. Les récits des pèlerinages passés, du début du siècle jusqu'aux années cinquante, évoquent tous le pèlerinage comme un moment de vacances que l'on mettait à profit pour la santé : « *À El Hamma on allait, prendre les eaux bénéfiques et aussi au pèlerinage.* » Sans pour autant diminuer l'importance religieuse de la visite au sanctuaire, celle-ci fait partie d'un ensemble et ce serait une erreur de privilégier un aspect plutôt que tel autre. Ainsi, aujourd'hui comme hier, se mêlent subtilement l'ordre du sacré et celui de la consommation hédoniste au point que bien souvent ils se confondent.

Venant de Tel-Aviv, Montréal ou Paris, le pèlerinage à la Ghriba a pendant des années permis aux Juifs tunisiens de retrouver des gestes du passé mais aussi de maintenir des liens avec une communauté insulaire qui avait su résister au temps et à l'exil. Reconnaissant le statut de gardiens de la tradition aux juifs djerbiens, les fonctions religieuses et le grand rabbinat de Tunis sont depuis 1950 assurés par cette « nation de prêtres » qui, de père en fils, est aussi à l'origine de toute une production de commentaires talmudiques comme exercice quotidien[5]. Dès lors, le sud tunisien, les communautés juives des portes du désert qui avaient toujours affirmé leur résistance à l'occidentalisation – en refusant notamment les écoles de l'Alliance israélite universelle, et d'une façon plus générale la culture importée de France, sont aujourd'hui lieu de ressourcement des juifs de Tunisie originaires pour la grande majorité d'entre eux du nord du pays et des grands centres urbains. La culture traditionaliste et religieuse, qui a été celle du refus du compromis, représente alors un pôle vers lequel se tournent des juifs tunisiens de milieux populaires et qui paradoxalement, quels que soient leur ville d'origine et même leur degré de religiosité, participent aux pèlerinages comme à un retour aux sources. Représentant une tradition très minoritaire mais jugée plus authentique, les communautés juives du sud sont, le temps d'un pèlerinage du moins, le lieu d'origine mythique par lequel se créent de nouveaux liens et se transmet aux plus jeunes nés en France un des aspects de la vie religieuse.

En organisant le pèlerinage à Sarcelles, les originaires de Gabès et d'El Hamma regroupés dans l'association Al Maarabi, sans renoncer à la visite au sanctuaire quand c'est possible, permettent à ceux qui n'ont pas les moyens de se rendre en Tunisie de participer à un rituel qui invoque la mémoire des lieux, d'un passé mais surtout réunit la communauté et fait de la mémoire ainsi ritualisée le territoire du judaïsme.

Mettant en œuvre la communauté, la *communitas*[6], dans le sens de la communion et de la fusion des participants le pèlerinage à Sarcelles célèbre le passé commun mais aussi et surtout le fait d'être là ensemble. Être ensemble, c'est parler dans les langues qui vous viennent « naturellement » où certains mots ne peuvent être traduits. On passe ainsi dans une même phrase du français au judéo-arabe et à quelques mots d'hébreu plus liturgiques que courants. On savoure ces moments de connivence linguistique. On trouve toujours avec son interlocuteur une proximité familiale, parce que la famille aux mille ramifications paraît englober la communauté entière, chacun existe pour l'autre par-delà la relation individuelle, personne n'est un inconnu. La mémoire de la parenté réinscrit chacun dans l'écheveau des relations sociales.

UN PÈLERINAGE SINGULIER

Ce pèlerinage qui aboutit à un lieu dénué de sacralité, dans un paysage péri-urbain de béton et de terrains vagues, est singulier à bien des égards. C'est un pèlerinage sans pérégrination et le rapport à la marche, au parcours des distances à pied et en compagnie de la communauté des fidèles, qui constitue une des caractéristiques d'un pèlerinage, est ici absent. Ce qui diffère donc avec les pratiques antérieures, puisqu'il était courant de marcher en groupe du village à la tombe ou d'un village voisin à El Hamma. D'autres pèlerinages juifs qui ont lieu à Lag Ba Omer[7] associent le pèlerinage à un déplacement et à un repas collectif, *séouda,* pris dans la nature. Ici, les pèlerins arrivent en bus, en train en voiture et le voyage lorsqu'il est individualisé ne fait pas partie du rituel. Quant à la destination, elle est elle aussi transférée, le lieu de recueillement sur la tombe du rebbi n'étant plus accessible, l'école juive de banlieue tiendra lieu de sanctuaire.

Dès lors l'on comprend que le terme *pèlerinage* en français qui évoque plutôt Lourdes ou Saint-Jacques-de-Compostelle ne soit pas adéquat. Paradoxalement, pourtant, ce sont les juifs de Tunisie qui l'emploient tout comme ils utilisent le mot arabe de *zyara* et hébreu de Hilloula. Parler de pèlerinage permet de légitimer un aspect peu connu et reconnu du judaïsme maghrébin en le faisant entrer dans le registre chrétien. Le mot *pèlerinage* sert à se faire comprendre des Français, c'est un équivalent proche qui rend moins étrange cette religion populaire. La *zyara, la visite* sur la tombe et son rituel, de prière, d'allumage de bougies, de vœux, marque une ferveur et des pratiques rituelles partagées avec la culture maghrébine. La « *zyara* des juifs » fait du culte des saints un pendant juif du maraboutisme. Quant à l'emploi du mot hébreu, il se rattache à la tradition née de la Kabbale et qui lors de l'anniversaire de la mort d'un sage célèbre « l'union de son âme retrouvant son créateur ». Les trois langues employées témoignent évidemment de la situation des juifs du Maghreb, des différentes appartenances culturelles et de leur statut de populations intermédiaires à la fin de la colonisation. S'il est vrai d'une part que « jusqu'au XIXe siècle au moins les États musulmans n'ont jamais défendu une idéologie du melting-pot » mais « qu'au contraire ils ont, en ce qui concerne les non-musulmans, cultivé la différence et patronné une relative autonomie interne », le complet isolement des communautés n'a jamais existé [8]. Pourtant c'est certainement à propos de la diffusion du culte des saints que l'on pourra le plus suggérer une culture populaire commune entre juifs et musulmans même s'ils sont pratiqués séparément [9]. P. Sebag dans *la Hara de Tunis* [10] évoquait ces rabbins miraculeux comme des rabbins locaux permettant aux particularismes régionaux de s'exprimer. Pour la plupart des auteurs, l'aspect local des saints est à mettre en relation avec un désir de protection des populations juives dispersées au sein d'un environnement parfois hostile. Hors des conflits, cet attachement indique la dimension d'ancrage territorial des communautés ainsi nous dit-on : « Après l'exode de Tunisie, c'est une façon de marquer son identité communautaire spécifique, juive bien sûr, et surtout tunisienne. C'est une façon de vivre la nostalgie du passé [11]. » Outre la nostalgie, la mémoire collective garde très vivante le devoir de transmission, la peur de la perte d'un monde passé mais aussi les notions d'honneur et de fidélité. Le *zekhut*, l'honneur du saint, ne se transmet que très rarement par la filiation biologique, il *retombe* sur les habitants gardiens de sa tombe et de sa mémoire à qui il incombe alors de procéder aux célébrations.

UNE MÉMOIRE EN DEVENIR

Les gardiens du sanctuaire sont aussi les gardiens de la mémoire du saint, pourtant, on ne sait pas très bien qui était ce Rav et sa légende. Connu par les érudits sous le nom Josef Ibn Tabul (ou Teboul) et ayant vécu dans la seconde moitié du XVIe siècle, Gershom Sholem le mentionne parmi les disciples du kabbaliste Isaac Luria [12], le nom de Maaravi lui aurait été donné pour désigner celui qui se dirige ou vient de l'ouest, et il est fort probable qu'il s'agisse d'un saint appartenant au long répertoire marocain en route pour, ou venant de, la Terre Sainte. Figure légendaire mal connue, il alimente les récits, fait se superposer les siècles et personne parmi les pèlerins ne pourrait établir une biographie du saint vénéré. Son culte n'en demeure pas moins intense pour autant. Construire la mémoire d'un saint fait partie du culte, c'est à la fois faire appel aux contes populaires, aux récits personnels et aux souvenirs de chacun. Dans les charrettes menant de Gabès à El Hamma on prenait le temps de raconter les mythes de fondation. *Un vendredi soir, à la synagogue d'el Hamma, les fidèles aperçurent un rabbin inconnu. Chacun de lui offrir le dîner du shabbat. Mais le rabbin disparut à la fin de l'office. Un des fidèles le vit en rêve. Le rabbin lui dit qu'il venait d'ailleurs, se prénommant « l'étranger ». Il fit connaître le lieu où il était enterré et demanda à ce qu'on lui rendît visite une fois par an. Le dimanche suivant, ils se rendirent au lieu indiqué, trouvèrent une toute petite pierre tombale qu'ils agrandirent chaque année.*

Ce récit est une variante de la légende telle qu'elle est rapportée dans *Juifs en Terre d'Islam*[13] : « À El Hamma, un vendredi, sur le point de mourir, Sidi Youssef exigea d'être enterré avant le shabbat. Or le soleil suspendit sa course, la nuit tarda à tomber, laissant aux fidèles le temps de respecter les dernières volontés du saint. »

Plusieurs péripéties sont alors évoquées dont celle-ci aux tonalités bibliques : le champ d'un musulman ayant refusé de vendre son champ pour qu'y soit enterré le saint aurait été envahi par des milliers de sauterelles... Aujourd'hui rassembler ces récits et légendes devient un acte quasi religieux et des petits fascicules rappelant des événements anciens et plus récents attestent des miracles dont le statut de « faits historiques », c'est-à-dire vérifiables, est revendiqué par chacun. Ainsi un bulldozer allemand utilisé par les troupes de Rommel pour construire une base militaire, non loin d'El Hamma, se serait arrêté à trois mètres de la tombe du Maaravi. Bien qu'étant en parfait état de marche le bulldozer était définitivement immobilisé. *A contrario* et suscitant cette fois le mouvement, le pèlerinage à Sarcelles aurait été annulé pour cause de grève de la SNCF en 1984, mais la veille du pèlerinage, le réseau nord de Paris a retrouvé un trafic normal. Ce miracle permettant que le vœu du Maaravi de la visite annuelle sur sa tombe, ou d'une cérémonie à sa mémoire, soit exaucé, appartient désormais à la liste des miracles consignés dans la mémoire collective. Mais son acceptation dans le registre des miracles tient certainement au fait qu'il réitère sur un mode plus actuel la légende « *kfitsat derekh* », le chemin raccourci, racontant comment des juifs loin de chez eux à la veille d'un shabbat se retrouvèrent dans leur village, grâce à l'intervention du saint. Pour ne pas profaner le shabbat, le chemin s'était raccourci ou version plus extraordinaire encore, un nuage, ou un tapis volant, ayant emporté les juifs jusque chez eux.

UNE MÉMOIRE VIVANTE

Dans le bus les musiciens tambour et luth, chanteuse et pèlerins entonnent le « chant pour le Maarabi » ponctué de youyous. Mais si la musique semble répétitive elle va crescendo et, dans les embouteillages d'un marché fréquenté par des immigrés, vendeurs et acheteurs entourent le bus en dansant, saluent les pèlerins qui répondent aussi en chantant. C'est alors que sont évoqués les souvenirs de la vie « ensemble » juifs et musulmans.

Tout le long du chemin la musique n'aura de cesse et certaines femmes, notamment la chanteuse du groupe, se mettront à danser dans l'espace exigu de l'autobus tandis les autres lèveront les deux bras dans de larges mouvements d'accompagnement de la musique. Tout comme dans le *Moussem* des musulmans [14] et les milieux populaires juifs, les femmes, pour qui la synagogue reste le lieu des hommes et de la transmission savante, accèdent lors du pèlerinage au religieux et leur rôle y est central pour son déroulement.

Il paraît incongru que Sarcelles devienne un lieu de pèlerinage, on saisira qu'ici le lieu n'est pas associé à une esthétique. mais plutôt à l'accession à un territoire que l'on fait sien. De grands panneaux mis à la disposition par la mairie indiquant « pèlerinage à Sarcelles » renforcent le sentiments qu'ont les juifs sarcellois d'être chez eux. Car si un bus vient de Paris sur les deux mille personnes qui sont rassemblées ce jour, les trois quarts habitent Sarcelles ou ont habité Sarcelles et ses environs. Le lieu est bien différent de l'oasis et des collines évoquées, et il n'y a pas de sources thermales. Le paysage se résume à quelques bouquets d'arbres pris entre la route et un terrain vague, pourtant l'organisateur nous dit : « Ici le *tzadik* que l'on commémore se manifeste, l'endroit était prédestiné. » L'école *Torah Temet* (vérité de la Torah) entourée de petits bâtiments préfabriqués, de parkings, face à un bâtiment en ruine pourrait servir de cliché pour illustrer le fameux mal des banlieue. Malgré sa désolation, ce lieu fait de ruines industrielles serait pourtant « un lieu prédestiné » et la foule joyeuse balaie le désarroi qu'un tel paysage pourrait provoquer. « Il n'y a rien à regretter, c'est comme ça ! » L'atmosphère n'est pas aux lamentations inutiles mais à la joie de vivre quoi qu'il arrive. Certains juifs marocains en Israël ont vu ou rêvé l'apparition d'un saint dans des villes de développement. C'était un moyen symbolique pour investir le lieu et l'habiter [15]. Après leur immigration définitive en terre d'Israël, le pèlerinage au Maroc était difficile, voire contradictoire avec l'espoir messianique qui les avait portés. Par l'intermédiaire du rêve d'un sage de la communauté, la ville de développement devenait sanctuaire. La mémoire du passé pouvait s'y inscrire, permettant aussi leur installation. S'appropriant ainsi un espace, les juifs marocains réhabilitaient une culture souvent dévalorisée qui appartenait aux groupes sociaux les plus marginalisés. Grâce aux rêves et à l'intervention des saints, une nouvelle géographie se dessinait [16], celle du religieux qui transformait les périphéries en centres tout comme Sarcelles n'est plus pour certains une périphérie mais acquiert le statut de centre de la vie religieuse.

Dans le hall de l'école, l'association des Anciens du lycée Carnot de Tunis expose des photos ; un stand de la yeshiva *El Rahamim* de rite tunisien, installée en Israël, vend des cassettes de chants et commentaires talmudiques. Entre le passé religieux et séculier qui participe au pèlerinage et le présent sarcellois, s'interpose Israël dans sa référence religieuse, la yeshiva des Tunisiens. Une agence matrimoniale dont le slogan est « Jeunes et moins jeunes, mariez-vous afin que notre peuple survive ! » rappelle le calendrier de la tradition et l'association obligée entre pèlerinage et promesse d'un futur conjoint. Le pèlerinage est en effet un lieu de rencontre et lorsqu'il se produit à *lag ba omer*, comme la plupart des pèlerinages, il vient clore une période de deuil durant laquelle les mariages ne se font pas. Ici au mois de *tevet*, les mariages n'étant pas interdits, penser aux alliances possibles fait partie du devoir religieux.

La foule se presse sous le *kandil,* le chandelier de la synagogue d'El Hama, suspendu au-dessus d'une table sur laquelle se trouvent des grands récipients d'huile. Chacun des pèlerins allume des petites fioles flottantes en prononçant une bénédiction à la mémoire du Rav. Ils font aussi un vœu et jettent parfois des pièces dans les récipients. Les noms des rabbins vénérés en Tunisie mais aussi en Algérie et au Maroc sont écrits sur des cartons qui forment une couronne [17].

Autour du kandil est enroulée une ficelle. Que l'on coupe et dont on distribue les morceaux aux femmes qui tendent la main. Un homme annonce : « Pour les femmes stériles, il y a un fil qu'elles peuvent mettre. Les rabbins vous attendent, posez vos questions. » Les femmes particulièrement nombreuses au pèlerinage restent aux abords de la table, elles prennent un morceau de ficelle qu'elles attacheront autour de la taille. Elles en emportent aussi pour les amies, leurs filles qu'elles souhaiteraient voir bientôt enceintes. L'homme qui distribue la ficelle, dans la bousculade et la confusion propres à la fête, dit à l'une d'entre elles : « Je souhaite que vous rentriez à la maison, que vous ayez la joie de dire que votre fils est quasiment guéri » puis au reste de l'assemblée : « Il faut demander beaucoup à Dieu. Il est généreux, il donne, il donne ! » Cette injonction nous rappelle « une remarque importante » écrite en caractères gras sur les prospectus relatant les miracles du sayed : « Lorsque l'on fait un vœu, on ne s'adresse pas directement au tzadik, mais on demande à D… que les mérites du tzadik rejaillissent sur nous et nos proches. » Cela nous rappelle que le judaïsme ne reconnaît pas les saints comme le fait le christianisme qui a établi toute une procédure de canonisation. Le judaïsme s'oppose à la personnification de Dieu qui seul demeure objet de vénération mais il admet que l'on vénère les hommes savants dans la connaissance de Dieu, évidemment pieux et capables parfois de guérir, les *tzadikim*. Partageant avec l'islam ce même statut de liminarité, les saints et les rituels qui leurs sont liés ont été niés ou considérés comme relevant de la culture populaire. H. Touati voit dans la condamnation de la sainteté par l'islam, une opposition rationalisante comparable à celle de Luther au sein du christianisme [18]. Le culte des saints renvoie selon les tenants du pouvoir religieux aux formes archaïques de la croyance, à un résidu de l'idolâtrie et met en évidence l'opposition entre la religion scripturaire et la religion populaire. Marginalisés par la culture savante religieuse, les cultes des saints ont été étudiés par les anthropologues du Maghreb, dans les populations musulmanes mais aussi juives, attribuant aux populations juives et musulmanes du Maroc surtout des cultes communs généralement désignés par le maraboutisme [19]. L'ensemble des travaux démontre à ce propos l'enracinement dans une aire culturelle commune qui dépasse les strictes frontières des religions. Il faut alors faire appel à ces zones moins balisées par le religieux traditionnel qui sont celles de la mystique et de la ferveur populaires pour que s'exprime cette culture commune. Harvey Goldberg [20] montre la singularité du culte des saints juifs au Maghreb au regard du culte musulman et du développement des cultes des *tzadikim* en Europe de l'Est dès le XVIIIe siècle, principalement par l'absence de filiations constitutives de groupes, de dynasties et donc d'une classe spécialisée et vouée au culte et à son maintien. En ce qui concerne le judaïsme ces pratiques sont acceptées, comme le sont certaines coutumes, tant qu'elles demeurent dans le respect des lois fondamentales. Mais la question des limites imposées par la loi est évidemment un thème de discussions vives et parfois de conflits [21]. Ici, en exil, les notables et leaders communautaires présents, ceux qui ne croient pas vraiment au pouvoir du saint et qui regardent ces pratiques comme folkloriques et quelque peu archaïques participent au pèlerinage par fidélité au passé et par respect de coutumes qui disparaîtraient.

Tous se retrouvent avec la même ferveur à l'heure de la prière du soir. Les hommes se rendent dans l'espace attenant qui tient lieu de synagogue, le *sepher torah* rapporté d'El Hamma habillé de velours rose et d'un voile brodé d'or est sorti de l'armoire.

Les femmes se présentent devant « la table des dons », une bouteille d'alcool de figue (bouha) à la main et des fruits secs, « signe de joie et apportés à titre d'offrande ». D'une table à l'autre des plateaux de fruits secs circulent. On échange des salutations et des vœux sur la santé et la réussite des enfants. Au fond de la salle, des femmes, foulard à fleurs noués à la manière tunisienne, ont installé d'énormes plats de couscous. Plongeant une louche dans une marmite posée à ses pieds la cuisinière nous enjoint de consommer. C'est une obligation, un honneur, la condition *sine qua non* de la participation au pèlerinage. Entre elles les femmes s'expriment en judéo-arabe. Issues des plus anciennes familles du sud tunisien, sans elles le pèlerinage ne pourrait se faire. Elles gardent chez elles les objets sacrés de la synagogue d'El Hamma. Elles préparent les immenses plateaux de nourriture qu'elles offrent car la nourriture occupe une place centrale dans la relation à la sainteté. Celle-ci s'organise autour des notions de dons, d'honneur et de *baraka*. Préparer du couscous en l'honneur du saint, c'est recevoir en retour ses bienfaits et ce scénario suppose que la nourriture soit consommée. Porteuse de force et de sacralité, la consommation oblige le consommateur vis-à-vis du donataire. En consommant il reconnaît l'intention de celui qui a préparé la nourriture et s'associe à lui dans la formulation de ses vœux. Vouloir du bien à quelqu'un, c'est accepter sa nourriture, participer plus ardemment à la réalisation de ses vœux et c'est aussi croire et manifester sa croyance dans les pouvoirs du saint. Alors que, dans les pèlerinages musulmans, un abattage rituel des bêtes consommées a été fait la veille à l'entrée du sanctuaire et que la viande est un élément important du don, ici, le couscous, et les fruits secs sont valorisés parce qu'ils sont innombrables et multiples comme les graines associées à la fécondité. Or la fécondité et la multiplication des bienfaits sont l'objet de transaction du culte.

Le don ici recouvre les notions de « justice », *tsedaka* propre à l'établissement de toute communauté. Il s'agit d'aider son prochain, les plus démunis, et l'association « Al Maarabi » reversera l'argent recueilli lors des ventes aux enchères des bougies et des photos du sanctuaire, à l'école *Torah Temet* qui l'accueille comme à toutes personnes nécessiteuses, ou encore à une *yeshiva* en Israël. Les sommes en jeu sont assez importantes, elles doivent traduire la force des vœux, une sorte de pari sur l'avenir. Comme au jeu, les dons dépassent souvent les moyens de celui qui donne car donner c'est marquer sa foi, c'est aussi l'exprimer en public et porter à la connaissance de chacun, outre son adhésion religieuse, son statut social.

Dehors, on alimente le feu pour le Maarabi, des caisses entières de chandelles sont jetées dans le feu et l'embrasement qui suit manifeste la force de conviction et l'espoir de la réussite. Chacun se tient seul devant la flamme qu'il produit. Les femmes lancent une à une les bougies accompagnant leur geste d'un baiser sur le doigt. On s'écarte avec respect pour laisser la place au suivant.

Alors que nous sommes au solstice d'hiver et que la nuit vient très tôt, la fête des lumières semble intensifiée par le feu constamment entretenu par les bougies de vœux, et les fioles à la mémoire du rabbin. La dernière bougie de *Hanouka* [22] est allumée sur le chandelier. Ici comme à Djerba le feu paraît central dans le rite. Selon la *Aggadah* il fut donné par Dieu et transporté dans le temple de Salomon. Lors de la destruction du temple il n'aurait jamais été éteint comme ne seront jamais éteints, selon le vœux des juifs, les feux qui sur la tombe du Maarabi rappellent chaque année la montée de son âme et la ferveur qui les entretient. Le jour du décès du Maarabi, la légende dit qu'une bougie serait descendue du ciel portée par un chandelier d'or alors que de la terre montait un nuage de cendre. Associé à la lumière, le feu évoque ici la continuité de la présence divine et, plus prosaïquement celle d'une communauté toujours vivante.

Laurence Podselver
EHESS, Paris

NOTES

1. Le président de l'association « Sayed Rebbi Yossef El Maarabi », G Azria.
2. Voir Felix Allouche, « Vision tunisienne sur le pèlerinage de Y. El Maraabi », *Revue littéraire juive*, n° 1, janvier 1928.
3. Je fais référence ici à un film réalisé par H. Kazgdalhi et ses étudiants de l'université de Tunis 1.
4. Dans la même collection, Patrick Simon et Claude Tapia dans « Le Belleville des juifs tunisiens » évoquent les différentes vagues migratoires qui aboutissent à l'installation dans ce quartier populaire.
5. Shlomo Deshen rappelle la tradition qui se perpétue en exil. « Rituialization of literacy ; the works of Tunisian scholars in Israël », *American ethnologis*t, 1974.
6. Telle que la définit V. Turner, dans *Dramas, Fields and Metaphors. Symbolic Action in Human Society*, Cornell Univ. Press, London 1974.
7. Le 33e jour du mois de Omer, est célébrée à Méron en Israël la mémoire de Simon Bar Yohaï, auteur présumé du Zohar, et des milliers de pèlerins affluent sur sa tombe. À partir de cette date sont associés de nombreux autres pèlerinages célébrant différents sages. Cette tradition réunit les courants les plus orthodoxes du judaïsme ashkénaze, notamment les hassidim ainsi que les sépharades d'Afrique du Nord.
8. Sur le débat de la culture commune et sur la différence, voir A. Udovitch et L. Valensi, « Communautés juives en pays d'Islam : identité et communication à Djerba », *Les Annales,* n° 3-4, mai-août 1980, p. 764-783.
9. Issachar Ben-Ami, dans *Culte des Saints et pèlerinages judéo-musulmans au Maroc*, dresse la liste des nombreux saints des juifs au Maroc, il en mesure toute l'importance culturelle et révèle aussi l'unilatéralité de ces cultes communs puisque seuls les saints juifs peuvent être vénérés conjointement par les juifs et les musulmans alors que le contraire est beaucoup moins répandu, et en tout cas inavoué, la vénération des saints musulmans par les juifs n'étant pas toujours possible, l'accès aux sanctuaires leur étant souvent interdit (cf. chap. IX).
10. Paris, PUF, 1959.
11. Extrait d'une lettre qui m'a été adressée à propos du *pèlerinage*.
12. In *La Kabbale, une introduction, origines, thèmes et biographies*, Paris, Cerf, 1998, p. 635.
13. Lucette Valensi et Abraham Udovitch, éd. des Archives contemporaines, EHESS, 1984, p. 77.
14. Sur ce sujet on se réfère à l'étude de Fenneke Reysoo, *Pèlerinages au Maroc, fête, politique et échange dans l'Islam populaire,* Paris, éd. MSH, 1991.
15. Cf. Yoram Bilu, « La vénération des Saints chez les juifs marocains en Israël », *Les juifs du Maghreb*, Les Presses de l'université de Montréal, L'Harmattan, Paris, 1989.
16. À ce sujet le ministère israélien de l'Intérieur vient de publier un répertoire des lieux saints.
17 Dont voici la liste : Rabbi Fradji (El Hamma), Rabbi Ishak-Bouhnik (Gabes), Haï Boukobza, Brahaminou Demri (Gabes), Skayrya Youna (Gabes), David Ghissa Cohen, Haï Taïeb Lomet (Tunis), Haïm Houri (gd rabbin de Bersheva en Israël) Youna Demri, Krief el Gabsi (Gabes), Fradji Allouch (Nabeul), Bichi Mimoun, Samuel Allouch, Saied Mames Ichoua Haddad, Soussou Cohen.
18. Houari Touati, *Entre Dieu et les hommes, lettrés saints et sorciers au Maghreb (XVIIe siècle),* Paris, éd. EHESS, 1994. « La société n'avait pas son Luther pour lui dire

que le culte des saints est contraire à la nature, que leurs légendes sont des « mensonges et que les pèlerinage à leurs sanctuaires sont une prime à l'idolâtrie ».

19. Issachar Ben-Ami, dans *Culte des Saints et pèlerinages judéo-musulmans au Maroc*, *op. cit.*
20. « Potential Polities : Jewish Saints in the Maroccan Countryside and in Israël », in *Faith and Polity, Essays on Religion and Politics*, VU University Press Amsterdam, 1992, p. 235-250.
21. Dans le monde ashkénaze, le développement du hassidisme qui développe la vénération de tzadickim et rabbins miraculeux fut l'objet de querelles amenant même jusqu'au *herem,* l'excommunication.
22. La hilloula a lieu le premier jour du mois de tevet, soit le dernier jour de la fête de Hanouka, fête associée au don de la lumière.

Le « sauvetage du judaïsme marocain pour la Torah »

Ou comment les Juifs marocains sont devenus lituaniens...

Yaakov Lupu

La mémoire empruntée

Le spectacle que donne aujourd'hui la religiosité sépharade dans sa dimension la plus visible est étonnant. La tonalité religieuse la plus forte de leur retour aux sources donne en effet manifestement à voir toutes les caractéristiques culturelles et religieuses du judaïsme de Lituanie et d'Europe centrale en général, dans les deux mouvements idéologiques qui l'ont marqué : l'ultra-orthodoxie et le hassidisme loubavitch. Le cachet très spécifique de ces identités religieuses ne se donne pas à voir uniquement dans le type d'habillement, de comportements dans la Cité et le rapport au monde mais également dans la conscience religieuse, la méthode intellectuelle, le type de jurisprudence halakhique...

Ainsi le retour aux sources des sépharades, la quête d'identité et de mémoire au sortir de la destruction de leur monde et de la grande dispersion, reviennent-ils à des sources qui ne sont pas les leurs tout en étant tenues pour telles. La seule mémoire (religieuse) qui les habite est une mémoire qui les dépossède d'eux-mêmes, de l'originalité de leur propre tradition.

Ce mystère, dans lequel on voit généralement la marque de l'aliénation consécutive au déracinement, n'est pas seulement issu des méandres de la conscience mais a des origines historiques très précises en rapport direct avec les conséquences de la Shoa et la disparition du judaïsme d'Europe centrale. Les sépharades, et notamment, d'origine marocaine, sont devenus dès la guerre de 1914-1918 la cible d'un programme missionnaire des survivants des Yeshivot disparues en quête de repeuplement de leur monde dévasté. C'est à l'archéologie de cette évolution que se consacre cet article.

H. & S. T.

« Du jour où les Français sont arrivés dans notre ville a commencé une nouvelle époque dans notre manière de vivre. Qui dirait que ce fut une belle période ne se tromperait pas et qui dirait qu'elle fut mauvaise aurait raison. Car la paix et le calme se sont renforcés dans le pays, mais la tranquillité sereine qui régnait dans les cœurs et où chacun se réjouissait de son sort, qu'il fût bon ou difficile, a complètement disparu. Car le superflu s'est multiplié dans tous les domaines, en vêtements et en argent, en logement et en toutes sortes d'objets… c'est pourquoi il fallait plus d'effort, de fatigue et de travail, et la nécessité de s'engager dans tout commerce, et avec eux vinrent la jalousie et la concurrence et le besoin d'aller toujours plus loin dans la recherche de la richesse et du plaisir… Et ceux qui étudiaient la Torah ont eux aussi commencé à s'éloigner du giron de leur mère pour s'en aller chacun de leur côté par appât du gain, car eux aussi voulaient goûter aux choses de l'ère nouvelle, et c'est ainsi que les colonnes de la Torah ont commencé à vaciller et qu'il n'y a plus d'expert, de soutien ni de prédicateur sur la brèche [1]. »

C'est dans ces termes que le rabbin Yossef Messas, de Meknès, décrivait le processus de modernisation dont il fut le témoin dans sa jeunesse et qui se déroula au Maroc à la suite de la prise du pouvoir par les Français en 1912 ; à ses yeux, le cadre de la société traditionnelle juive du Maroc commençait de vaciller. L'un des facteurs importants de cet ébranlement fut le réseau scolaire de l'Alliance israélite universelle qui diffusa le processus de modernisation parmi les jeunes. Cette institution avait lancé ses activités au Maroc dès 1862, avant l'établissement du protectorat français, et elle était rapidement devenue l'intervenant principal en matière d'éducation dans cette communauté : c'est dans son cadre que furent éduqués la plupart des enfants juifs marocains d'âge scolaire [2].

Face à l'influence de l'AIU, afin d'arrêter l'« hémorragie » et de renforcer l'éducation traditionnelle au Maroc, le rabbin Zeev Halperin décida de créer le réseau « Em ha-banim » mais les méthodes d'enseignement et l'organisation qui y furent adoptées reprenaient celles des yeshivoth lituaniennes d'Europe orientale [3]. Après la Seconde Guerre mondiale, le rabbin Abraham Kalmanovitch, président de la yeshivah de Mir à New York, et le rabbin Raphaël Abou ouvrirent au Maroc le réseau scolaire « Otzar haTorah [4] » qui s'unit au réseau « Em haBanim » ou prit ce dernier sous son égide [5]. De 1947 jusqu'au départ de la majorité des juifs du Maroc en 1962, Otzar haTorah fut l'acteur principal de l'éducation traditionnelle au Maroc, touchant 10 % environ de l'ensemble des enfants d'âge scolaire [6].

Pendant la période d'activité du réseau Otzar haTorah au Maroc, l'élite des élèves, c'est-à-dire plusieurs milliers d'enfants, fut envoyée, avec les encouragements et le soutien des initiateurs du réseau, hors du Maroc pour étudier dans des yeshivoth lituaniennes en France, en Angleterre, en Israël et aux États-Unis. Les rabbins faisaient partir leurs élèves sans intention de les voir revenir ; et cela même alors qu'ils savaient que cette action allait à l'encontre des besoins de l'éducation traditionnelle au Maroc et à l'encontre des objectifs au nom desquels le réseau avait été créé. Ils visaient un autre objectif à leurs yeux plus important et plus urgent : sauver le monde de la Torah ruiné par la destruction du judaïsme européen. Dans les années de l'immédiat après-guerre, le Maroc a représenté le plus grand bassin d'élèves pour remplir à nouveau les grandes yeshivoth lituaniennes détruites.

Dans notre article, nous examinerons quelques aspects de ce phénomène historique. Nous commencerons par traiter du processus de recrutement des élèves marocains pour les yeshivoth lituaniennes ; nous évaluerons ensuite le nombre des étudiants marocains qui ont fréquenté les yeshivoth lituaniennes de Diaspora à la fin des années quarante et dans les années cinquante ; enfin, nous nous pencherons sur le rapport entre l'identité marocaine des étudiants et l'identité lituanienne – c'est-à-dire européenne – de ces institutions. La dernière partie sera plus particulièrement centrée sur trois institutions qui ont reçu des étudiants marocains au cours de la période considérée : la yeshivah « 'Hakhmei Tsarfat » (« des Sages de France ») d'Aix-les-Bains, la yeshivah « Etz 'Hayim » de Tanger et la yeshivah « Or Yossef » de Fublaines.

RECRUTER DES ÉTUDIANTS MAROCAINS POUR DES YESHIVOTH ASHKÉNAZES

« Je prêchais dans le désert et j'étais seul sur la brèche. J'ai travaillé quelques années pour les garder et, avec l'aide de Dieu, ce sont nos élèves que nous avons sauvés, qui remplissent les yeshivoth en Europe et en terre d'Israël, à Paris (Fublaines), à Londres, à Gateshead, à Aix-les-Bains, pour la plupart ce sont uniquement des élèves de chez nous. Il en va de même en terre d'Israël et aux États-Unis, il n'y a pas une seule yeshivah dans laquelle on ne trouve des étudiants du Maroc et ce sont nos élèves. Et déjà sortent de ces yeshivoth quelques érudits en Torah et quelques enseignants, professeurs et moniteurs. Il y a également un groupe de grands érudits qui sont revenus à la religion en France parmi les étudiants marocains : des docteurs, des professeurs, des ingénieurs qui sanctifient le Nom [7]. »

C'est en ces termes que le rabbin Abraham Kalmanovitch décrivait son action ; il définissait son rôle comme consistant à « sauver » les étudiants marocains pour la Torah [8].

Des liens entre la yeshivah d'Aix-les-Bains et le Maroc avaient déjà été tissés en 1945 par le rabbin 'Hayim Its'hak 'Haykin [9] et le rabbin Yedidyah Monsenego, rabbin de Fès, mais il semble que l'accueil des étudiants marocains dans les yeshivoth d'Europe et des États-Unis n'ait vraiment commencé qu'en 1947, à la suite d'un voyage du rabbin Kalmanovitch au Maroc et à la suite des activités de l'émissaire envoyé de Palestine, le rabbin Raphaël Abou qui travaillait sous la direction du rabbin Kalmanovitch. Par ailleurs, lorsqu'il entendit qu'en Afrique du Nord vivaient encore un demi-million de Juifs, le rabbin Gershon Liebman s'y rendit également au début des années cinquante, sans savoir ni le français ni l'arabe, et réunit quelques dizaines d'étudiants pour la yeshivah Beith Yossef de Fublaines [10].

Emmener des étudiants marocains pour peupler les yeshivoth d'autres pays fut pratiqué par l'ensemble du monde juif et pas uniquement par le judaïsme français. En 1950, le rabbin Zeev Waltner se rendit au Maroc pour recruter des étudiants pour sa yeshivah de Sunderland en Angleterre [11]. On trouvait des étudiants d'origine marocaine dans d'autres yeshivoth anglaises telle la yeshivah « Torat Emet » du rabbin I. Tsvi Steimatsky à Londres et celle du rabbin Moshe Schneider à Gateshead. Aux États-Unis, ils avaient intégré les rangs de la yeshivah de Mir et de la yeshivah « Maguen David » à New York [12]. En Israël, plusieurs yeshivoth furent impliquées dans ce processus : la yeshivah de Ponoviez et celle de Slobodka à Bnei Brak, toutes deux yeshivoth ashkénazes de tradition lituanienne, et la yeshivah séfarade « Porath Yossef » à Jérusalem [13]. La dispersion géographique de ces yeshivoth témoigne de l'ampleur du phénomène dans le temps et dans l'espace ; cette tendance s'est poursuivie jusqu'à la fin des années soixante et s'amplifia même lorsque le Maroc accéda à l'indépendance en 1956.

Quel était l'objectif poursuivi en allant chercher des étudiants au Maroc pour les intégrer dans des yeshivoth à l'étranger ? Nous avons vu que le rabbin Kalmanovitch qualifiait son action de sauvetage des étudiants pour la Torah ; mais sauvetage par rapport à quoi ? Le rabbin Liebman soulignait la nécessité de sauver les étudiants des dégâts de la modernisation : « Je veux savoir pour qui tu as abandonné ton troupeau dans une telle confusion ? En un temps de folie où prospèrent les fauves, le danger est grand [14]. » Les « fauves », dans cette phrase et d'une façon générale dans la pensée du rabbin Liebman, ce sont l'Alliance israélite universelle, la gauche, les kibboutzim, l'alyah des jeunes et la vie moderne. Lorsqu'il évoque l'influence de ces éléments, le rabbin Liebman parle de « perdition spirituelle », de « destruction », de « ruine », de « fourvoiement ».

En général on envoya en Europe les étudiants de dix-sept à vingt ans les plus brillants. Selon le rabbin Abou : « Je n'ai pas envoyé de jeunes de quinze ans *même si certains sont très doués* [souligné par nous, Y.L.] pour éviter qu'ils ne vous causent du souci s'ils avaient des regrets en arrivant en Amérique et si leurs parents leur manquaient car ils ne sont pas habitués... [15] » Ce qui ressort de ces propos, c'est que le rabbin Abou aurait souhaité à l'origine envoyer également des élèves doués âgés de quinze ou seize ans mais qu'il s'en était abstenu. Le rabbin Abou avait soin de n'envoyer que les meilleurs élèves et il décrivait en ces termes les étudiants qu'il faisait partir : « De beaux jeunes gens doués qui ont étudié et des rangs desquels pourrait sortir un grand de la Torah... C'est pourquoi nous avons choisi des étudiants à l'issue d'un examen de leur capacité à connaître la Guemara et les Tossafoth seuls, sans l'aide d'un maître, et après avoir posé des questions et enquêté sur eux [16]. »

Mais n'envoyer que les meilleurs élèves n'était pas l'initiative du seul rabbin Abou ; c'était l'exigence des directeurs de yeshivoth : le rabbin Kalmanovitch exige dans plusieurs lettres : « De plus, vous devez vous assurer que seuls les meilleurs, les plus doués et les plus savants soient ceux qui viennent, et non pas des simples... [17] » Le rabbin Itshak Weingarten, directeur de la yeshivah « Torat 'Hayim » près de Londres, fit savoir au rabbin Abou qu'il souhaitait recevoir une quarantaine d'étudiants et il envoya un émissaire au Maroc pour faire le tri ; lui aussi demandait des étudiants « polis » et « meilleurs [18] ». Quant au rabbin Gershon Liebman, il ne voulait que des étudiants aux capacités supérieures, et dans ses lettres il n'était pas avare de compliments à leur égard : « Et en particulier ils ont récemment fait de tels progrès qu'ils m'étonnent moi-même, grâce à Dieu. Leur connaissance en morale a incroyablement progressé, et plus encore leur travail moral et leur prière sensible, etc., et d'une façon générale leur vision exhaustive de la Torah et du monde est tout à fait étonnante [19]. »

Une partie des personnes engagées dans l'enseignement souhaitaient envoyer des jeunes étudier à l'étranger afin qu'ils *reviennent* enseigner au Maroc. Le Joint (American Joint Distribution Committee) avait pour politique d'investir des ressources pour créer une infrastructure locale à long terme permettant l'émergence d'un leadership communautaire-pédagogique et dirigée par des comités locaux élus ; il est vrai que l'émigration de masse des Juifs marocains dans les années 1954-1956 rendit difficile l'application de cette politique[20]. Mais la politique du Joint se heurta également à une opposition venue de la direction spirituelle centrale d'Otzar haTorah à New York, opposition qui s'exprima à travers l'envoi des étudiants les plus exceptionnels hors du Maroc sans intention qu'ils y reviennent. Stanley Abramovitch, responsable du Joint pour l'éducation au Maroc dans les années cinquante et soixante, rapportait à ses supérieurs qu'il était difficile de former un encadrement local de bon niveau car les candidats commençaient leurs études dans des établissements locaux à l'âge de treize ou quatorze ans, puis, trois ou quatre ans mais après trois ou quatre ans plus tard, ils cherchaient une place dans les grandes yeshivoth hors du Maroc ; selon lui, seuls quelques-uns de ceux qui avaient étudié dans des yeshivoth hors du Maroc étaient rentrés pour enseigner dans les établissements locaux[21]. Il semble donc que, contrairement au Joint, une partie des rabbins et des directeurs de yeshivoth ne se soient pas situés dans la perspective de voir leurs étudiants rentrer au Maroc.

Abramovitch désignait le rabbin Kalmanovitch comme étant un de ceux qui débauchaient des élèves de la yeshivah de Tanger par des promesses diverses. Il évoque également la yeshivah du rabbin Liebman à Fublaines en France et des yeshivoth anglaises comme ayant des pratiques analogues :

> « Nous sommes pris dans un cercle vicieux : des établissement subventionnés par nous ne peuvent améliorer leur niveau faute d'un encadrement adéquat. Après de nombreuses années de travail, nous avons des élèves convenables à la yeshivah de Tanger qui doit continuer de former [des étudiants] ; mais le rabbin Kalmanovitch les attire par des promesses, comme le font également Fublaines et les yeshivoth anglaises[22]. »

Abramovitch était convaincu qu'éloigner du Maroc les étudiants les meilleurs pour leur faire faire des études supérieures dans des yeshivoth lituaniennes sans les renvoyer comme enseignants au Maroc portait préjudice aux efforts du Joint en vue d'étendre le réseau des établissements d'Otzar haTorah dans ce pays. On ne sait pas très bien si les fondateurs d'« Otzar haTorah » et sa direction générale à New York étaient conscients du fait qu'ils sciaient la branche sur laquelle ils étaient assis dans la mesure où l'éloignement des étudiants les meilleurs empêchait le développement de l'éducation traditionnelle, qui était en fait l'objectif du réseau.

SAUVER LE MONDE DE LA TORAH APRÈS LA SHOAH

Si le fait d'éloigner du Maroc des étudiants d'élite pour les envoyer dans des yeshivoth en Europe était en contradiction avec la volonté de renforcer l'éducation juive au Maroc, pourquoi l'a-t-on fait ? Nous avons vu que l'objectif était de sauver des élèves pour la Torah ; mais il convient de préciser qu'il ne s'agissait pas tant de sauver des étudiants que de sauver la Torah. À la tête des yeshivoth dans lesquelles étudiaient la majorité des élèves d'origine marocaine dans les années d'après-guerre se trouvaient, nous l'avons dit, les rabbins Kalmanovitch, Liebman, Haykin et Waltner. Pour ces rabbins, la situation était une situation d'urgence et le moyen de « sauver la Torah » après la Shoah et d'arrêter le processus d'abandon de la Torah consistait à engendrer des « fils de la Torah » et à insuffler un souffle de vie dans le monde détruit des yeshivoth.

La tentative de sauver le monde de la Torah se plaçait dans le cadre des conditions historiques de l'époque, à savoir l'errance des rescapés des camps qui migraient vers l'ouest après la guerre et les actions précipitées des dirigeants spirituels qui avaient survécu en Europe et aux États-Unis : la mise en place d'un « comité de sauvetage », l'aide du Joint et l'aide des autorités américaines dans ce but.

Immédiatement après la guerre, des réfugiés de Pologne et des autres pays d'Europe orientale auxquels il convient d'ajouter les dizaines de milliers de personnes qui s'étaient réfugiées en Sibérie commencèrent à rentrer chez eux. La plupart des rescapés décidèrent d'émigrer aux États-Unis ou de monter en terre d'Israël mais, pour une partie d'entre eux, la France constitua un objectif temporaire ou définitif. Selon des estimations de l'année 1946, il y avait en France 180 000 Juifs dont 160 000 habitaient en France avant la guerre et 20 000 étaient des réfugiés venus d'Europe centrale et orientale. En deux ans, ils furent rejoints par 35 000 réfugiés supplémentaires[23].

Dans la masse des réfugiés se trouvaient également des rabbins et des étudiants de grandes yeshivoth de Pologne et de Lituanie qui ne possédaient pas d'institution-mère en France avant guerre. Des rabbins célèbres s'organisèrent par le biais du « comité de sauvetage » de l'union des rabbins américains, sous la direction du rabbin Aaron Kotler et du rabbin Kalmanovitch de l'Agoudath Israel et avec l'aide du Joint. Ces derniers transformèrent la France en général et le Pletzel en particulier en centre de soin pour les milliers de réfugiés, surtout les orphelins. Dans un certain nombre de lieux dans toute la France on acheta ou on loua des domaines qui devinrent des centres d'accueil pour les réfugiés.

À Aix-les-Bains, à La Pépinière à côté de Versailles, à Saint-Germain-en-Laye, à Fublaines et ailleurs, se regroupèrent les étudiants des yeshivoth et leurs enseignants. C'est ainsi qu'à La Pépinière s'étaient regroupés les étudiants des yeshivoth lituaniennes célèbres, Slobodka, Kamenez et Telz, sous la direction du rabbin Itshak Betsalel Orlanski. Dans la bourgade de Fublaines, sous la direction du rabbin Gershon Liebman, on continuait la tradition de Novaredoc. On investit de l'argent, on engagea des enseignants et les études reprirent. Ces institutions toraniques furent rejointes par des adolescents orphelins dirigés vers elles par diverses institutions ; dans ces cadres, les orphelins trouvaient enseignement, logement et subsistance[24].

La majorité des organisations qui naquirent sur la terre de France dans l'immédiat après-guerre furent éphémères car la plupart des rescapés originaires d'Europe de l'Est ne restèrent pas en France. Pourtant, les nombreux efforts investis en France allaient laisser une bonne base pour plusieurs centre toraniques qui s'enracinèrent dans ce pays, telle la yeshivah des « Sages de France » à Aix-les-Bains et la yeshivah « Or Yossef » à Fublaines.

La place de la France sur la carte démographique du judaïsme est-européen au lendemain de la Shoah et les actions de sauvetage qui furent organisées conformément à la perception du monde qu'avaient les rabbins les plus importants, sont à la base de l'action qui consistait à prendre des étudiants au Maroc pour les placer dans les yeshivoth lituaniennes. Ce processus se réalisa parallèlement à la question locale de l'éducation au Maroc et en interaction avec elle. À la fin des années 1940 et au début de la décennie suivante, ces yeshivoth se sont construites sur le recrutement et l'accueil d'étudiants marocains, en contradiction avec les besoins éducatifs sur place, au Maroc.

Les rabbins ashkénazes étaient confrontés à la nécessité de sauver les rescapés d'un naufrage spirituel complet après la Shoah ; pour eux, il ne s'agissait pas seulement des rescapés européens mais du peuple juif tout entier, y compris les Juifs du Maroc. Mais leur souci premier était de sauver leurs yeshivoth et leurs traditions d'étude et de morale. En Angleterre, par exemple, le rabbin Waltner se rendit au Maroc pour chercher des élèves après avoir constaté qu'il ne pouvait pas trouver de candidats à sa yeshivah sur place ou parmi les réfugiés venus du continent. Le potentiel immense recelé par le judaïsme marocain, fondamentalement religieux, la possibilité d'y trouver sans difficulté des familiers de la Torah qui rempliraient les yeshivoth vides, et ainsi donner à ces dernières une vie nouvelle, furent l'élément moteur principal de l'action des rabbins au Maroc[25].

Dans une de ses lettres au rabbin Abou où il est question du manque d'enseignants dans les écoles du réseau Otzar haTorah, le rabbin Kalmanovitch écrit :

> « À la suite de votre lettre où vous dites que vous avez besoin de bons enseignants qui nous manquent là-bas, nous avons parlé à Monsieur Shalom et lui aussi est d'accord sur le fait que David Bitton et Abraham Halouia sont d'excellents professeurs et en particulier maintenant qu'ils ont étudié ici pendant six mois cela vaut la peine de les renvoyer au Maroc afin qu'ils travaillent en tant qu'enseignants spécialisés sous votre direction et qu'ils vous aident dans tout votre travail pour Otzar haTorah. On les enverra visiter et amender les écoles primaires et les yeshivoth et on les utilisera comme professeurs principaux. De même Hayim Toledano et Shlomo Elharar ont également l'intention de revenir et ils peuvent enseigner à des débutants la Guemara et la Bible et ils en seront satisfaits. Ils manquent du désir et du besoin d'être grands dans la Torah et ils souhaitent seulement un travail simple et un peu d'étude. Car à mon avis, le sauvetage le plus grand pour l'ensemble du peuple ne viendra que des grands de la Torah et peut-être parviendrons-nous à faire sortir de leurs rangs quelques personnes de cet ordre[26]. »

On peut déduire de ce texte que l'ordre des priorités du rabbin Kalmanovitch est d'abord de transférer des élèves excellents vers des études en yeshivah afin de les préparer à être grands dans la Torah, sans la moindre intention de les faire rentrer au Maroc pour renforcer l'infrastructure éducative. D'autres dirigeants de yeshivah n'avaient pas non plus la moindre intention de ramener ces étudiants dans leur pays. Le rabbin Weingarten conseilla au rabbin Abou d'inscrire sur le formulaire de demande de visa d'un étudiant que celui-ci ne projetait pas de rester plus de six mois pour étudier et repartir car, autrement, les autorités britanniques ne lui accorderaient pas de visa d'entrée. Mais le rabbin Weingarten dit très clairement qu'une fois arrivés à la yeshivah, les étudiants pourront y rester aussi longtemps qu'il leur plaira[27].

Plus d'une fois le rabbin Kalmanovitch exprime son irritation au rabbin Abou car ce dernier ne s'engage pas suffisamment dans l'envoi d'étudiants[28] ; pourtant, d'après une lettre adressée par le rabbin Abou à Yossef Semo, l'adjoint du fondateur d'Otzar haTorah, Itshak Shalom il semble que le rabbin Abou ait été fier de son rôle de recruteur de jeunes gens pour les yeshivoth d'Europe :

> « Mon nom est connu d'un bout à l'autre du Maroc et tous m'aiment sauf les directeurs de l'Alliance qui me haïssent parce qu'ils sont jaloux... Et Dieu sait que je n'ai pas dessein de m'enorgueillir sauf pour la Torah et ses étudiants car je ne suis pas seulement un élève j'ai également étudié dans les grandes yeshivoth des ashkénazes et je sais comment on administre des yeshivoth et j'ai travaillé dans ce domaine et j'ai des diplômes de rabbin donnés par de grands rabbins ashkénazes et séfarades... et si un séfarade étudie dans les yeshivoth des ashkénazes, c'est à moi qu'il le doit... [29] »

Son orgueil se fondait sur la haute estime dans laquelle il tenait les études en yeshivah ashkénaze, une conception qu'il partageait évidemment avec d'autres dirigeants autour de lui.

Les lettres du rabbin Abou nous apprennent qu'il y avait une grande demande de la part des étudiants pour suivre des études supérieures en yeshivah à l'étranger. Dans une lettre, le rabbin Abou explique que les jeunes veulent quitter le Maroc « parce qu'ils n'ont pas la possibilité de poursuivre leurs études et qu'il n'y a pas d'enseignants » [30]. À ce facteur venaient s'en ajouter d'autres, ainsi que le remarque le rabbin Abou dans un autre document :

> « Vous devez savoir que la question de l'envoi d'étudiants en Amérique a suscité un grand désir au Maroc et chaque jour je reçois tant de lettres avec des demandes de se joindre au voyage en Amérique ou au moins à un prochain voyage et je réponds que l'on doit se dépêcher et au moins connaître un chapitre entier par cœur avec les Tossafoth et cela soulève un grand désir au Maroc de même que les allocations qui sont attribuées... [31] »

Les étudiants sélectionnés recevaient des bourses pour quatre années à dater du jour de leur arrivée en Amérique. La bourse couvrait les frais d'inscription, les repas au restaurant de la yeshivah, le logement en pension, une assurance santé, la couverture des besoins quotidiens et une aide pour l'obtention des visas d'entrée aux États-Unis par l'intermédiaire du consulat américain au Maroc [32].

La situation économique difficile qui régnait au Maroc fut un des éléments qui favorisèrent le départ vers des yeshivoth hors du Maroc :

> « Au début, nous pensions faire une bonne action et les attirer par des liens d'amour, nous leur avons donné des prix, une allocation mensuelle pour chacun des étudiants ; de plus, ils reçoivent pour toute page de Guemara apprise par cœur une somme de cent francs, cent cinquante si elle est

complète. Une autre récompense va à celui qui récite par cœur un chapitre entier : il reçoit mille cinq cents francs[33]. »

Le désir des étudiants de quitter le Maroc pour étudier dans des établissements prestigieux et de haut niveau se reflète dans les propos du rabbin Shalom Messas qui, au début de l'année 1949, était à la tête du kollel « Keter haTorah » de Meknès[34]. Dans cet établissement, il y avait dix-sept élèves de haut niveau ; le rabbin Kalmanovitch en emmena la majorité à la yeshivah de Mir aux États-Unis et tous y restèrent. Selon le rabbin Messas, les étudiants voulaient s'en aller et rien n'aurait pu les arrêter car ils n'avaient pas d'autre perspective : « S'ils étaient restés, qu'auraient-ils fait ? » Selon lui, tous savaient déjà que la communauté juive n'avait pas d'avenir au Maroc, c'est pourquoi les étudiants cherchaient un moyen de s'en aller[35].

Une large part des étudiants marocains n'avaient pas l'intention de revenir au Maroc pour y enseigner. Le rabbin Yehouda Elkaïm est un exemple caractéristique ; les étapes de sa vie sont relatées dans une nécrologie publiée par la revue ultra-orthodoxe *Kountrass*. Né à Casablanca en 1928[36], Yehouda Elkaïm fit des études d'ingénieur électricien à Paris. Ayant fait la connaissance du rabbin Kalmanovitch en 1951, il partit étudier en Angleterre à la yeshivah de Gateshead où il demeura jusqu'en 1957. Dans cette yeshivah, il étudiait avec des élèves venus du Maroc ; on les appelait la « colonie française » (« the French colony »). En 1953, le rabbin Waltner avait créé à Tanger une yeshivah et d'autres établissements d'enseignement et il invita les jeunes gens étudiant à Gateshead à assumer une part de la charge d'enseignement, en tant que rabbins et en tant qu'enseignants. Mais les étudiants rejetèrent ses offres car ils voulaient se consacrer à l'étude[37]. Le rabbin Raphaël Baroukh Toledano, grand rabbin de Meknès, vint en visite à Gateshead à cette époque et rencontra les jeunes gens pour les convaincre de rentrer en argumentant du fait qu'ils abandonnaient leurs frères au Maroc à l'assimilation et à la disparition. Le rabbin Elkaïm accepta, mais non sans avoir consulté le rabbin Itshak Zeev Soloveitchik.

Ce rabbin célèbre était alors en visite à la yeshivah et donna son assentiment au fait que le rabbin Elkaïm interrompe ses études pour rentrer au Maroc s'occuper d'enseignement[38].

COMBIEN D'ÉTUDIANTS MAROCAINS ONT-ILS ÉTUDIÉ DANS DES YESHIVOTH LITUANIENNES ?

Dans une des lettres du rabbin Liebman, il est fait mention des étudiants arrivés d'Algérie et de Tunisie à la yeshivah ; dans la liste nominative jointe à la lettre toutefois, on constate que seuls deux des trente-sept élèves qui y figurent sont originaires de Tunisie et un seul d'Algérie ; tous les autres sont venus du Maroc [39]. Pourquoi ce phénomène a-t-il pris de l'ampleur justement au Maroc et non en Algérie ni en Tunisie ? La piété des Juifs marocains qui n'avaient pas encore eu le temps de « se gâter » sous l'influence de l'Alliance israélite universelle et de la culture française constitue un élément d'explication [40] ; un second élément est la taille de cette communauté, la plus grande des communautés juives d'Afrique du Nord et du Levant. Ce n'est pas par hasard que l'on vit se créer, aux États-Unis, un « comité pour le million oublié » (« Committee for the Forgotten Million »), dont l'objet était d'éduquer le « million oublié », c'est-à-dire les Juifs d'Afrique du Nord et du Proche-Orient. En raison de leur importance numérique, les Juifs du Maroc constituaient la ressource humaine la plus significative dans la perspective de la renaissance du peuple juif après la Shoah. Le rabbin Waltner l'explique en ces termes : « Au Maroc, j'ai vu toute une communauté juive religieuse, respectueuse des mitsvoth et pleine de spiritualité. J'ai cru en son temps que le Maroc aurait pu être un centre spirituel grand dans la Torah même en comparaison des grandes communautés d'Europe. C'était le seul endroit où l'on pouvait trouver mille étudiants pour aller en yeshivah et c'était ce dont je rêvais [41]. »

Il est difficile d'évaluer précisément le nombre d'étudiants marocains qui ont quitté leur pays pour étudier dans des yeshivoth lituaniennes de la fin de la guerre jusqu'à la fin des années 1950 car il n'y a pas eu de registres d'inscription et le taux de renouvellement des étudiants était important : une partie des étudiants allaient de yeshivah en yeshivah, et une partie d'entre eux rentra au Maroc faute d'avoir pu faire face à la masse de travail, ou à cause des difficultés rencontrées dans l'apprentissage du yiddish ou bien dans l'adaptation à la mentalité européenne [42]. Il est également arrivé que des yeshivoth passent d'un endroit à l'autre et changent d'adresse [43], tandis que de petites yeshivoth ouvraient et fermaient alternativement. L'évaluation ci-dessous se fonde sur les publications des yeshivoth, sur les données contenues dans des lettres adressées au Joint pour accompagner des demandes de subventions, sur les échanges de correspondance des directeurs de yeshivoth avec le rabbin Abou, et sur des entretiens avec des rabbins et des étudiants présents dans ces yeshivoth à l'époque qui nous intéresse[44].

Ce sont environ trois à quatre mille étudiants marocains qui ont fréquenté des yeshivoth lituaniennes au Maroc, en Europe et aux États-Unis dans les années 1947-1960. Au Maroc, quelque soixante élèves ont fréquenté chaque année pendant sa première décennie d'existence la yeshivah « Etz 'Hayim » créée à Tanger par le rabbin Waltner en 1953. À côté de cette yeshivah, il y avait un kollel qui accueillit quelque soixante jeunes gens au cours de la décennie. On peut considérer qu'au total entre cinq cents et six cents étudiants ont étudié dans cette yeshivah au cours de la décennie concernée[45].

Ainsi qu'on l'a dit, la yeshivah d'Aix-les-Bains a noué des liens avec le judaïsme marocain en octobre 1945 et a pu accueillir une centaine d'étudiants[46]. En 1957-1958, la yeshivah faisait savoir, dans une brochure de communication, qu'elle avait accueilli jusque-là quelque six cents étudiants venus d'Afrique du Nord, de Suisse, d'Italie, de Belgique, d'Angleterre et d'autres pays[47] ; les étudiants originaires du Maroc représentaient alors 70 % environ de l'ensemble des étudiants de la yeshivah[48].

On peut supposer qu'au début le nombre des étudiants originaires du Maroc à la yeshivah d'Aix-les-Bains était moindre que celui des étudiants originaires d'Europe de l'Est. La tendance commença à s'inverser après les premières années de la décennie 1950 lorsque les élèves européens eurent fini leurs études et s'installèrent aux États-Unis ou en Israël ; leur place fut prise essentiellement par des étudiants du Maroc qui ensuite ont continué de constituer un élément central dans la yeshivah tout au long des années soixante-dix et quatre-vingt[49]. Au début, il s'agissait d'élèves arrivant seuls ; puis, après 1956, d'élèves dont les parents avaient quitté le Maroc pour la France. Le cursus des études s'étendait sur quatre ans et, si l'on suppose un renouvellement annuel d'un quart des effectifs, on peut penser que, de la fin des années quarante à la fin des années cinquante, ce sont au moins sept cents étudiants originaires du Maroc qui ont étudié à la yeshivah d'Aix-les-Bains.

En 1949, quelque cinquante élèves arrivèrent à la yeshivah Or Yossef de Fublaines[50]. La yeshivah grandit avec le temps et le nombre d'étudiants venus du Maroc passa à soixante, à quatre-vingts et même à cent vingt[51]. Dans les années cinquante, la yeshivah essaima de nombreuses annexes au Maroc, en Tunisie et dans différentes villes de France ; toutes ces annexes ne se sont pas pérennisées, mais certaines existent encore aujourd'hui[52]. L'on peut supposer qu'entre les années cinquante et soixante au moins huit cents étudiants originaires du Maroc ont fréquenté cette yeshivah et quelques centaines d'autres ses diverses annexes[53].

Une évaluation grossière indique qu'il y eut quelque cent cinquante étudiants par an dans les divers établissements situés en Angleterre. Une vingtaine d'étudiants venus du Maroc suivaient les cours de la yeshivah du rabbin Schneider à Londres[54]. Ainsi que nous l'avons indiqué, le rabbin Weingarten de la yeshivah « Torat Hayim » avait souhaité accueillir quarante étudiants. À la yeshivah de Sunderland, quarante étudiants arrivèrent avec le rabbin Waltner en 1949[55]. À la yeshivah de Gateshead étudiaient environ vingt-cinq étudiants et un nombre équivalent suivait les enseignements du kollel[56].

Dans la période qui nous intéresse, des milliers de familles ont quitté le Maroc pour la France, et ce mouvement de population a nourri les yeshivoth françaises, non seulement en étudiants issus de familles qui venaient d'immigrer en France, mais aussi en étudiants dont les proches s'étaient installés en France. Au fur et à mesure du déplacement du centre de gravité du judaïsme marocain vers la France, le nombre des étudiants suivant des cours en Angleterre allait diminuant. L'on peut supposer que le nombre des étudiants originaires du Maroc fréquentant des yeshivoth en Angleterre de la fin des années quarante au début des années soixante était de quelques centaines.

Selon le journal « Yated neeman », le rabbin Kalmanovitch a pris avec lui cinquante étudiants à la yeshivah de Mir aux États-Unis[57] ; le rabbin Shlomo Messas racontait qu'à l'occasion d'une visite du rabbin Kalmanovitch au Maroc en 1949, celui-ci avait pris dix-sept des élèves de la yeshivah « Keter haTorah » dirigée par le rabbin Messas lui-même, pour les emmener avec lui aux États-Unis ; il est difficile de savoir si ces dix-sept sont ou non inclus dans le nombre de cinquante dont parle le journal.

Comme en Angleterre, l'on peut supposer que le nombre des étudiants aux États-Unis est allé diminuant. Cette évolution serait due à des difficultés objectives, comme la distance et la nécessité d'acquérir une langue nouvelle et une mentalité différente ; en plus de ces problèmes, des échos défavorables étaient parvenus au Maroc de l'expérience vécue par les étudiants partis rejoindre la yeshivah de Mir[58]. On peut penser que, tout au plus, une grosse centaine d'étudiants fréquenta la yeshivah de Mir.

Des étudiants marocains arrivèrent également dans des yeshivoth en Israël, pour une part à travers les yeshivoth lituaniennes en Europe et aux États-Unis. Selon le journal « Yated neeman », le rabbin Cohenman de la yeshivah de Ponoviez à Bnei Brak se rendit à la yeshivah de Mir au début des années cinquante et testa des étudiants d'origine marocaine ; à la suite de cette expérience, il décida d'ouvrir dans sa yeshivah une section pour les jeunes Marocains[59]. D'après des lettres adressées par des étudiants au rabbin Abou, il semble que des élèves de la yeshivah de Fublaines se soient également orientés ensuite vers la yeshivah de Ponoviez et celle de Slobodka à Bnei Brak pour poursuivre leurs études[60].

Mais la majorité des élèves d'Afrique du Nord qui ont étudié dans les yeshivoth lituaniennes en Israël dans les années 1950-1960 venaient des familles immigrées du Maghreb. À cette époque, le « comité des militants pour le camp de la Torah » commençait une activité de grande ampleur dans le but de recruter, dans les camps de nouveaux immigrants, des enfants destinés aux yeshivoth. Ils ne connurent à cette époque qu'un succès limité et seul un petit nombre d'élèves séfarades entrèrent dans les yeshivoth lituaniennes. Pourtant, selon Menahem Friedman « dans une vision générale et rétrospective, il semble que cette action eut une influence décisive sur la mise en place de la société haredie dans les années soixante-dix et quatre-vingt : les jeunes que les "militants" avaient entraînés dans des établissements d'éducation haredis, yeshivoth et écoles de filles, ont constitué, après un certain temps, un noyau autour duquel s'est cristallisé un leadership séfarade haredi qui est aujourd'hui un élément important de la société haredie[61] ».

Cette opinion ne prend pas en compte l'ampleur du phénomène dans le monde juif dans les années cinquante et soixante. Nombre des étudiants qui ont fréquenté des yeshivoth lituaniennes hors d'Israël ont fait leur alyah et se sont intégrés à des postes clés dans le leadership de la société haredie ; en Israël, les anciens des yeshivoth lituaniennes originaires du Maroc représentent l'ossature de « l'organisation des étudiants de la Torah », proche de l'Agoudat Israel et du mouvement Shass et participent au modelage de la société israélienne.

D'autres étudiants sont restés en Diaspora et ont constitué une sorte de « Diaspora lituanienne » d'originaires du Maroc, essentiellement en France mais aussi au Maroc, en Espagne, au Canada, aux États-Unis et en Amérique latine. Ces étudiants sont aujourd'hui, dans leurs différents pays, rabbins, juges rabbiniques, égorgeurs rituels, circonciseurs et enseignants et ils influencent la définition de la vie sociale et culturelle de leurs communautés. C'est ainsi, par exemple, que la yeshivah d'Aix-les-Bains a donné au judaïsme marocain un directeur de Talmud Torah à Casablanca, un conseiller du gouvernement marocain pour l'éducation juive, un directeur de yeshivah à Tanger, entre autres missions éducatives[62].

LE FOSSÉ INTER-COMMUNAUTAIRE DANS LES YESHIVOTH LITUANIENNES

La yeshivah d'Aix-les-Bains s'est définie elle-même dans ses publications comme une yeshivah ultra-orthodoxe, qui se situe dans la lignée de la tradition ashkénaze d'Europe de l'Est ; et pourtant elle est parvenue à accueillir des étudiants du Maroc et à leur dispenser un enseignement relevant de cette tradition tout en diminuant la tension inter-communautaire[63]. Plusieurs éléments expliquent cette relative absence de tension : la majorité des étudiants étaient d'origine nord-africaine et la langue d'enseignement était le français, la langue des originaires du Maroc ; ainsi se trouvait préservée une certaine continuité, continuité souhaitée par les étudiants comme par leurs parents. Par ailleurs, les étudiants commençaient par suivre des cours de matières profanes dans un lycée local, avec des élèves français, puis les étudiaient à la yeshivah ; ils avaient tous le même statut et ils se présentaient aux examens nationaux du baccalauréat. Pour toutes ces raisons, les étudiants originaires du Maroc n'ont pas éprouvé de sentiments pénibles d'étrangeté ou de frustration.

À la yeshivah du rabbin Waltner, la yeshivah « Etz Hayim » de Tanger, il n'y eut pas non plus d'opposition visible au caractère lituanien – étranger – de la yeshivah. L'approche pédagogique du rabbin Waltner diminuait les risques de voir se constituer des sentiments de frustration et d'aliénation. Selon le rabbin Waltner,

> « il fallait traiter les étudiants avec sensibilité. Nous préparions et nous consommions des plats dont les goûts leur avaient été familiers dans leurs foyers, nous priions selon leur rituel, en retrouvant l'atmosphère qui était la leur ; seules les études sacrées étaient administrées par des enseignants ashkénazes en hébreu [et non en yiddish, Y.L.] et les méthodes d'étude ainsi que les histoires morales venaient de nos grandes yeshivoth[64] ».

Les étudiants nord-africains de la yeshivah de Tanger n'étaient pas choqués d'adopter des normes ashkénazes d'Europe de l'Est. Voici comment l'exprime le rabbin Abraham Elharar, né à Fès, ancien étudiant de la yeshivah de Tanger et aujourd'hui directeur d'un séminaire pour jeune filles du réseau Otzar haTorah en région parisienne :

> « La vérité est que, au cours de ces cinquante dernières années, nous avons souffert en Afrique du Nord d'une crise religieuse-toranique grave. Certains de nos rabbins eux-mêmes se trompaient dans leur vision du judaïsme. Si nous n'avions pas eu la chance d'adopter les normes des communautés haredies ashkénazes, je ne sais pas où nous serions arrivés ni quelle aurait été notre fin… C'est à la yeshivah que s'est formée ma conception du monde. Je suis fier d'être l'élève des élèves des grands de Lituanie. Je n'ai aucun complexe. Ce sont eux qui ont formé notre esprit et nos idées et nous devons leur être reconnaissants[65]. »

En revanche, à la yeshivah « Or Yossef » en France et à la yeshivah de Mir à New York, il y eut, à cette époque, plus que dans d'autres établissements, une tension entre une partie des originaires du Maroc et la direction de la yeshivah. Dans les premières années, les familles demeurées au Maroc recevaient des lettres dures où les étudiants se plaignaient des conditions régnant dans les yeshivoth ; à la suite de quoi, il y eut dénonciation violente et protestation publique des parents contre la manière dont on traitait leurs enfants. À Or Yossef, les étudiants étaient forcés d'apprendre le yiddish pour participer aux cours et la yeshivah cultivait un climat d'ascétisme pour inciter les étudiants à se construire une force intérieure, une *kavanah* (« intention ») intense et une élévation dans les études de la morale et de la Torah, dans la droite ligne de la tradition ascétique de l'école de Novaredok. Ces spécificités ne furent pas toujours comprises par une partie des étudiants ; les familles demeurées au Maroc considéraient le froid et le manque de nourriture comme des brimades et comme un signe de mépris de la part de la direction de yeshivah. Une lettre du rabbin Abou répondant à une demande du rabbin Liebman de lui envoyer de nouveaux étudiants nous renseigne sur la situation à la yeshivah de Mir et sur les raisons du ralentissement du flux des étudiants vers la yeshivah Or Yossef :

> « Monsieur le rabbin, ainsi que je vous l'ai écrit, hier soir il y a eu une réunion où les orateurs principaux étaient A. Choukroun et A. Ifrah… Ils ont commencé par parler des étudiants partis en Amérique dont le sort scandalise tellement leurs parents et qui écrivent à leurs familles et à nous-mêmes, et qui se plaignent tous dans les mêmes termes de ce que leur situation est si mauvaise, tant pour ce qui est des études qu'ils trouvent mauvaises et de ce que le rabbin Kalmanovitch a commencé par leur donner un enseignant ashkénaze dont ils ne comprennent absolument pas la prononciation… La

plainte la plus grande et ce qu'ils ne peuvent souffrir porte sur l'insuffisance de nourriture et de boisson etc. et sur le fait qu'ils sont devenus des sortes de domestiques par exemple, ils doivent balayer la maison et les latrines et ils font la vaisselle, toutes choses qu'ils n'avaient pas imaginées et auxquelles ils ne s'attendaient pas, c'est ce qu'ils écrivent sans cesse et c'est l'origine de l'indignation des pères et des fils[66] »...

Pour conclure, il n'est pas possible de dire avec certitude que les originaires du Maroc ont subi des sentiments d'aliénation et de frustration dans toutes les yeshivoth lituaniennes. Les réactions des étudiants et de leurs parents ont été variables en fonction des lieux, de l'approche pédagogique de la yeshivah et de la sensibilité de la direction aux besoins des étudiants. Il n'y a pas eu à la yeshivah d'Aix-les-Bains ou à celle de Tanger de sentiments d'aliénation et de rancune comparables à ceux qui se sont manifestés à la yashivah Or Yosef ou à celle de Mir.

Yaakov Lupu
(traduit de l'hébreu par Hans Lysson)

ABRÉVIATIONS BIBLIOGRAPHIQUES

Elhaddad : A. Elhaddad, « Nous sommes plus sionistes que les sionistes », 5 (5755), p. 37.

ACHPJ : Archives centrales d'histoire du peuple juif, Jérusalem.

Bar-Asher, 5751 : S. Bar-Asher, *Yehoudei Marocco beme'hkar zmanenou* (« Les juifs du Maroc dans la recherche contemporaine »), recherches sur la culture des originaires d'Afrique du Nord, sous la direction de Y. Ben-Ami, Jérusalem, 5755 (1990-1991), p. 280-283.

Joint, Rapport : American Joint Distribution Committee, Country Direction Conference, Country Report, Paris, 1995.

Weinberg : D. Weinberg, *« Shikouma shel hakehila hayehoudit betsarfat a'harei mil'hemet haolam hashniah », Sheerit hapleita 1944-1948* (« La reconstruction de la communauté juive de France après la Seconde Guerre mondiale », Les rescapés 1944-1948), sous la direction d'I. Gutman et de E. Drexler, Jérusalem, 5751 (1990-1991), p. 149-166.

Zagoury-Azoulay : A. Zagoury-Azoulay, *« Em haBanim », « Otzar haTorah » veha'hinoukh hayehoudi beMarocco bein hashanim 1960-1980* (« Em haBanim, Otzar haTorah et l'éducation juive au Maroc entre 1960 et 1980 »), mémoire de second cycle, Université de Haïfa, 1989.

Hefetz : A. Hefetz, Yated neeman, supplément de shabbat, parashah Balak 5757 (19 juillet 1997), p. 14.

Laskier : *The Alliance Israélite Universelle and the Jewish Communities of Morrocco : 1862-1962*, New York, 1983.

Lasker 1983-5743 : M. Laskier, *« Ha'hinoukh hayehoudi beMarocco », Peamei Maarav* (« L'éducation juive au Maroc », Pulsations occidentales), sous la direction de Y. Betsalel, Jérusalem, 5743 (1982-1983), p. 169-189.

Messas : Y. Messas, Correspondance, Jérusalem, 1912.

Friedman 1991 : M. Friedman, *Ha'hevra ha'haredit* (« La société harédie »), Jérusalem, 1991.

Kalmanovitch : A. Kalmanovitch, *« Kolmos halev »*, « Le calame du cœur », lettres du rabbin Kalmanovitch, Jérusalem, 5756, p.

Kountrass : *Kountrass,* Revue de pensée juive et d'information conçue et publiée à Jérusalem.

Shneor : D. Shneor, *Degel hamousar : si'hot Or Yossef mehavaï hayeshivah* (« L'étendard de la morale : conversations d'Or Yossef sur la vie de la yeshivah »), Jérusalem, 5755 (1994-1995).

NOTES

1. Messas, p. 93. Le texte original a été adapté pour le rendre plus accessible au lecteur contemporain. Le rabbin Yossef Messas est né en 1892 à Meknès ; il fut grand rabbin de cette ville avant d'être rabbin de Haïfa dans les années 1970-1974. Voir Bamaarakha 156, p. 20.
2. *Ibid.*, p. 185.
3. Le rabbin Halperin avait étudié à la yeshivah de Volozhyn à Vilna en Lituanie ; il vécut un certain temps en Palestine et en Angleterre avant de s'installer au Maroc. On ne sait pas très bien quand il arriva dans ce pays : il est possible qu'il soit arrivé à Fès en 1910, à moins qu'il ne soit venu directement à Meknès en 1912. En revanche, il n'y a aucun doute sur la date du début de ses activités à Meknès (1912) et il semble qu'il ait créé son réseau scolaire la même année.
4. Sur la vie du rabbin Kalmanovitch, voir Encyclopaedia Judaica, 10, p. 718, Kalmanovitch. Le rabbin Abou est né à Safed en 1913 ; après avoir dirigé la yeshivah « Or 'Hayim » à Tibériade, il fut envoyé pour une mission de trois ans au Maroc en 1947 par les institutions de Otzar haTorah ; il créa le réseau marocain d'Otzar haTorah qu'il dirigea jusqu'à son retour en Israël.
5. Le réseau Otzar haTorah fut créé avec l'aide du Joint et du mécène new-yorkais Itshak Shalom. Voir : Encyclopaedia Judaica, 12, p. 1537. Sur la mise en place des réseaux Otzar haTorah et Em haBanim, voir Zagoury-Azoulay.
6. Laskier 1983, p. 185.

7. Kalmanovitch.
8. L'expression reprise en titre de notre article est du rabbin Kalmanovitch.
9. Né en 1906, le rabbin Haykin fut l'élève du Hafetz Hayim et arriva en 1945 à Aix-les-Bains pour y créer et y diriger une yeshivah avec le soutien de la communauté orthodoxe de la rue Cadet à Paris. La particularité du rabbin Haykin résidait dans le fait qu'il introduisit des études profanes dans le cursus de la yeshivah. Dans les années soixante, le rabbin Haykin a aidé la création de la grande école juive de Lyon et d'autres institutions scolaires. Décédé en 1993, il est enterré à Bnei Brak (biographie fondée sur les éléments publiés dans la revue *Kountrass*, mai-juin 1993, p. 5-14).
10. Né en 1904 à Ostropol en Russie, le rabbin Liebman étudia à la yeshivah de Bialystock qui appartenait au réseau de Novaredok. Il créa un 'heder dans la tradition de Novaredok dans le ghetto de Vilna ; sa famille disparut dans la Shoah. À la Libération, il se trouvait à Bergen-Belsen et fut évacué vers Salzheim où il créa la yeshivah « Beith Yossef » (du nom du rabbin Yossef Yosel Horowitz, « le grand-père de Novaredok ». En 1948, la yeshivah fut transférée dans la région de Lyon ; peu après elle passa à Fublaines et devint la yeshivah « Or Yossef ». Le rabbin Liebman est mort en 1996 (biographie fondée sur les éléments indiqués dans *Kountrass*, février-mars 1997, p. 45-50) ; voir également, *Kountrass*, 2-3 (1993), p. 46 ; Shneor, p. 11.
11. Né en Hongrie le 1er septembre 1918, le rabbin Waltner est arrivé en Angleterre en 1939 ; il a étudié au kollel de la yeshivah de Gateshead. Après la Shoah, il a ouvert une yeshivah dans la ville de Sunderland ; en 1950, il se rendit au Maroc afin de chercher des élèves pour sa yeshivah. En 1952-1953, il s'établit à Tanger et y ouvrit une cité éducative dans laquelle on trouvait un kollel, une yeshivah, un lycée, un collège et un institut de formation d'enseignantes, « Beith Yaakov » ; dans ces établissements étaient étudiées matières religieuses et matières profanes. Dans les années 1955-1959, le rabbin Waltner fut directeur général du réseau Otzar haTorah. Il a quitté Tanger en 1980 pour s'installer dans le quartier de Bayith vaGan à Jérusalem (biographie fondée sur un entretien avec le rabbin Waltner, 21 juillet 1997).
12. On en trouvera ultérieurement aussi dans une yeshivah texane. Voir Archives du Joint, 56.704 C, lettre du rabbin Waltner, janvier 1970.
13. Cette yeshivah s'est également tournée, à partir des années soixante, vers la tradition lituanienne. Voir Friedmann, 1991, p. 177.
14. Lettre du rabbin Liebman au rabbin Abou, 26 Eloul 5709 (20 septembre 1949). Autres lettres dans le même esprit : 15 Mar'hesvan 5709, 21 mena'hem 5709, 13 Iyar 5710 (30 avril 1950), ACHPJ, collection Abou. Ce dossier figurant aux archives centrales d'histoire du peuple juif est la référence de toute la correspondance du rabbin Abou ; il ne sera donc plus mentionné dans la suite des notes relatives aux lettres du rabbin Abou.
15. Lettre du rabbin Abou au rabbin Kalmanovitch, 18 Eloul 5709 (11 septembre 1949).
16. *Ibid.*
17. Lettre du rabbin Kalmanovitch au rabbin Abou, 3 leseder shoftim 5708.
18. Lettre du rabbin Weingarten au rabbin Abou, cinquième jour du seder Kora'h, pas d'année indiquée.
19. Lettre du rabbin Liebman au rabbin Abou, 26 Eloul 5709 (20 septembre 1949).
20. Joint, Rapport, p. 24.
21. Archives du Joint, 56.704 C, rapport Abramovitch, 12 décembre 1956.
22. *Ibid.*
23. Weinberg, p. 150.

24. *Kountrass*, novembre-décembre 1989, p. 19.
25. Entretien avec le rabbin Waltner, 21 juillet 1997.
26. Lettre du rabbin Kalmanovitch au rabbin Abou, 17 Nissan 5709 (16 avril 1949).
27. Lettre du rabbin Weingarten au rabbin Abou, cinquième jour du seder de Kora'h, pas d'indication d'année.
28. Lettre du rabbin Abou au rabbin Kalmanovitch, 10 Sivan de l'année du retour à la vie [5708 apparemment, Y.L.].
29. Lettre du rabbin Abou à Yossef Semo, 10 Av 5709 (5 août 1949).
30. Lettre du rabbin Abou au rabbin Kalmanovitch, 18 Eloul 5709 (11 septembre 1949).
31. Lettre du rabbin Abou au rabbin Kalmanovitch, 9 Adar 1 de l'année où tu nous redonneras vie (5708 apparemment, Y.L.). Ce thème revient dans les lettres suivantes : 18 Eloul 5708 (21 septembre 1948), 10 Sivan de l'année du retour à la vie (5708 : voir ci-dessus; 17 juillet 1948), fêtes des Matsoth, année non indiquée.
32. Entretien du rabbin Kalmanovitch avec Armand Enkaoua, 14 septembre 1948.
33. Beith haOtzar, cahier 1, rapport annuel d'Otzar haTorah au Maroc (Sivan 5707-Sivan 5708), p. 10.
34. Il s'agit d'un établissement traditionnel local qui n'appartenait pas au réseau Otzar haTorah.
35. Ces propos m'ont été confiés au cours d'une conversation avec le rabbin Shlomo Messas le 24 juillet 1997.
36. On ne connaît pas la date exacte de sa naissance; il perdit ses parents à l'âge de trois ans; il mourut la veille de Rosh hashana 5753 (27 septembre 1992).
37. La plupart des quarante étudiants amenés du Maroc en Angleterre par le rabbin Waltner sont restés en Angleterre et ne sont jamais rentrés au Maroc. Entretien avec le rabbin Waltner, 21 juillet 1997.
38. *Kountrass*, janvier-février 1993, p. 30.
39. Lettre du rabbin Liebman au rabbin Abou, Mar'heshvan 5710.
40. Bar-Asher, 5751 (1990-1991), p. 280-283.
41. Ces éléments m'ont été confiés par le rabbin Waltner le 21 juillet 1997.
42. *Kountrass*, février-mars 1997, p. 46.
43. La yeshivah « Ohalei Yossef » avait une éthique du nomadisme. Elle trouve son origine dans le ghetto de Vilna; de là, elle passa au camp de concentration de Bergen-Belsen, puis à Salzheim en Allemagne, et ensuite (pendant sa période française, seule pertinente pour notre étude) à Lyon, à Bailly, à Fublaines, à Armentières, etc. Voir Shneor, p. 11.
44. Nous ne prenons pas en compte les étudiants qui partirent étudier en Israël car il est difficile d'évaluer leur nombre; en effet, la plupart sont arrivés en Israël avec leurs familles et ce n'est qu'ensuite qu'ils se sont dirigés vers les études en yeshivah. Sur ce point, voir plus loin.
45. Selon le rabbin Waltner, entretien avec l'auteur, 21 juillet 1997.
46. *Kountrass*, novembre-décenbre 1989, p. 35.
47. Voir Archives du Joint, 43.081, catalogue de la yeshivah d'Aix-les-Bains (« La Torah rentre dans son foyer »), 1958.
48. *Ibid.*, lettre de A. Cahen du Joint à M. Gordan en date du 25 novembre 1957.
49. Lettre du rabbin Munk à Mme Margolis en date du 3 mai 1949. Voir également : le rapport de visite de Stanley Abramovitch à la yeshivah d'Aix-les-Bains en 1968; archives du Joint, 43.081, lettre du rabbin Cahen au Joint datant de 1978 et demandant une subvention.

50. Lettre du rabbin Liebman au rabbin Abou, Teveth 5709 (janvier 1949).
51. *Kountrass*, février-mars 1997, p. 48.
52. Shneor, p. 12.
53. Évaluation de l'auteur fondée sur le nombre d'annexes supplémentaires qui se sont ouvertes en province et au Maroc même.
54. Rabbin Waltner, entretien avec l'auteur, 21 juillet 1997.
55. *Ibid.*
56. Ces données nous ont été fournies par le rabbin Waltner. Elles ont été confirmées par le rabbin Meïr Aboutboul, directeur de la bibliothèque sépharade à Jérusalem, ancien élève de Gateshead dans les années soixante, au cours d'un entretien avec l'auteur le 27 juillet 1997.
57. Voir Hafetz.
58. Sur les sentiment négatifs à l'égard de la yeshivah de Mir, à travers une lettre du rabbin Abou au rabbin Liebman, voir *infra*.
59. Voir Hafetz.
60. Lettre de David Ohana au rabbin Abou, quatrième jour du seder nitsavim 5712. On peut supposer que des élèves de la yeshivah d'Aix-les-Bains ont également été orientés vers des yeshivoth en Israël, mais il semble qu'il ne s'agisse pas de plus que quelques dizaines de cas pour toute la période qui nous intéresse. Quoi qu'il en soit, il n'y a pas de témoignage sur ce point.
61. Friedman, 1991, p. 59-60.
62. Archives du Joint, yeshivah d'Aix-les-Bains, brochure de présentation.
63. *Ibid.*
64. Propos du rabbin Waltner, entretien avec l'auteur, 21 juillet 1997.
65. Elharar, p. 37-38. Cette approche a été exprimée par d'autres rabbins ; je n'ai pas trouvé de plaintes émanant d'étudiants ni de sentiments de frustration.
66. Lettre du rabbin Abou au rabbin Liebman, 9 Teveth de l'an « Tu appelleras et Dieu te répondra » (5709 – 10 janvier 1949).

Quand la mémoire vient aux déracinés

L'expérience subjective des Juifs du Maroc

HÉLÈNE ACOCA TRIGANO

La mémoire dénouée

Pourquoi a-t-il fallu aux sépharades quarante ans avant qu'ils se sentent capables de rapporter ce que leur mémoire avait conservé du déracinement ?

Dans son sens figuré le mot « déracinement » signifie l'arrachement des hommes à leur milieu culturel, social et géographique. Avec l'indépendance des nouvelles nations arabes, la rupture des sépharades avec leurs pays d'origine était inscrite dans le cours de leur histoire et elle fut vécue comme une nécessité. La société arabe ne leur laissait en effet aucun espoir d'évolution. Établis sur le pourtour de la Méditerranée depuis des temps immémoriaux, ils avaient participé à la grande civilisation arabe du Moyen Âge où ils s'étaient illustrés, notamment en Espagne. La minorité qu'ils constituaient y était tantôt tolérée et bien intégrée, tantôt persécutée par la majorité. Par ailleurs à l'époque coloniale, l'Occident avait exercé sur eux un grand pouvoir de séduction. Quant à Israël, le pays ancestral, malgré la dispersion, les liens avec lui n'avaient jamais été rompus, entretenus par l'attente messianique. La liberté et l'accès à la modernité dont cette population rêvait conduisaient inéluctablement au départ. Ainsi ces communautés d'Afrique du Nord se décidèrent, le jour venu, à partir en masse vers l'Occident et vers Israël. L'émigration n'a pas ainsi représenté à leurs yeux un processus négatif : elle avait été désirée et découlait d'un choix actif. Il devait les conduire non seulement à un changement de vie imaginé comme positif – une terre nouvelle, une promesse d'ouverture – mais aussi à un épanouissement et à une réussite pour leur progéniture. Cette représentation transgénérationnelle les aida à penser le départ (le déracinement) et à trouver un sens à leur acte.

LE DOUBLE TRAUMATISME DU DÉRACINEMENT

Mais voilà, les difficultés ne manquèrent pas sur la route de leur nouvelle demeure. Tout d'abord, ils devaient faire le deuil de toute une histoire et de plusieurs siècles de présence juive dans les pays arabes. Le déracinement ravivait les bons et les mauvais souvenirs. Le souvenir de souffrances et de menaces – réelles ou irrationnelles – qui avaient pesé sur leur existence dans les pays d'origine – et qu'ils s'étaient cachées à eux-mêmes jusqu'alors – réaffleurait soudain dans les consciences. Mais surtout eux, qui se croyaient attendus et désirés, découvraient que personne ne les attendait et n'avait besoin d'eux. Les États dans lesquels ils arrivaient étaient et se voulaient de structure occidentale de sorte que leur insertion dans un modèle qui n'était pas le leur provoqua un choc de culture violent. La famille traditionnelle vola en éclats, les rôles masculin et féminin dans les couples se modifièrent, Le rôle du père – si important dans la société traditionnelle – se voyait ébranlé dans la société moderne, il ne portait plus la continuité d'une culture présentée de surcroît de toutes parts comme « archaïque ». Le père sépharade ressortit de cette épreuve comme « brisé » du dehors et du dedans, assiégé par l'aliénation, le mépris de soi et la fascination du nouveau modèle. Le statut de la femme changea aussi radicalement. Les femmes sépharades durent occuper sans transition des rôles différents dans leur nouvel environnement.

Ce brusque passage à la modernité et l'installation dans les nouveaux pays impliquèrent ainsi pour les sépharades des renoncements, des transformations et des aménagements. Ce processus provoqua une rupture des liens affectifs et une perte des repères. La communication familiale de ces événements devint d'autant plus difficile que les traumatismes n'avaient pas été les mêmes pour chacun, en raison de l'âge des sujets, de leur participation au processus de déracinement. Les parents se retrouvaient déprimés par une situation de deuil social liée à une déception, impliquant une blessure narcissique. Les enfants se retrouvaient porteurs de traumatismes non élaborés. Là aussi, les événements du déracinement furent « enfermés ».

Il ne faut pas négliger que les sépharades avaient été soumis aussi à un changement radical, celui de la langue. Avant de devenir langue maternelle dans de très nombreuses familles, le français n'était pour beaucoup d'entre eux qu'un outil de culture et de communication avec le pouvoir colonial et les administrations. Il serait de toute façon difficile de définir quelle était leur « langue maternelle », étant donné que les familles parlaient au moins trois langues : l'arabe ou l'espagnol, le français et le judéo-arabe ou le judéo-espagnol, où l'on retrouve aussi une dimension hébraïque. Le lot de coutumes et d'expressions différentes, véhiculé par chaque langue, était intégré dans une parfaite harmonie. Quant à la langue hébraïque moderne, elle n'était pas du tout maîtrisée. On ne connaissait que la langue des textes et de la Bible.

On pourrait dire que le déracinement fut vécu avec brutalité et que l'économie et la dynamique psychiques de ces individus se retrouvèrent modifiées, en même temps que le tissu social de leur existence fut bouleversé. Ainsi ces hommes et ces femmes ne se reconnurent plus dans leurs réactions, ni dans leur être. La douleur et la culpabilité d'avoir voulu le changement et de l'avoir organisé renforcèrent le sentiment de déracinement, plus qu'elle ne l'apaisa.

LES NOUVEAUX VOILES DE L'EXIL

Dès leur arrivée en Occident et en Israël, les sépharades connurent un choc d'un autre genre : la rencontre avec la Shoa. Elle fut vécue comme un traumatisme supplémentaire qui ne pouvait que les hanter, voire les menacer. La prise de conscience de la destruction des Juifs vivant en Occident provoqua en effet en eux un haut niveau d'angoisse. Elle renvoyait – et renvoie toujours – les individus à leur propre mort. Cela contribuait à accentuer l'anéantissement de leur monde intérieur. Déçus par les pays d'accueil, les déracinés devinrent des étrangers à plus d'un titre : étrangers au pays d'accueil et au présent mais aussi à leur origine et à leur passé. Ils se virent poussés dans un autre exil, un exil intérieur. Ils ne purent en effet s'appuyer sur le groupe de référence que constituaient les ashkénazes, afin de restaurer les éléments fragilisés en eux, à la fois familiaux et sociaux. En diaspora, les ashkénazes en effet représentaient un groupe intermédiaire entre eux et la nouvelle société. La Shoa fut immédiatement perçue et considérée comme une situation traumatique collective extrême. Ils s'identifièrent ainsi avec les victimes et prirent à leur charge le caractère collectif de l'événement, en enfermant donc leurs propres épreuves.

En somme, l'expérience de l'émigration fut génératrice de traumatismes. Les sépharades devenaient témoins et victimes de deux phénomènes historiques négatifs : la Shoa et leur déracinement. Le double processus qui caractérise cette expérience, exil et deuil social d'une part, exil et deuil psychique d'autre part, a généré un vide, un trou, une sorte de déracinement par rapport à eux-mêmes. Les déracinés se sont retrouvés clivés entre deux cultures, deux identités, deux mondes : celui d'où ils venaient et celui où ils vivaient. Ils ne savaient plus ce qu'ils représentaient pour eux-mêmes et pour les autres : pas « tout à fait » français, israéliens et pas « tout à fait » sépharades…

Pour pallier leurs traumatismes, les transplantés eurent recours à différents mécanismes compensatoires mais, au préalable, immédiatement après leur arrivée, le premier mouvement fut celui du refus radical de prendre en compte la réalité matérielle et psychique de la perte : comme un rejet du vécu affectif déplaisant, une forme d'oubli immédiat, un refoulement de la situation traumatique. Cette situation fut vécue comme une blessure narcissique, ce qui entraîna pour certains une prise de conscience de la réalité ethnique de leur condition et une révolte politique (surtout en Israël, avec les Panthères noires), qui avaient en fait pour finalité d'animer et de faire « vivre » la relation perdue.

Comme nous venons de le voir, le déracinement et la Shoa sont en eux-mêmes des événements dont les effets sont traumatiques et touchent le fonctionnement psychique aussi bien individuel que groupal. Les exilés essayèrent alors de colmater la douleur et, pour s'adapter à leur nouvel environnement, certains tentèrent de garder au secret le souvenir de l'autre pays, du pays de leur enfance en ne le partageant pas avec la collectivité. Le rapport à leurs origines fut ainsi mis à distance et s'inscrivit uniquement dans le récit familial et individuel, sans plus interférer avec le collectif. Pour d'autres, un mouvement de rupture avec leur passé culturel sembla inévitable, comme si la fidélité à la mémoire collective de la communauté faisait nécessairement obstacle à l'intégration dans le présent. Certains cherchèrent à instaurer au plus vite de nouveaux liens comme dans un excès d'adaptation, une « suradaptation », en s'assimilant presque caricaturalement à la nouvelle culture et en inhibant leurs sentiments. La famille agressée par un nouveau mode culturel où tout semblait fait pour la dépersonnaliser se replia sur elle-même. L'heure était au « refusionnement », à l'abri de l'extérieur, le mauvais étant projeté au-dehors. Pour certains parents, la souffrance psychique fut neutralisée par le refus de la transmission, par la négation du passé. Il leur fallait vivre des moments présents, déracinés de toute historicité. Ils refusèrent ainsi de lier les moments vécus et de les situer dans le temps. En somme, il s'agissait pour eux d'un refus de tisser de la durée.

Ainsi, le lien généalogique fut touché. En effet, le fondateur de la lignée n'était plus le transmetteur de la mémoire familiale. Tout le processus psychique de la transmission se trouvait ainsi atteint. La culture sépharade était brisée du dehors mais aussi du dedans. De ce fait, les membres de la famille se retrouvèrent en mal d'appartenance, désaffiliés. Le mépris de soi et la fascination qu'exerçait le nouveau modèle bouleversaient la transmission culturelle d'une génération à l'autre. La transmission devenait l'occasion d'une division des sujets entre eux et en eux-mêmes. Les enfants furent aussi pris comme témoins, dépositaires d'une souffrance. Les parents leur avaient légué le poids des deuils traumatiques, d'une histoire déracinée. Le lien qui s'établissait entre eux devenait un lien de survie, d'accrochage vital pour éviter la perte de l'autre et, par là même, de soi. Cette blessure narcissique parentale déclencha à son tour des mécanismes de défense dans la génération suivante. Les uns colmatèrent le vide et la douleur, en cherchant à se rapprocher de leurs parents et en essayant de s'insérer dans la filiation malgré sa mise à mal dans la société moderne. Les autres se désinvestirent, parce qu'ils se virent enfermés dans un lien dans lequel passait une interdiction d'être. Ils éliminèrent ainsi la réalité du trauma et luttèrent pour adhérer à un modèle négateur d'eux-mêmes et de leur passé. La confusion s'empara alors des esprits. Les différences de générations et de cultures s'effacèrent. Dans ces conditions, les lois qui gouvernent l'autorité parentale furent comme suspendues si bien que cette autorité s'affaiblit. C'est là que se produisirent des ruptures générationnelles, voire des changements de tradition.

Face à la Shoa, les sépharades témoignèrent d'une sensibilité spécifique. L'ensemble des situations traumatiques vécues par les ashkénazes ont en effet éloigné et « enfermé » involontairement les épreuves traversées par les sépharades. Le mouvement de la mémoire sépharade fut comme freiné par les représentations, les images, les mots et les sensations véhiculés par la Shoa, par l'angoisse générée par la chute de l'humanité dans la sauvagerie. Ainsi, leurs représentations de l'exil et de la douleur qui l'accompagne en furent affectées. Ils ne trouvaient plus les mots pour se dire et n'osaient plus susciter des sentiments collectifs pour se vivre. Il y eut comme une rupture du partage, une impossibilité de dépasser par le dire et la parole la réalité de la catastrophe. La Shoa suscita ainsi en eux un sentiment d'impuissance et de compassion, à travers lequel ils se donnèrent un dénominateur commun avec le monde ashkénaze. Ce faisant, ils tentèrent de traduire leur propre souffrance en s'identifiant à la souffrance liée à la destruction des Juifs ashkénazes. Pour symboliser leur vécu, les déracinés eurent recours à une forme de relation, d'adhésion, qui non seulement effaça les différences des expériences de chacune des deux communautés mais aussi symbolisa une forme de lien avec l'ensemble du monde juif. Cela les dispensa d'évoquer la part de leurs souvenirs personnels traumatiques. L'aspect positif de ce lien ne peut être compris qu'après coup. En compatissant au sort des rescapés, ils exprimaient symboliquement leur déracinement, en élaborant ainsi leurs traumatismes.

Pourquoi une telle identification au destin des victimes de la Shoa? Le silence sur leur propre souffrance avait pour fonction, du moins provisoirement, d'indiquer l'impossibilité de parler de leur traumatisme. C'est plutôt lui qui parlait à travers eux. Les rescapés sont venus à la place du symptôme indéchiffrable. De cette place, les sépharades ont laissé apparaître l'impuissance du symptôme à faire sens. Le caractère collectif de l'événement leur donnait une place dans la mémoire collective des Juifs mais le fait de passer sous silence les particularités de leur vécu (de ne pas perturber les autres par cette évocation), le fait même que ce type d'événement puisse être refoulé et gardé à distance d'eux-mêmes entretenaient les pesants secrets du passé et constituaient une dénégation dont leur propre histoire était en fin de compte victime. En d'autres termes, l'effacement de leur spécificité ne faisait que bloquer le processus de deuil et par là même le travail de construction qui l'accompagne. Les sépharades se virent obligés de devenir les porteurs de ce passé, garants de leur existence. Leur mémoire basculait dans une autre mémoire.

LA PRISE DE CONSCIENCE

Une fois que l'illusion et le temps du refus furent dépassés, le déracinement devint relativement supportable. Les sépharades vivaient alors entre l'enracinement et le déracinement, entre la nouvelle maison et la demeure oubliée. Certes, les individus s'étaient adaptés mais ils n'en gardaient pas moins, dans le secret, le souvenir de l'autre pays de leur enfance. Cette expérience vit alors se succéder occultation et manifestation des traces visibles ou cachées laissées par le passé. Ce va-et-vient entre oubli et souvenir indiquait que l'histoire était en train de se faire.

La nostalgie représenta pour certains une issue dans leur évolution psychique. La nostalgie est en effet un refus de la perte mais un refus transitoire qui cherche à laisser un répit et à rendre le traumatisme moins aigu. En restant dans la nostalgie, le travail de deuil ne put pas se faire, d'autant plus que cette nostalgie procurait une satisfaction. Mythifier le passé aida à supporter les rigueurs du présent. Les nostalgiques surinvestirent la figure du pays natal et restèrent donc fidèles aux pays d'origine qu'ils nièrent avoir perdu. Des pratiques rituelles inapparentes ou exhibées se mirent en place, comme des dispositifs qui complétaient la symbolisation verbale, tels que les pèlerinages et le recours aux rabbins thaumaturges. Ou encore la littérature, l'engagement social et politique. Autant de dispositifs qui masquèrent la béance ouverte en soi par le traumatisme.

Après coup, avec les années qui passèrent, avec les remises en ordre de la mémoire, la perte fut reconnue et cela aida à prendre conscience du caractère irréversible de la coupure avec le passé. Les différents épisodes du processus enclenché par le déracinement prirent leur vrai sens. On peut dire qu'il s'agissait en fait jusque-là d'une quête inconsciente, aveugle et tâtonnante que les exilés ne devaient comprendre qu'en y mettant un point final. Cette quête portait sur ce qui les fonde, sur la mémoire. La mémoire dut ainsi porter ce monde anéanti, cette maison, pour l'installer en eux-mêmes. Ce troisième moment venant après le traumatisme du déracinement et la phase intermédiaire que nous venons de voir nécessita un effort intérieur, intime, impliquant la capacité de se voir et de se représenter soi-même dans le regard de l'autre.

LE TEMPS DE LA MÉMOIRE

Aujourd'hui, le système nostalgique s'est épuisé de lui-même. Une brèche s'est ouverte, une transformation majeure a eu lieu qui prend la forme d'une urgence de lier les moments vécus, de les situer dans une durée, celle de la mémoire. À travers la prise de parole, les sépharades accèdent à une représentation de ce qui s'est passé, de ce qu'ils étaient, de ce qu'ils sont devenus, en y prenant appui pour donner un sens à leur existence. Ils semblent ainsi se dégager petit à petit des séquelles des chocs subis (déracinement et Shoa) à leur arrivée en Occident et en Israël. On pourrait dire qu'ils s'approprient le symptôme. Cette démarche est comme un vaste processus de transformation du traumatisme en souvenir assumé.

Au-delà de toutes les ambiguïtés, les sépharades constatent en effet (comme tout groupe humain d'ailleurs) qu'ils conservent leur propre mémoire et qu'ils ne peuvent pas vivre en étant oublieux de leur propre histoire, dans le refoulement et le silence. Pour être un tant soit peu en paix avec eux-mêmes, il leur est indispensable de vivre non *dans* le passé mais *avec* leur passé. On peut dire que pour une part ils ont pu se connaître et se reconnaître grâce aux rescapés. Cette expérience (le traumatisme désorganisateur) a donc contribué à réveiller leur mémoire (le traumatisme initial) et à faire affleurer des faits qui jusque-là avaient été refoulés. Il est donc important de dénouer le lien entre ces deux mémoires blessées et éprouvées (ashkénaze et sépharade) avant qu'elles ne soient menacées par l'amnésie et un effacement quasi général, de respecter les spécificités et les particularités de chacune d'elles, d'opérer les distinctions nécessaires dans les mots et les choses, de discerner et mettre en évidence ce qui est propre à chaque groupe.

Il ne s'agit, me semble-t-il, ni de comparer ou de mesurer leur traumatisme à celui des survivants ni de confondre les deux mémoires (la question doit être posée à un autre niveau) mais de redonner également à leur histoire la valeur d'un témoignage vivant. Entre le moment traumatique et aujourd'hui il s'est passé un délai de quarante ans. C'est peut-être dans cette durée que mémoire et souvenir ont leur point d'impact. La mémoire se forme après coup. Elle ne repose pas seulement sur un enregistrement et un stockage des événements mais aussi sur des processus psychiques de sélection et d'oubli. L'oubli – dans la mémoire – est donc aussi un mécanisme indispensable à son fonctionnement. Le processus de la mémoire repose en effet sur la perturbation des rapports entre le savoir et la relation personnelle que nous entretenons avec notre vécu qui, de plus, non seulement se construit mais aussi se transforme en fonction du présent.

C'est peut-être alors seulement que la question de la transmission commence à se poser. C'est à ce moment-là que s'engage le débat à propos du passé, avec les deuxième et troisième génération (agitées par les questions de l'exil et de la déportation). La représentation transgénérationnelle aide à penser le présent, à retrouver le passé et, par là même, à se projeter dans le futur. La transmission ne peut s'effectuer qu'à ce prix pour qui est le dépositaire et le passeur d'une histoire, de surcroît déracinée. Pour témoigner, les exilés disposent comme tout le monde d'un « roman familial » c'est-à-dire du récit de leur enfance, de leur famille avant le départ, puis de l'histoire du déracinement et des transplantations. Leur mémoire est faite de débris d'impressions, de blessures et de souffrances. Les cicatrices restent sensibles et fragiles encore aujourd'hui. C'est pour toutes ces raisons que la mémoire est devenue pour les transplantés un enjeu de transmission. Elle donne ainsi lieu à une reconstruction et à une représentation conférant tout leur sens aux événements traumatiques. Il faut témoigner de ce passé afin de retrouver le lien perdu avec les générations vivantes et avec les morts, car les exilés témoignent aussi pour les disparus (abandonnés dans les pays d'origine) afin de les faire vivre dans la mémoire collective. Que cette mémoire soit faite de ruptures et de questionnements contradictoires, c'est ce qui fait son intérêt et c'est ce qui la maintient en vie.

Les déracinés éprouvent un besoin d'ancrage dans le passé et ce besoin est aujourd'hui manifeste. Ils sentent que leur passé les fonde, que leur existence a peu de valeur s'ils ne se rattachent pas à une certaine forme de continuité historique, culturelle et familiale. Sans cet ancrage, le présent n'a ni poids ni épaisseur. De cette situation, ils ne peuvent se sortir sans l'appui d'un tiers re-symbolisant. C'est là, nous semble-t-il la fonction incontournable et vitale du témoin tiers, de la deuxième et troisième génération (celle qui n'a pas vécu directement le déracinement), du tiers reconnaissant (des héritiers, c'est-à-dire des enfants et des petits-enfants) pour que soit réintroduit l'ordre symbolique, pour réinscrire dans le champ de l'histoire collective le passé dénié. Le passé reprendrait alors sa fonction symbolique, en se réinscrivant dans un ordre généalogique. Cette réinstitution de l'ordre symbolique, cette reconstruction psychique intérieure des héritiers, constituerait alors le vrai travail de mémoire.

Que savent les jeunes aujourd'hui ? Ils ne sont pas en quête d'un pays mais avides de connaître l'histoire de leur famille. Le travail de mémoire est donc une nécessité pour que les générations futures connaissent leur passé. On peut trouver une illustration d'un tel travail dans le fait que, chez beaucoup de jeunes, on assiste à une redécouverte des langues d'origine, judéo-arabes ou judéo-espagnoles. Ce sont les enfants qui, selon la célèbre formule de l'humoriste israélien, E. Kishon, « enseignent aux parents leur langue maternelle ». En fait, les quelques mots des langues passées qu'ils prononcent aujourd'hui sont pour eux comme la matérialisation de la représentation de ce passé. Il leur manque pourtant le terreau collectif de l'expérience quotidienne. Ils s'approprient pourtant de cette façon la mémoire transmise. La génération de leurs parents a hérité, elle aussi, du souvenir de la rupture vécue. Les enfants incarnent en quelque sorte l'aboutissement de ce trajet qui a pour acte fondateur ce moment de la rupture d'avec la source. Le retour sur ce passé a pour effet de permettre la reviviscence des émotions, des sentiments et la levée de certains tabous.

Que vont chercher du côté de leurs origines les nouvelles générations ? Qu'espèrent-elles recueillir là sinon une justification ? Et que trouvent-elles au bout de leur quête ? Des bribes de souvenirs, impuissants à dresser la silhouette précise du passé. Une histoire qui est loin de suivre un développement linéaire, faite d'événements compris ou interprétés après coup de manière différente. Pourtant, malgré ce maigre résultat, elle veulent encore savoir et comprendre. Les jeunes générations ne veulent pas, me semble-t-il, s'alimenter aux nostalgies, ni revendiquer les anciennes valeurs du passé, ni une histoire locale de mode de vie, des bonheurs et des traditions révolus, mais une vérité instable, violente, parfois jamais atteinte dans son intégrité. Cette soustraction est le gage de leur liberté. Liberté d'ajouter au portrait tremblant leur propres rêves, leurs interrogations et leur angoisse. Dès lors, les figures questionnées se troublent et se modifient au gré du récit et au gré du temps présent.

Tout enfant de déracinés a la tâche de signer en quelque manière l'après-coup du traumatisme parental pour s'inscrire dans une généalogie. La mémoire des espaces s'estompe, seul le temps avec ses généalogies est significatif.

Hélène Acoca Trigano

Sidi Lahsen Eliyossi

GABRIEL BEN SIMHON

NOUVELLE

Son visage rit toujours et son corps est en perpétuel mouvement, et où peut-on le rencontrer sinon au restaurant ? Les autochtones s'asseyent en bas à l'étage inférieur sur de vieilles chaises en bois branlantes, à l'étage, ce sont les étrangers qui passent là par hasard de temps à autre qui s'installent sur des sièges tapissés et peints près de tables basses richement garnies, avec une lumière abondante et des serveurs empressés qui surgissent immédiatement on ne sait d'où, présentent des menus et se mettent à charger les tables d'assiettes de salades colorées, lorsque je suis monté au restaurant, il y était assis avec des amis devant un grand plat de couscous et ils mangent et ils boivent et ils lèvent un petit verre à ma santé, moi aussi j'ai levé le mien à la leur et nous avons échangé quelques mots gentils, lorsque je suis retourné à l'unique hôtel du village, j'ai découvert qu'il y demeurait aussi, bien sûr une amitié naquit qui alla grandissant de jour en jour, j'apprends que Jean était venu de Paris parce qu'il était tombé amoureux d'une fille du village, son histoire d'amour n'est pas banale, car il est tombé amoureux à travers une cassette vidéo, un jour il se trouvait chez des ouvriers arabes de ses amis, il mangeait du couscous et regardait la cassette vidéo d'un mariage dans leur village. Au mariage, il y avait beaucoup d'invités, vêtus d'habits de fête brodés, qui buvaient, qui dansaient, qui chantaient, et parmi eux, Aïcha, une adolescente qui exécutait une danse du ventre en l'honneur des mariés. Dès l'instant où il l'avait vue, ses yeux s'étaient écarquillés et il était resté bouche bée d'admiration, on lui avait demandé ce qui lui arrivait, il avait répondu : c'est la femme de mes rêves, celle que j'ai cherchée toute ma vie, on fit un arrêt sur image pour lui permettre de contempler ses yeux noirs, les fossettes de son rire, ses lèvres fraîches, et après, toutes les fois où elle apparaissait, ils faisaient des allers et retours sur l'image afin qu'il puisse boire avec avidité la candeur et l'innocence qui émanaient d'elle à des milliers de kilomètres de distance, il lui avait fallu un long moment pour me décrire avec vivacité la vivacité de son amour, les plus belles actrices qui étaient apparues sur le même écran ne lui avaient jamais fait l'effet qu'avait opéré sur lui l'adolescente petite et naïve d'une noce marocaine en vidéo dans un quelconque village reculé et misérable quelque part au bout du monde, il se moquait de la noce, du marié et de la mariée, seule l'intéressait cette jeune fille absorbée au fond d'elle-même, les yeux baissés, un sourire baignant son visage pur, et qui danse avec une joie intérieure, entourée d'une foule et pourtant solitaire, comme si elle dansait pour elle-même et non pour les autres dans une sorte de concentration et de bonheur intime et sur-le-champ il avait décidé de s'envoler vers le village reculé pour demander sa main. Dans la vie, elle était encore plus étonnante, les perles de sueur sur son front montraient qu'elle était authentique, son corps rayonnait de chaleur et de vie et même lorsqu'il comprit qu'elle ne parlait pas un mot de français cela ne lui fit rien au regard de sa simplicité, de sa noblesse et de sa sagesse paysanne limpide. La mère et la fille écoutèrent son récit et elles rirent, que dire à un homme qui vous tombe dessus dans une bourgade reculée au bout du monde et qui dit je suis tombé amoureux de votre fille en voyant une vidéo ? Si elle l'avait vu sur une vidéo, elle ne se serait sûrement pas intéressée à lui, grassouillet et rondouillard, petit de taille, avec des lunettes à monture noire, toujours chaussé de chaussures de sport et vêtu d'un tee-shirt, âgé d'une quarantaine d'années, peut-être qu'il est plus vieux que son père à elle, en revanche, c'est le rêve de toutes les jeunes filles dans cette région reculée, où il n'y a rien d'autre que des dunes de sable et une espèce de cabane en bois avec du Coca Cola et quelques marchandises et un poste de télévision branché sur une vieille batterie sur lequel on peut voir parfois l'étoile lointaine et riche qui est destinée à d'autres et que l'on n'a aucune chance d'atteindre et voilà qu'il lui propose cette étoile sans condition, promet de la sortir de ce coin reculé au bout du monde pour l'amener au centre de l'univers. La mère ne peut pas repousser cela d'emblée, la fille apparemment ne pouvait dire oui, c'est ainsi qu'il avait pris pension à l'hôtel Sidi Lahsen Eliyossi au pied de la tombe du saint du même nom, dans un village qui ne se trouve pas sur les itinéraires des touristes et s'il arrive que certains se trompent et arrivent là-bas, ils n'y restent pas plus d'un jour ou deux, lui, il est là depuis deux mois déjà, tous sont ses amis, tous attendent impatiemment avec lui la décision de la famille et celle de la jeune fille, s'identifient à son amour, sourient de sa candeur, de son obstination enfantine. Chaque jour il rend visite à la mère et à la jeune fille dans leur cabane, il leur apporte des cadeaux, des vêtements et des bijoux d'or et d'argent, il emmène la mère et la fille pour des voyages et des excursions en Land-Rover, accompagnés d'amis et d'amis d'amis et ils sont déjà allés jusqu'à Ouarzazate et Zagoura, ça les gêne un peu, les deux femmes, de recevoir les cadeaux et les gâteries sans lui donner encore une réponse positive, mais la fille ne peut absolument pas dire oui, il est gentil, il a bon cœur et il se conduit à son égard comme un père aimant, compatissant et miséricordieux, mais quand il essaye de la toucher, elle se rétracte, il pense que ça passera, question de pudeur, de tradition, et il espère que le mariage vaincra tous les obstacles, il va bientôt retirer des papiers au consulat de la ville voisine, des papiers qui autoriseront leur mariage et qui donneront à la fille et à sa mère la nationalité française, au consulat, on fait des difficultés, on repousse la remise des autorisations, quand il a insisté, crié et réclamé l'application de ses droits, la consule a envoyé la mère et la fille dans le couloir et, en tête à tête, elle lui a dit que c'était un mariage impossible, sans avenir, que fera-t-il d'une analphabète dans une ville inconnue ? Avec qui parlera-t-elle ? Qui parlera avec elle ? Et lui, avec qui parlera-t-il à l'issue de la nuit d'amour passionnée ? Elle ne pourra même pas écouter la radio, ou regarder la télévision, sans voisins, sans amis, sans famille, quelle est la vie qu'il lui réserve à Paris ? Comment se sentiront les enfants qu'elle aura au milieu des enfants français ? Vous vous mêlez de ma vie privée, j'exige que vous respectiez la loi et mes droits, au bout du compte, après bien des retards, elle a été obligée de lui fournir les autorisations, mais même les papiers en main, la jeune fille hésite encore et lui, en attendant, il est installé dans l'unique hôtel de la ville, hôte permanent depuis deux ans déjà, un jour, la jeune fille dit oui et elle dit non le lendemain, il s'est dit que peut-être elle ne veut pas quitter son village et il a dit qu'il est prêt à s'y établir pour toujours, lorsque je suis arrivé à Sefrou, nous étions les seuls hôtes de cet unique hôtel, lui qui était venu de Paris pour chercher sa bien-aimée et moi qui venais de Jérusalem pour me rendre sur la tombe de mon père, tout le monde croyait que j'étais moi aussi venu chercher une bien-aimée, qui sait ? Dire que non ? Plus d'une fois j'ai pensé tout abandonner et revenir ici, disparaître et effacer mes traces, il est vrai qu'au mellah il ne reste plus rien de juif, pas de synagogue et pas de maison d'hôtes, mais mes pères et les pères de mes pères sont enterrés ici et ma maison est encore là, il m'arrive plus d'une fois d'être reçu par la famille qui y habite, un jeune couple avec trois petits enfants qui ont l'âge que nous avions quand nous sommes partis, parfois je pense leur acheter la maison et retourner y habiter, ils m'invitent souvent avec Jean pour un couscous et un matin il m'est arrivé quelque chose de bizarre lorsque je me suis réveillé chez eux, j'ai pris le cartable de l'un des enfants, je me le suis mis sur le dos, je suis allé à mon école, je suis entré dans ma classe, je me suis assis sur mon banc, à l'étonnement des enfants qui ne m'ont pas reconnu, jusqu'à ce que Jean entre pour me demander de laisser la place à un enfant qui attendait sur le côté et de l'accompagner au café, notre histoire s'est répandue de l'hôtel jusqu'au café, jusqu'à l'agent de police au carrefour, jusqu'à l'employé de la banque, jusqu'à la mosquée, on nous identifiait et on nous connaissait au hammam lorsque nous étions nus, quand nous allions changer de l'argent à la petite succursale de la banque, lorsque nous arrêtions un taxi, lorsque nous prenions l'autobus, nous ne pouvions pas emprunter l'unique rue du village sans que quelqu'un nous montre du doigt en souriant ou que des jeunes filles rient ou nous disent bonjour, au café, on se pressait autour de nous et l'on cherchait à lier conversation, à consoler, à encourager, à exprimer une solidarité, à souhaiter réussite, ce qui est bizarre, c'est que son associé à l'agence immobilière qui était venu le chercher pour le ramener à la maison est lui-même tombé amoureux d'une amie de sa bien-aimée, l'avait épousée dans la semaine et l'avait ramenée avec lui à Paris. Pour lui, cela avance lentement, non seulement la famille hésite, le village lui aussi hésite, enfin il se passe quelque chose de passionnant, les jeunes filles s'identifient à Aïcha, les plus âgées se moquent de leur candeur, les jeunes gens eux aussi veulent qu'elle reste ici tandis que les plus âgés prennent le parti de l'étranger qui lui propose le rêve de tous, qu'est-ce qu'elle aura de la part d'un jeune homme du coin si ce n'est la pauvreté et la gêne ? Que fera-t-elle quand l'amour sera passé ? Comment nourrira-t-elle ses enfants ? Le soir venu, les plus âgés le rejoignent à l'hôtel et restent avec lui pendant des heures, analysent la situation, l'encouragent, ne pas renoncer, les jeunes manifestent devant sa fenêtre pour le faire partir et ils lui chantent des chants moqueurs sur l'amour des barbons pour les jeunes filles, plusieurs fois par jour, des cortèges de mariage passent sous sa fenêtre après tout, c'est une bourgade où l'on se marie, les cortèges de mariage ne se sont pas interrompus, les mariages étaient visibles et audibles même si l'on était loin du lieu où ils se tiennent au café ou dans la chambre d'hôtel on entendait les chants et les danses et s'ils passaient à côté de vous on pouvait voir la mariée cachée dans un palanquin porté sur les épaules de parents proches, entouré de drapeaux déployés, un groupe de musiciens noirs danse, des cris de joie sortent de la bouche des accompagnatrices et les jeunes amies dansent et chantent avec une ardeur et une joie à nulle autre pareilles. Le mariage représente le comble des attentes de la jeune fille dans ce village, la cime de ses rêves, elles l'attendent et s'y préparent pendant des années, elles brodent les oreillers, les draps, les taies, elles tissent et tricotent et brodent et filent et cousent et lorsqu'arrive le jour, c'est toute la ville qui se marie, qui boulange et qui cuisine, heureuse et dansante, c'est le mariage de toute la ville, de même que la naissance est la naissance de toute la ville un homme dans ce village ne naît pas seul, ne vit pas seul et ne meurt pas seul et des hôtes viennent de tout le pays et même si la maison est petite elle les contient tous, parents proches et lointains dorment sur les tapis et sur les carpettes, serrés lorsqu'ils sont debout et à l'aise lorsqu'ils s'allongent et sous les couvertures, avec le marié et la mariée, c'est la moitié de la ville qui s'allonge, depuis quelque temps on a introduit la coutume de donner au marié et à la mariée une chambre à l'hôtel Sidi Lahsen Eliyossi pour leur première nuit d'union, petit à petit, les invités du mariage ont eux aussi pris l'habitude de s'y louer des chambres pour la nuit de noces, la première nuit où j'ai dormi à l'hôtel, il était entièrement occupé par une des noces, et les bruits d'amour du marié et de la mariée qui dormaient dans la chambre juste au-dessus de la mienne m'ont empêché de dormir, dans le courant de la nuit, ce sont d'autres cris d'amour qui se sont mis à monter des autres chambres de l'hôtel et peu à peu de grands râles sortaient de toutes les fenêtres, l'hôtel tout entier était enveloppé dans une tempête d'amour et les bruits d'instincts obscurs se pressaient de toutes parts et l'hôtel ressemblait à un bateau ivre dans une mer immense et déchaînée, la chambre des mariés était la chambre qu'occupait Jean en permanence et il la libérait pour les couples pour leur nuit de noces, c'était la chambre la plus luxueuse de ce modeste hôtel, très large avec un grand lit de couleur dorée surmonté d'un baldaquin, dans la chambre il y avait aussi un riche coin salon et une belle salle de bains avec une grande baignoire en faïence et des robinets dorés, l'ironie du sort était qu'il devait libérer son lit plusieurs fois par semaine pour qu'un jeune couple y passe une nuit dans la fièvre du premier amour tandis qu'il devait dormir dans une chambre voisine entendre les bruits et retourner dormir le lendemain dans ce même lit qui la veille avait baigné dans une mer d'amour et qui avait vogué sur un nuage de rêves réalisés, lorsque je suis revenu bien des années plus tard je l'ai retrouvé dans le même hôtel et dans la même chambre il attendait toujours sa bien-aimée, peu importait qu'entre temps elle se soit mariée et qu'elle ait eu des enfants, il est toujours à l'hôtel, il dort dans la même chambre nuptiale, il s'allonge sur le même lit, dans lequel Aïcha sa bien-aimée s'est elle aussi unie à son époux, le soir, il passe près de la maison de sa bien-aimée pour entendre sa voix ou voir sa silhouette par la fenêtre, parfois il entre prendre un verre de thé, il s'est lié d'amitié avec le mari et les enfants et il est devenu une sorte de parent qui vient en aide, en argent et en conseils, à chacun des membres de la famille au cours d'une de mes dernières visites au village, je ne l'ai pas vu à l'hôtel, le réceptionniste m'a annoncé avec tristesse qu'il était mort quelques années plus tôt, et il m'a indiqué le chemin de son tombeau, lorsque j'y suis arrivé, j'ai vu une grande tombe et un groupe de femmes jeunes et vieilles qui l'entouraient en priant et en chantant et qui jetaient dans un feu des papiers embrasés, elles m'ont demandé si je cherchais par hasard une épouse, car le saint répondait aussi aux prières des hommes, des centaines de couples s'étaient déjà mariés grâce à lui. J'ai moi aussi enflammé deux papiers et je les ai lancés dans le feu à sa mémoire.

Gabriel Ben Simhon
(traduit de l'hébreu par Hans Lysson)

Les auteurs

André Aciman, auteur de *Out of Egypt : A Memoir* (Farrar, Straus and Giroux/Riverhead), co-auteur et éditeur de *Letters of Transit* (New Press). A enseigné à Princeton University et actuellement à Bard College (États-Unis). Lauréat du Whiting Writers Award et de la Bourse Guggenheim. Ses essais sur *Exil et mémoire* paraîtront à l'été 2000 ainsi que *Over the Footbridge. False papers*, (Farrar, Straus and Giroux).

Hélène Acoca Trigano, psychologue clinicienne, a publié des articles dans le domaine de l'éducation, de l'interculturel et de la mémoire de la Shoa, a co-dirigé « Relire et relier, le vidéo-témoignage des rescapés de la Shoa » (in *Perspectives psychiatriques*).

Joëlle Bahloul, professeur d'anthropologie sociale à l'université d'Indiana (États-Unis), auteur de *Le culte de la Table dressée* (Éditions Métailié, 1983), *La Maison de mémoire, ethnologie d'une demeure judéo-arabe en Algérie (1937-1961)* (Éditions Métailié, 1992)...

Gabriel Ben Simhon, romancier, dramaturge, professeur au département de théâtre et cinéma de l'université de Tel Aviv, a publié romans, nouvelles, pièces (*Le roi marocain*), lauréat de nombreux prix culturels en Israël...

Ami Bouganim, romancier, chercheur en éducation, directeur pédagogique de l'Alliance israélite universelle, auteur de *Le cri de l'arbre* (Stavit), *Entre vents et marées* (Stavit), *Le testament de Spinoza* (Nadir)...

André Chouraqui, auteur d'une nouvelle traduction de la Bible et du Coran, de *Devoirs du cœur* (Desclée de Brouwer, 1991), *Moïse* (Flammarion, 1997), *L'amour fort comme la mort* (Ed. du Rocher, 1998), *En exil au Maghreb* et *Retour en Orient* (ed. du Rocher, 1998), *Les dix commandements*, (Robert Laffont, 2000).

André Elbaz, artiste peintre, lauréat de la Biennale de Paris (1967), prix Mémoire de la Shoa de la Fondation du judaïsme français (1998), expositions au musée de Bab Rouah (Maroc, 1962-1964), musée de Tel Aviv (1976), Yad Vashem (1985), musée d'Épinal (1999) et Mémorial juif de Paris (2000), Centre Croix-Baragnon (Toulouse) (2000), Wiener Library (Londres) (2000), et Maison de France (Oxford) (2000)...

Naïm Kattan, écrivain, professeur associé à l'université du Québec à Montréal, ancien directeur des lettres et de l'édition du Conseil des arts du Canada, auteur d'une trentaine d'ouvrages publiés en France et au Canada, parmi lesquels *Adieu Babylone* (Julliard, 1976), *Le réel et le théâtral* (Denoël, 1971), *La mémoire et la promesse* (Denoël, 1979), *Le sable de l'île* (1981)…

Yaakov Lupu, professeur d'histoire, complète un doctorat sur le judaïsme marocain moderne, anciennement délégué de l'Agence juive en France et conseiller du président mondial de l'Agence Juive.

Albert Memmi, professeur à l'université, a publié *La libération du Juif* (Gallimard 1966), *Juifs et Arabes* (Gallimard, 1974), *La Terre intérieure* (Gallimard, 1976), *Portrait du colonisé* (Gallimard 1985), *La statue de sel* (Gallimard, 1990), *Le Juif et l'autre* (Bartillat, 1995), *Trois bonheurs* (Arléa, 2000)…

Yehuda Nini, professeur d'histoire à l'université de Tel Aviv, auteur de « Yémen et Sion, l'arrière plan politique, social et spirituel des premières alyot du Yémen (1882-1914) » (héb.), « Rêve ou réalité ? », « Les Yéménites du Kinnérete : l'affaire de leur installation et de leur expulsion (1972-1930) » (héb.), « Les archives du tribunal rabbinique de la communauté de Sanaa (1756-1860) » (héb.) (à paraître)…

Erika Perahia Zemour, sociologue, traductrice en langue grecque, interviewer pour la Fondation Spielberg, directrice du musée de la Présence juive à Salonique qui ouvrira prochainement ses portes.

Ruth Tolédano-Attias, chirurgien-dentiste, doctorante en sciences humaines, directrice de la rédaction de la revue *La lettre vivante* et codirectrice du « Cercle d'Études Jean-Paul Lévy » (Toulouse).

Laurence Podselver, anthropologue à l'École des Hautes études en sciences sociales, auteur de nombreux articles sur la sociologie du retour à la religion dans le judaïsme.

Shmuel Trigano, maître de conférences à l'université de Paris X-Nanterre, directeur du Collège des études juives de l'Alliance israélite universelle et de la revue *Pardès*, auteur de *Le récit de la disparue, essai sur l'identité juive* (Gallimard, 1977), *L'idéal démocratique à l'épreuve de la Shoa* (Odile Jacob, 1999), *Le monothéisme est un humanisme* (Odile Jacob, 2000)…

PARDÈS

Derniers numéros parus

Pardès 23 : L'école de pensée juive de Paris
(319 pages, 150 F)

Pardès 24 : *Gueoula,*
Délivrance, Salut, Rédemption
(260 pages, 150 F)

Pardès 25 : Où va le judaïsme ?
La continuité juive face aux extrémismes
(240 pages, 150 F)

Pardès 26 : Emmanuel Levinas
Philosophie et judaïsme
(280 pages, 150 F)

Pardès 27 : Psychanalyse et judaïsme
(200 pages, 150 F)

BULLETIN D'ABONNEMENT A LA REVUE PARDÈS

NOM .... PRÉNOM ....

ADRESSE ....

....

CODE POSTAL .... VILLE ....

PAYS ....

TÉL ....

ABONNEMENT DEUX NUMÉROS PAR AN (frais de port compris)

❑ **Je m'abonne à partir du** :

❑ N° 24 : abonnement aux numéros 24 et 25
❑ N° 25 : abonnement aux numéros 25 et 26
❑ N° 26 : abonnement aux numéros 26 et 27
❑ N° 27 : abonnement aux numéros 27 et 28
❑ N° 28 : abonnement aux numéros 28 et 29

Tarifs abonnements : 2 numéros par an		
	PRIX INDIVIDUEL	INSTITUTIONS
FRANCE	280 francs	400 francs
EUROPE, ISRAËL	320 francs	450 francs
AUTRES PAYS	350 francs	500 francs
SOUTIEN à partir de	500 francs	800 francs

❑ **Je commande au numéro** :

Tarifs au numéro : 150 FF + 20 FF de port pour la France
ou + 40 FF de port pour l'étranger

❑ N° 24 *Gueoula* – délivrance, Salut, Rédemption
❑ N° 25 Où va le judaïsme ? La continuité juive face aux extrémismes
❑ N° 26 Emmanuel Levinas. Philosophie et judaïsme
❑ N° 27 Psychanalyse et judaïsme
❑ N° 28 La mémoire sépharade

Règlement :

❑ Chèque de .... FF, libellé à l'ordre de « In Press Éditions »
❑ Je désire avoir un reçu.

Bulletin d'abonnement et chèque à retourner à :

In Press Éditions – 12, rue du Texel, 75 014 Paris – France
Tél. : 01 43 35 40 32 – Fax : 01 43 21 05 00 – Site : www.inpress.fr

PARDÈS

ÉTUDES ET CULTURE JUIVES

Secrétariat de rédaction (uniquement par correspondance) : Hélène Acoca-Trigano, Pardès c/o Éditions In Press, 12, rue du Texel, 75014 Paris, France.

Direction : Shmuel Trigano.

Abonnements : Pardès-abonnements, Éditions In Press, 12, rue du Texel, 75014 Paris (bulletin d'abonnement page précédente).

Imprimerie Offset Service
28500 Vernouillet